全釈 易経 上

黒岩重人 著

藤原書店

はじめに

近江聖人といわれた、江戸初期の儒学者、中江藤樹《なかえとうじゅ》に、『翁問答』という著書がある。ある時、門人が藤樹に問うた。「先生は、『易経』をよく学べ、とおっしゃいましたが、先生が易学と言われましたのは、蓍《めどぎ》や本卦《ほんか》などの占いのことでしょうか」と。

藤樹は答えた。「それも易学の一種には違いないが、今私の言ったのはそのことではない。『易経』に述べられている神妙の道を悟り、自分の身に備えつけることである。この易学は、孔子でさえ、革の綴じ紐が三度もすり切れるほど熱心に読み込まれた、と言い伝えられている。だから、よくよく観察の年功を積まなければ、その表面程度のことさえも会得はできまい。儒学の書についてはいうまでもなく、この天地間のことで『易経』の神妙な理に洩れていることはない。また、易の理から出ていないことは、一つもないのである」と。

この問答を読んで、今も昔も変わりがないことに驚いた。藤樹の門人も、易学と聞いて、それは「うらない」のことですかと、聞き返しているのである。現代の人もこれと同じで、ほとんどの人が「易」と聞けば「うらない」のことだと思っている。だが、易には二つの顔があるのだ。

占いの顔と、もう一つの顔、哲学・思想の書としての『易経』である。

いくつかの講座で『易経』の講義をしていて、よく聞かれることがあった。「『易経』を勉強したいのですが、良い本がありますか」。

だが、驚いたことに『易経』の全編をわかりやすく解説した本が無いのである。『論語』や『老子』『荘子』などの古典は、いろいろな種類の本が出版されていて、容易に手にすることができるが、『易経』となると、難解な専門書か、あるいは占い本ばかりで、初心者にも薦められるような、全編のわかりやすい解説書はほとんど無いのだ。そこで講座の『易経』の講義では、そのつどプリントを用意して補ってきた。この『全釈易経』は、そうしたプリントが基になってできたものである。

この書を著すにあたって、最も留意したのは、『易経』を平易な現代語で読むことができるように、ということであった。『易経』は、難解な古典である、とよく言われる。確かに古い文体の漢文で書かれていて、現代の人にはなじみが薄い。しかし、易の基本的な仕組みは「⚋陰」と「⚊陽」の二つの要素だけであり、極めてシンプルなものである。込み入っていて煩雑なところは、少しもない。

『易経』の繋辞伝の冒頭に、次のような辞《ことば》がある。

易《い》なれば則《すなわ》ち知《し》り易《やす》く、簡《かん》なれば則ち従い易《やす》し。
知《し》り易《やす》ければ則ち親《した》しみ有り、従い易ければ則ち功《こう》有り。

「易《い》」と「簡《かん》」の二語は、易の教えの中心にあるものである。そうであるのに、易は複雑怪奇な書物で、理解するにはとても難しい、というのでは、本末顛倒も甚だしい。易は、易《やさ》しくしてシンプルなものであり、本来ならば誰にでも理解できるものなのだ。

この『全釈易経』では、『易経』を三巻に分け、周易上経の三十卦を『易経上』とし、周易下経の三十四卦を『易経中』とし、繋辞伝・説卦伝などの翼伝を『易経下』とした。

十篇の翼伝のうち、彖伝と象伝は、それぞれの卦の卦辞・爻辞の後に割り付けた。ただ文言伝については、乾卦・坤卦の後に割り付けることはせず、翼伝の一つとして独立させて、『易経下』に収めた。そして、「易経を読むための基礎知識」を『易経上』に、「語句索引」を『易経下』に、それぞれ付した。

また解釈は、日本においてよく読まれてきた『周易本義』や程子の『易伝』の説を基本とし、その外には、諸家の良いと思われる説を採った。そして、近年の新しい解釈や新奇な説は、一切採らなかった。それは、先人が、『易経』をどのように読み、解釈してきたかを、まず知って欲しいと思ったからである。そして、この基本となる解釈を踏まえた上で、更に読者各々が、自分で易を読み込んでいって欲しい。易は、その基本ルールを踏み外すことさえなければ、読み手それぞれが、自分で自分の易を見い出し、作り上げていくべきものだからである。

この本が、その一助になることができれば、この上もない喜びである。

黒岩重人

全釈　易経　上

目次

周易上經（彖伝及び象伝を付す）……47

六十四卦検索表

下卦＼上卦	1 天☰乾	2 沢☱兌	3 火☲離	4 雷☳震	5 風☴巽	6 水☵坎	7 山☶艮	8 地☷坤
1 天☰乾	乾為天 1	沢天夬 43	火天大有 14	雷天大壮 34	風天小畜 9	水天需 5	山天大畜 26	地天泰 11
2 沢☱兌	天沢履 10	兌為沢 58	火沢睽 38	雷沢帰妹 54	風沢中孚 61	水沢節 60	山沢損 41	地沢臨 19
3 火☲離	天火同人 13	沢火革 49	離為火 30	雷火豊 55	風火家人 37	水火既済 63	山火賁 22	地火明夷 36
4 雷☳震	天雷无妄 25	沢雷随 17	火雷噬嗑 21	震為雷 51	風雷益 42	水雷屯 3	山雷頤 27	地雷復 24
5 風☴巽	天風姤 44	沢風大過 28	火風鼎 50	雷風恒 32	巽為風 57	水風井 48	山風蠱 18	地風升 46
6 水☵坎	天水訟 6	沢水困 47	火水未済 64	雷水解 40	風水渙 59	坎為水 29	山水蒙 4	地水師 7
7 山☶艮	天山遯 33	沢山咸 31	火山旅 56	雷山小過 62	風山漸 53	水山蹇 39	艮為山 52	地山謙 15
8 地☷坤	天地否 12	沢地萃 45	火地晋 35	雷地豫 16	風地観 20	水地比 8	山地剥 23	坤為地 2

上の段と、右端の縦の段の、八卦に付いている数字は、略筮法の筮竹の残数である。また、八面体のサイコロによって卦を求める場合は、そのサイの目の数である。

上の卦を得、下の卦を得て、その交わったところが、求める六十四卦である。その卦の下の数字は、易経に記載されている順序の数である。

仮に上の卦が「1天☰乾」下の卦が「3火☲離」であれば、求める卦は䷌13天火同人であり、それは易経の第十三番の卦である、ということになる。

なお、1～30までは『全釈易経上』に、31～64までは『全釈易経中』に、収録されている。

全釈 易経 上

凡例

一、本書は、『易経』(周易) の原文と訓訳 (書き下し文)、そしてその現代語訳である。

一、本書は、『易経』の上経の三十卦を『易経上』とし、下経の三十四卦を『易経中』とし、翼伝十篇を『易経下』とした。

一、「翼伝」の中の「彖伝」と「象伝」は、それぞれの卦の卦辞・爻辞の後に割り付けた。ただし「文言伝」は、翼伝の一つとして独立させ、下巻に収めて説卦伝と序卦伝の間に置き、乾・坤の卦の後に割り付けることはしなかった。

一、原文の底本には、國子監刊本『周易本義』を用いた。

一、原文の文字は、旧字体を用いた。ただし一部には、現行の字体を用いた所もある。

一、訓訳 (書き下し文) および訳文は、漢字は、現行の字体を使用した。しかし一部には、旧字体をそのまま用いた所もある。表記は現代仮名遣いに準拠した。

一、現代語訳は、意訳の形をとったが、原文の形を追うことができるように、原文と対応するよう工夫した。解釈は、朱子の説を基本とし、諸家の良いと思われる説を採った。

易を読むための基礎知識

一　易の三義

「易」という名には、三つの意義が含まれている、と言われる。その三義とは、第一に易簡《いかん》、第二に変易《へんえき》、第三に不易《ふえき》、である。

繋辞上伝《けいじじょうでん》の第一章に、次のような辞《ことば》がある。

「乾《けん》は易《い》を以《もっ》て知《つかさ》どり、坤《こん》は簡《かん》を以《もっ》て能《よ》くす」と。

ここでは、「易」と「簡」という辞によって、乾の卦《か》と坤の卦のはたらきを述べている。

乾の卦《か》、つまり天は、もともと自分の中に持っている大元気、無尽蔵の大元気を施すのである。やりくりして、無理やりに絞り出して施すのではなく、持っているものを、ただそのまま施すのである。そこには何の無理もなく、何の困難もない。それは極めて容易なことである。これが「易《い》」ということである。

さて坤の卦、つまり地は、乾の大元気を、そのまま、何の作為もなくただそのまま受け容れるのである。えり好みをする訳でもなく、そのままそっくり、容れるのであるから、そこには何の無理もなく、実に従順であり、何の煩瑣《はんさ》なことはなく、極めて簡略なのである。

これが「簡」ということである。こうして坤の地は、受け容れた乾の天の大元気の力によって、万物を養い育てることができるのだ。

天を象《かたど》った乾の卦と、地を象った坤の卦のはたらきには、どこにも無理というものがないのである。このような、乾の卦の「易」と坤の卦の「簡」の徳を学んで、それを手本として事を行なうならば、天下の理法を得、それを身に付けることができる。つまり天下の理法とは、「易」と「簡」、乾の卦と坤の卦のはたらき、言い換えれば、「陰」と「陽」のはたらきにほかならないからである。

さて、易は「変易である」という。この宇宙の全ての現象は、変化しないものはない。それは、一瞬にして変化するものもあり、また、非常に長い時間をかけて変化するものもある。その状況は様々であるが、いずれにしろ、同じ状態がいつまでも続く、ということはないのである。

一年の気象も、春が来ればやがては夏になり、暑さも峠を過ぎれば、秋風が吹き、冬の寒気が訪れるようになる。必ず季節は移り変わってゆく。人の世でも、盛んな時は、いつまでも続かない。必ずそれが衰える時がくる。永久に不変であるかのように見える石や金属でさえも、やがては風化して、変わってしまうものである。

このように、「変わる」という視点から、一切のものを観ていく。これを「変易」という。英訳の易経を「Book of changes」というのも、この意義である。

しかしながら、その一方では「不易」ということをいう。この宇宙の一切は、一定不変であって、少しも変わることがない、というのである。一年の気象は、春夏秋冬の移り変わりはあっても、その四時《しいじ》のめぐりは恒《つね》に一定であり、不変である。

この「変易」と「不易」とは、ちょっとみると、矛盾しているようにみえるが、変易することで不易が成り立つ。また、全体として不易であるからこそ、絶えざる変化ができるのである。物や現象を「変わる」という方面から観、同時に「変わらない」という方面から観る。この二つの方面から同時に俯瞰《ふかん》するのが、「易の眼」である。物や現象を一面からだけ観るのではなく、「易の眼」をもって観ていくこと、ここが易の醍醐味である。

二　易の組織

易経の中で、易《えき》というものが、どのような仕組みでできているのかを説明してあるのは、次の四句の文章だけである。ここでは、太極から八卦《はっか》が成立するまでを述べている。

易有太極。　易に太極《たいきょく》有り
是生両儀。　これ両儀《りょうぎ》を生じ
両儀生四象。　両儀、四象《ししょう》を生じ
四象生八卦。　四象、八卦《はっか》を生ず

（「周易繫辞上伝　第十一章」より）

（1）太極

太極とは、宇宙の本体である。天地が開かれるその前から、ずっと存在している宇宙の実体である。

大変難しい物の言い方をしたが、こう言うより他に、言いようがないのである。そもそも、この宇宙の根本の本体には、もともと名など無い。しかし、それでは説明することができないので、仮にそれに名を付けて、「太極」という。

（2）両儀

太極は休むことなく活動しているのであるが、太極が動けば、⚊陽と⚋陰とが同時に現れる。これを両儀という。⚊の符号を画して陽に象《かたど》る。⚋の符号を画して陰に象る。

（3）四象

両儀である⚊陽・⚋陰の上に、それぞれ一陽一陰を置けば、二画となるものが四つできる。⚌太陽《たいよう》・⚍少陰《しょういん》・⚎少陽《しょうよう》・⚏太陰《たいいん》の四つである。これを四象という。

上も下も共に陽であるものを、太陽という。上が陰で下が陽であるものを、少陰という。上が陽で下が陰であるものを、少陽という。上も下も共に陰であるものを、太陰という。

（4）八卦

四象の上にそれぞれまた一陽一陰を置けば、八通りの陰と陽との組み合わせができる。この三

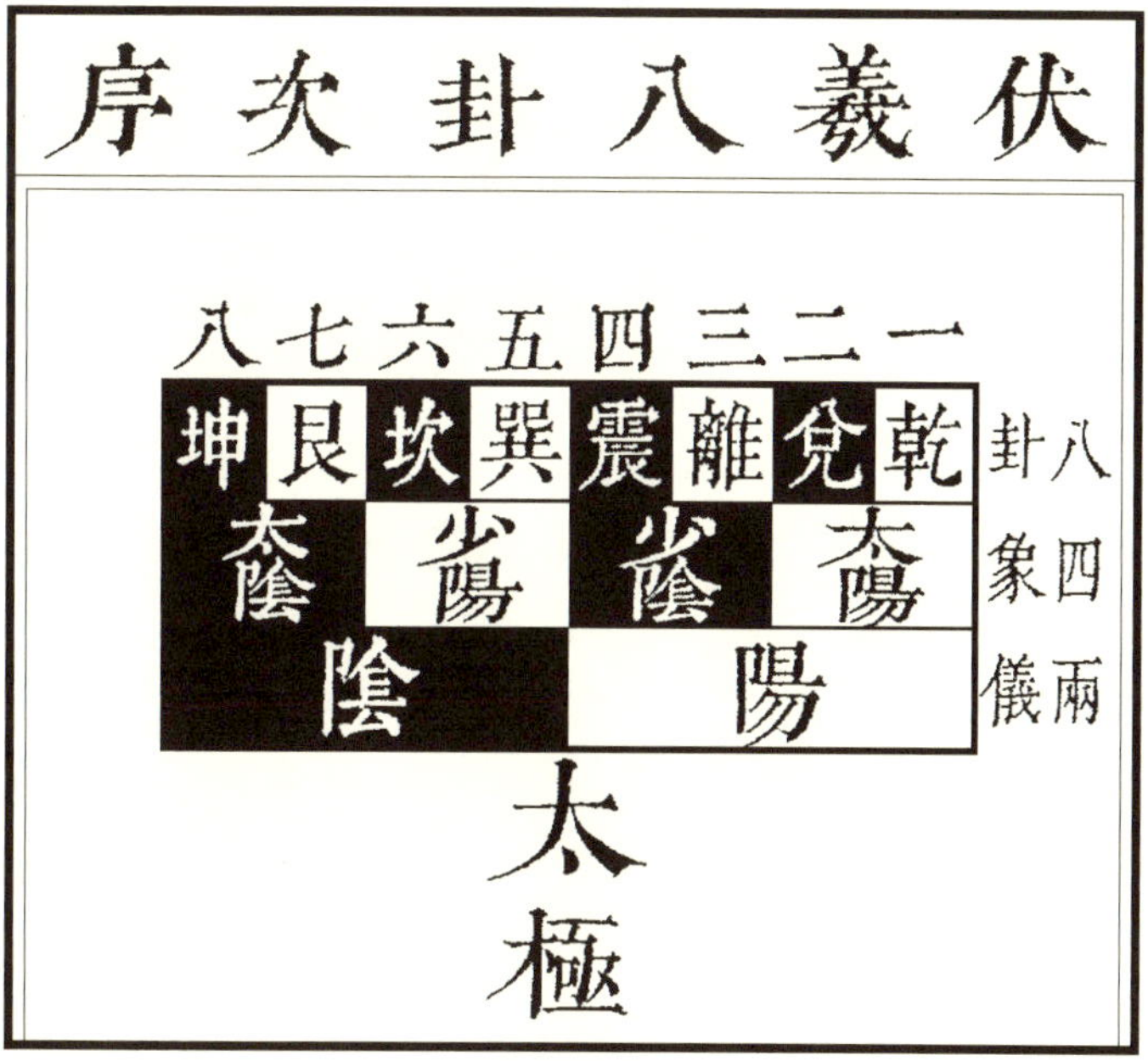

伏羲八卦次序

画から成るものを、卦《か》という。八つあるので「八卦《はっか》」という。この八つの卦には、それぞれ名が付けられた。☰乾《けん》・☱兌《だ》・☲離《り》・☳震《しん》・☴巽《そん》・☵坎《かん》・☶艮《ごん》・☷坤《こん》である（以上「伏羲八卦次序」参照）。

（5）六十四卦《ろくじゅうしか》

　三画の卦の上に、またそれぞれに一陽一陰を置けば、四画の卦が十六となる。更にこの四画の上に各々一陽一陰を置けば、五画の卦が三十二となる。また更に五画の卦の上に、各々一陽一陰を置けば、六画の卦が六十四となる。

　またこれは、八卦の上に八卦を重ねたものでもある。八八、六十四となり、六画の卦が六十四種類

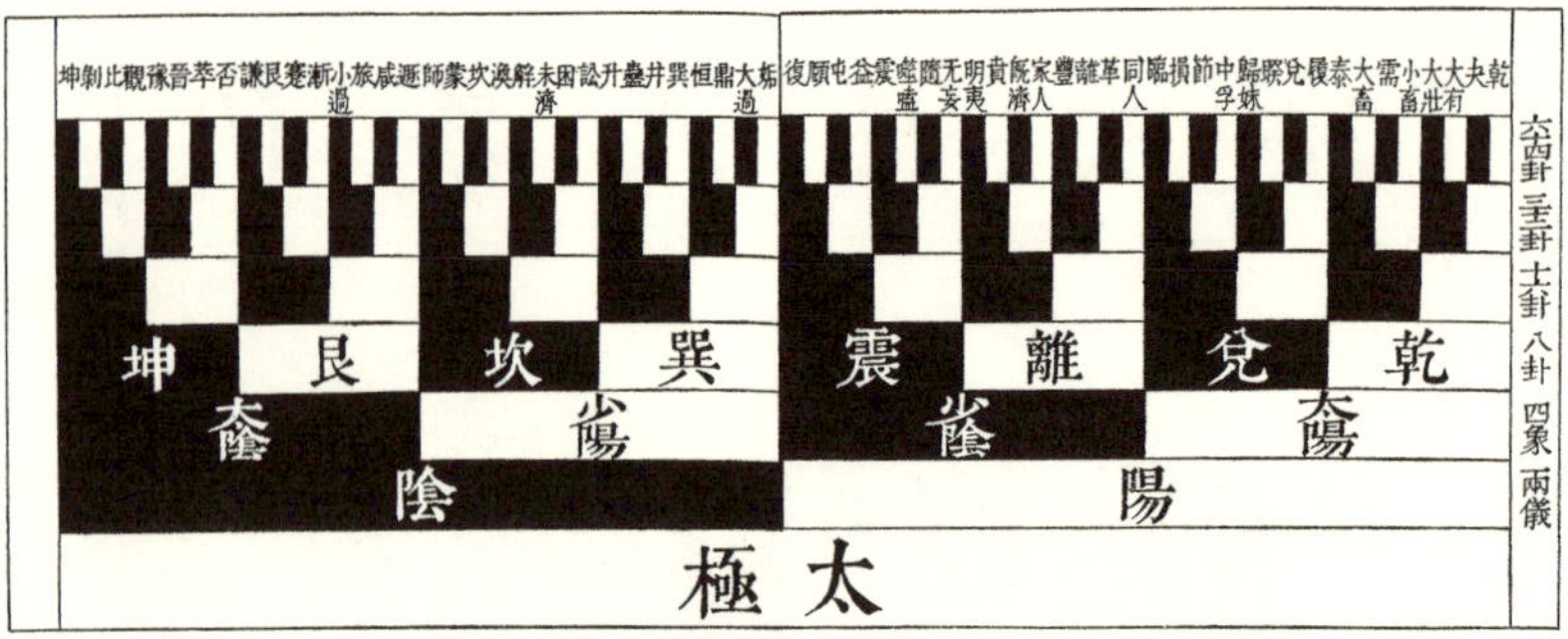

伏羲六十四卦次序

できる。この六十四の卦《か》には、それぞれに名が付けられた。こうして、六十四卦・三百八十四爻《こう》が完成する。

このような六十四卦のしくみを、図で示したものが、「伏羲《ふっき》六十四卦次序」である。この図の右端にある全陽の乾の卦と左端にある全陰の坤の卦との間に、陰と陽とが様々に入り交じった六十二の卦が整然と配列されている。それは極めて機械的であり、規則的である。

これらの一つ一つの卦は、それぞれに他の六十三卦に変ずる可能性を持っている。つまり、六十四×六十四、四千九十六の変化の可能性を持っている。これによって、宇宙間のあらゆる現象の変化をみようとするのだ。これが、易というものである。そして、それを記したものが、易の書、つまり『易経』なのである。

三　易経の構成

易の書『易経』は、本文である「経《けい》」と、その解説である「伝《でん》」によって構成されている。その内容は、以下の通りである。

「経」本文の構成

本文には、「卦形《かけい》」「卦名《かめい》」「彖《たん》（卦辞《かじ》）」「象《しょう》（爻辞《こうじ》）」がある。

卦形は、上の三画から成る卦と下の三画の卦とを組み合わせると、六画から成る卦ができあがる。これには六十四種の形があるので、これを六十四卦という。

卦名は、この六画から成る卦に付けられた名である。卦に繋《か》けられた辞《ことば》の最初の文字が、卦の名に当たる。

彖は、卦辞ともいう。一卦の全体に繋けられた辞である。易には六十四の卦があるから、卦辞も六十四種あることになる。

象は、爻辞ともいう。各卦の各爻ごとに繋けられた辞である。一つの卦には六つの爻があるから、六十四卦では三百八十四爻になる。したがって、爻辞も、三百八十四あることになる。

六十四卦一覧

八卦を二つ、上の卦と下の卦を重ねると、六画の卦が六十四種類できる。この六十四卦にそれぞれ名を付け、上下の二巻に分けて、三十卦を上経とし、三十四卦を下経とした。

上経

1 ䷀乾 (乾為天《けんいてん》)
2 ䷁坤 (坤為地《こんいち》)
3 ䷂屯 (水雷屯《すいらいちゅん》)
4 ䷃蒙 (山水蒙《さんすいもう》)
5 ䷄需 (水天需《すいてんじゅ》)
6 ䷅訟 (天水訟《てんすいしょう》)
7 ䷆師 (地水師《ちすいし》)
8 ䷇比 (水地比《すいちひ》)
9 ䷈小畜 (風天小畜《ふうてんしょうちく》)
10 ䷉履 (天沢履《てんたくり》)

11 ䷊泰 (地天泰《ちてんたい》)
12 ䷋否 (天地否《てんちひ》)
13 ䷌同人 (天火同人《てんかどうじん》)
14 ䷍大有 (火天大有《かてんたいゆう》)
15 ䷎謙 (地山謙《ちざんけん》)
16 ䷏豫 (雷地豫《らいちよ》)
17 ䷐随 (沢雷随《たくらいずい》)
18 ䷑蠱 (山風蠱《さんぷうこ》)
19 ䷒臨 (地沢臨《ちたくりん》)
20 ䷓観 (風地観《ふうちかん》)

21 ䷔噬嗑 (火雷噬嗑《からいぜいこう》)
22 ䷕賁 (山火賁《さんかひ》)
23 ䷖剥 (山地剥《さんちはく》)
24 ䷗復 (地雷復《ちらいふく》)
25 ䷘无妄 (天雷无妄《てんらいむぼう》)
26 ䷙大畜 (山天大畜《さんてんたいちく》)
27 ䷚頤 (山雷頤《さんらいい》)
28 ䷛大過 (沢風大過《たくふうたいか》)
29 ䷜習坎 (坎為水《かんいすい》)
30 ䷝離 (離為火《りいか》)

下経

31 ䷞ 咸（沢山咸《たくさんかん》）
32 ䷟ 恒（雷風恒《らいふうこう》）
33 ䷠ 遯（天山遯《てんざんとん》）
34 ䷡ 大壮（雷天大壮《らいてんたいそう》）
35 ䷢ 晉（火地晋《かちしん》）
36 ䷣ 明夷（地火明夷《ちかめいい》）
37 ䷤ 家人（風火家人《ふうかかじん》）
38 ䷥ 睽（火沢睽《かたくけい》）
39 ䷦ 蹇（水山蹇《すいざんけん》）
40 ䷧ 解（雷水解《らいすいかい》）
41 ䷨ 損（山沢損《さんたくそん》）
42 ䷩ 益（風雷益《ふうらいえき》）

43 ䷪ 夬（沢天夬《たくてんかい》）
44 ䷫ 姤（天風姤《てんぷうこう》）
45 ䷬ 萃（沢地萃《たくちすい》）
46 ䷭ 升（地風升《ちふうしょう》）
47 ䷮ 困（沢水困《たくすいこん》）
48 ䷯ 井（水風井《すいふうせい》）
49 ䷰ 革（沢火革《たくかかく》）
50 ䷱ 鼎（火風鼎《かふうてい》）
51 ䷲ 震（震為雷《しんいらい》）
52 ䷳ 艮（艮為山《ごんいさん》）
53 ䷴ 漸（風山漸《ふうざんぜん》）

54 ䷵ 帰妹（雷沢帰妹《らいたくきまい》）
55 ䷶ 豊（雷火豊《らいかほう》）
56 ䷷ 旅（火山旅《かざんりょ》）
57 ䷸ 巽（巽為風《そんいふう》）
58 ䷹ 兌（兌為沢《だいたく》）
59 ䷺ 渙（風水渙《ふうすいかん》）
60 ䷻ 節（水沢節《すいたくせつ》）
61 ䷼ 中孚（風沢中孚《ふうたくちゅうふ》）
62 ䷽ 小過（雷山小過《らいざんしょうか》）
63 ䷾ 既済（水火既済《すいかきせい》）
64 ䷿ 未済（火水未済《かすいびせい》）

「伝」十篇の解説書

本文の解説である「伝」は、全部で十篇あるので、これを「十翼《じゅうよく》」ともいう。それは、次のようなものである。

彖伝《たんでん》……彖の伝、つまり卦辞を解説した文である。上篇と下篇の二篇に分かれている。

象伝《しょうでん》……象の伝であり、大象と小象とから成っている。上篇と下篇の二篇に分かれている。

＊大象とは、卦の構成を説き、それを手本として、一つの教訓を述べているものである。各卦ごとにあるので、六十四ある。

＊小象とは、爻辞を解説した文である。各爻ごとにあるので、三百八十四ある。

繋辞伝《けいじでん》……易の理論を説いたもの。上篇と下篇の二篇に分かれている。

文言伝《ぶんげんでん》……乾卦と坤卦の二卦について、解釈したもの。

説卦伝《せっかでん》……八卦の卦象を解説したもの。

序卦伝《じょかでん》……易経の六十四卦の配列の順序を説いたもの。

雑卦伝《ざっかでん》……六十四卦の意義をきわめて簡潔に、多くは漢字一文字で説いたもの。

『易経』は、もともとは経と伝とが分かれていた。「経」を上経と下経に分けて二巻とし、十篇の「伝」を十巻としてそれに付し、全十二巻とした。

後世になると、読むことの便利のために、「経」の中に「伝」の一部分を組み込むようになった。彖伝を彖（卦辞）の後に割り付け、象伝は、大象は彖伝の後に、小象は一爻一爻の爻辞の下に分易の書（『易経』）

- 経……本文
  - 卦形……卦の形
  - 卦名……卦の名前
  - 彖（卦辞《こうじ》）……一卦全体に繋《か》けられた辞《ことば》
  - 象（爻辞《かじ》）……卦の六爻に繋けられた辞
- 伝……解説
  - 彖伝　上・下篇……彖辞（卦辞）の解説
  - 象伝　上・下篇
    - ＊大象→一卦全体の象を解する
    - ＊小象→爻辞の解説
  - 文言伝……乾・坤の二卦の解説
  - 繋辞伝　上・下篇……易の総論
  - 説卦伝……八卦の卦象の解説
  - 序卦伝……六十四卦の配列について説く
  - 雑卦伝……六十四卦の簡単な解説

（この十篇の伝を「十翼」という）

割して配当し、文言伝は、乾卦と坤卦の後にそれぞれ割り付けた。繋辞伝上下・説卦伝・序卦伝・雑卦伝は、そのままである。現行の多くのテキストは、この体裁をとっている。

四　易経成立の伝説

『易経』の成立については、『漢書芸文志』に「人は三聖を更《か》え、世は三古を歴《へ》たり」とある。「三人の聖人によって、三つの時代を経て、易が作られたのだ」というのである。

〈伝説の時代〉

まず伏羲《ふっき》という上古の帝王が八卦を創った。そして、これを重ねて六十四の卦を作ったという。次に炎帝神農氏《えんていしんのうし》が興り、連山易《れんざんえき》が作られた。その次に、黄帝氏《こうていし》が興り、帰蔵易《きぞうえき》が作られた。この二つの易は、滅びてしまって、今には伝わっていない。文献にその名は記されているものの、それがどのようなものであったのか、知るすべはない。

この時代は、まだ文字はできていなかったから、六画の符号だけの易である。これらの上古の帝王の事蹟は、いわば伝説上の伝承である。

〔殷の末期、紂王の時代〕

次は殷の王朝の末期、紂王と周の文王《ぶんのう》・周公の時代である。この時代は、実際の歴史の時代である。

周の文王が、殷の紂王に捕らえられて、幽閉されていた時、易を研究して六十四卦の卦《か》の辞《ことば》を作ったという。後に漢の司馬遷が「文王、羑里《ゆうり》に囚われて易を演《えん》す」と言ったのがこれである。その子の周公は、六十四卦のそれぞれの爻《こう》に爻辞を付けた。この二人は親子なので一代とする。

上古の帝王である伏羲が⚊と⚋を重ねて卦形を作り、文王が卦の辞を、そして周公が爻の辞を作って、ここに易の本文ができあがったのである。これは、周の時代の易であることから、「周易」と言われる。現在において我々が読んでいる、この「易」のことである。

〔孔子の時代〕

周の春秋時代の末期に、孔子が現れた。『史記』の孔子世家《こうしせいか》によれば「孔子晩にして易を喜び、韋編三絶《いへんさんぜつ》」とあり、また、『論語』にも「我に数年を加し、五十にして以て易を学べば、以て大過なかるべし」とあり、易の研究に熱心であったことを伝えている。以来、易の十翼は孔子によって作られたとされ、長い間、それを疑う者はなかった。

こうして、易の書は、伏羲にはじまり、文王・周公によって辞が繫けられ、孔子がそれに十篇の解説書を付して、この三代の聖人によって作られたのだ、とされてきたのである。

以上の説は、いわゆる歴史的事実ではない。しかし、古来より長い間、人々に信じられてきたことであるから、これをないがしろにして、易を語ることはできない。易を読もうとする者にとっては、必ず知っておく必要のあることである。

五　易の用語

易には、独特な用語が使われている。易を読むためには、この専門用語を充分に理解しておくことが必要である。

(1) 卦・爻

三本の符合でできている、☰・☷等を卦《か》という。卦の、⚊あるいは⚋の符合を、爻《こう》という。

(2) 小成卦

この三画の卦を、小成卦《しょうせいか》といい、八種類あるので八卦《はっか》ともいう。

(3) 大成卦

小成卦を二つ重ねた、䷀・䷁等の六画の卦を、大成卦《たいせいか》といい、六十四種類あるので六十四卦ともいう。

(4) 内卦・外卦

大成卦の下の三画の卦を内卦《ないか》、上の三画の卦を外卦《がいか》という。

(5) 爻位

爻位《こうい》は、下から数える。最下を初爻《しょこう》とし、次を二爻・次を三爻・次を四爻・次を五爻・最上を上爻《じょうこう》という。

(6) 三才《さんさい》

三画の卦は、その各爻を、上から「天・人・地」とする。

六画の卦は、上爻と五爻を天、四爻と三爻を人、二爻と初爻を地とする。

(7) 九・六

陽の爻は、「九」を付けてあらわす。陰の爻は「六」を付けてあらわす。

初爻は、陽爻ならば初九《しょきゅう》、陰爻ならば初六《しょりく》という。

二爻は、陽爻ならば九二《きゅうじ》、陰爻ならば六二《りくじ》という。

三爻は、陽爻ならば九三《きゅうさん》、陰爻ならば六三《りくさん》という。

四爻は、陽爻ならば九四《きゅうし》、陰爻ならば六四《りくし》という。

五爻は、陽爻ならば九五《きゅうご》、陰爻ならば六五《りくご》という。

上爻は、陽爻ならば上九《じょうきゅう》、陰爻ならば上六《じょうりく》という。

(8) 中

中《ちゅう》とは、内卦の真ん中である二爻、外卦の真ん中の五爻をいう。

三画の小成卦の、最下の初爻は「不及」である。中《ちゅう》には、まだ及ばない爻である。真ん中の中爻を「中《ちゅう》」とする。最上の爻を「大過」とする。中《ちゅう》を過ぎてしまった爻である。

六画の大成卦では、初爻は内卦の、四爻は外卦の「不及」である。

二爻は内卦の「中《ちゅう》」であり、五爻は外卦の「中《ちゅう》」である。

三爻は内卦の「大過」であり、上爻は外卦の「大過」である。

(9) 各爻の陰陽の定位と位の「正」「不正」

六爻には、陰と陽の定まった位がある。初・三・五の奇数の位を陽の位とし、二・四・上の偶数の位を陰の位とする。

陽の位に陽爻がある、あるいは、陰の位に陰爻があれば、「位が正しい」「位を得ている」などという。陽の位に陰爻があり、陰の位に陽爻がある場合は、「位が不正である」という。

(10) 応・比

内卦の最下の初爻と外卦の最下の四爻
内卦の中の二爻と外卦の中の五爻

内卦の最上の三爻と外卦の最上の上爻
これらの爻の関係が、互いに陰爻と陽爻の組み合わせになっている場合を「応じている」という。その場合には、位の正・不正は問わない。これらの爻の関係が、陰爻と陰爻、または陽爻と陽爻の組み合わせになっている場合は、「不応」あるいは「敵応」という。
また、上下の隣あっている二つの爻が、陰爻と陽爻である場合を「比《ひ》している」という。その際に、陰爻が陽爻の下にある場合を「承《しょう》」といい、陰爻が陽爻の上にある場合を「乗《じょう》」という。

(11) 互卦《ごか》

二爻・三爻・四爻でできる三画の卦を、内卦とする。三爻・四爻・五爻でできる三画の卦を、外卦とする。この内卦と外卦によってできる大成卦を互卦という。

(12) 主爻《しゅこう》

卦の中で中心となる、最も重要な爻をいう。

その卦が成立するに際して、最も中心的な意義を持つ爻を「成卦《せいか》の主爻」という。成卦の主爻は、一つとは限らず、二つある場合もある。

その卦ができあがってから、一卦を主宰する爻を「主卦《しゅか》の主爻」という。多少の例外はあるが、ほとんどの場合は、五爻がそれに当たる。

三画の小成卦の場合は、☰乾と☷坤は、中爻が主爻である。☳震・☵坎・☶艮の一陽二陰の卦は、一陽が主爻である。☴巽・☲離・☱兌の一陰二陽の卦は、一陰が主爻である。

(13) 爻位《こうい》の象《しょう》

大成卦の六爻には、いろいろな意味が配されている。その中のいくつかを表にしてみた。

上爻	五爻	四爻	三爻	二爻	初爻
無位の賢人	天子	卿	大夫	士	庶民
顧問・元老	首相	大臣	知事・議員	町・村長	庶民
会長	社長	専務	部長・局長	課長	一般社員
首	胸	腹	股	膝	足
祖父母	夫	妻	長子	中子	末子
六十以上	五十代	四十代	三十代	二十代	十歳代

爻位の象

六　八卦《はっか》の象意

「象《しょう》」とは、「かたどる」ということである。易では、八種の三画の符合を天地間の物や現象に見立てるのである。そして、この八種の三画の符合、つまり八卦をもって、天地間のあらゆる物や現象を表現しようとするのである。

『易経』の翼伝の一つである「説卦伝」には、百三十数種の象が記載されている。次頁の表は、その象を一覧にまとめたものである。

単に『易経』の経文《けいぶん》を読むだけであるならば、この象の中の主だったものを覚えておけば、ほぼ間に合う。しかし、今の時代において、実際に易を用いようとするならば、とてもこの百三十数種の象だけでは不足である。現代社会の様々な物象や事象に、八卦を配当していかなくてはならないからである。

現代における「八卦の象意」については『易を読むために　易学基礎講座』（黒岩重人、藤原書店）の「八卦を読む　八卦は何を象徴しているか」の章に解説してあるので、参照して欲しい。

七　よく使われる語句

『易経』の経文の中には、決まり文句のようによく使われている語句がある。それらの語句の意味を知っておくと、経文を読み解くのが容易になる。

八卦	正象	卦徳	動物	身体	家族	その他の象
☰乾	天	健	馬	首	父	圜《えん》(円)　君《きみ》　玉《ぎょく》　金《きん》　寒《かん》　冰《こおり》　大赤《だいせき》(真っ赤)　良馬《りょうば》　老馬《ろうば》　瘠馬《せきば》(たくましい馬)　駁馬《はくば》(鋸のような牙のある猛獣)　木果《もくか》(木の実)　十七種
☷坤	地	順	牛	腹	母	布《ぬの》　釜《かま》　吝嗇《りんしょく》　均《ひとし》　子母牛《しぼぎゅう》　大輿《たいよ》(大きい車)　文《あや》　衆《しゅう》　柄《え》　黒《くろ》　十五種
☳震	雷	動	龍	足	長子	玄黄《げんこう》(玄＝黒は天の色、黄は地の色)　旉《ふ》(花の意)　大塗《だいと》(大きな道)　決躁《けっそう》(鋭く進む)　蒼筤竹《そうろうちく》(青々とした竹)　萑葦《かんい》(萩や葦)　善鳴《よくなく》　馵足《しゅそく》(左の後ろ足が白い馬)　作足《さくそく》(跳ね上がる)　的顙《てきそう》(額に白い毛のある馬)　反生《はんせい》(芽がさかさに土へ根をおろしてから葉をのばす豆麻《まめあさ》の類)　健《けん》　蕃鮮《はんせん》(草木が繁茂する)　十八種
☴巽	風	入	鶏	股	長女	木《き》　縄直《じょうちょく》(墨縄を正しく当てること)　工《こう》　白《しろ》　長《ながし》　高《たかし》　進退《しんたい》　不果《はたさず》　臭《におい》　寡髪《かはつ》　広顙《こうそう》(額が広い)　多白眼《はくがんおおし》(白目が多い人)　近利市三倍《りにちかづきてうってさんばい》(貪欲な人)　躁卦《そうか》(鋭く進む)　十九種
☵坎	水	陥	豕《いのこ》	耳	中男	溝瀆《こうとく》(溝・どぶ)　隠伏《いんぷく》(地下水)　矯輮《きょうじゅう》(曲がっているものを真っ直ぐにする)　弓輪《きゅうりん》　加憂《かゆう》(気苦労の重なった人)　心病《しんぺい》(心《むね》の病い)　耳痛《じつう》　血卦《けっか》　赤《あか》　美《び》　脊《せき》(背中の美しい馬)　亟心《きょくしん》(心の性急なこと)　下首《かしゅ》(首を垂れている馬)　薄蹄《はくてい》(足の弱い馬)　曳《ひく》　多眚《わざわいおおし》　通《つうず》　月《つき》　盗《ぬすみ》　堅多心《かたくしてしんおおし》(固くて心《しん》の多い木)　二十四種

☲離	火	麗《つく》	雉《きじ》	目	中女	日《ひ》（太陽）　電《でん》（稲妻）　甲冑《かっちゅう》　戈兵《かへい》（ほこ・武器）　大腹《だいふく》（出っ腹）　乾卦《かんか》　鱉《すっぽん》　蟹《かに》　蠃《たにし》　蚌《はまぐり》　龜《かめ》　科上槁《うつろにしてうえかれる》（中が虚ろで上が枯れている木）　十七種
☶艮	山	止	狗《いぬ》	手	少男	径路《けいろ》　小石《しょうせき》　門闕《もんけつ》（おおきな門）　果蓏《から》（瓜の類）　閽寺《こんじ》（門番）　指《ゆび》　鼠《ねずみ》　黔《けん》　喙之屬《かいのぞく》（くちばしが黒いこと）　堅多節《かたくてふしおおし》　十四種
☱兌	沢	説《よろこぶ》	羊	口	少女	巫《ふ》（巫女《みこ》のこと）　口舌《こうぜつ》　毀折《きせつ》（破損すること）　附決《ふけつ》　剛鹵《ごうろ》（塩分を含んで固い土地）　妾《しょう》　十一種

元亨利貞

この四字を四つの徳をあらわしているとして読む場合は、「げん　こう　り　てい」と音読みで読む。この四徳として解する場合の「元亨利貞」の意味は、翼伝の「文言伝」に説かれている。

この一句を、占いの辞《ことば》として読む場合には、「おおいに　とおる　ただしきに　よろし」と読む。物事は、大いに滞ることなく運んでいく、正しいことを固く守ってゆくのがよろしい、というような意味である。

この四字が全部そろっている卦《か》は多くはないが、一字や二字ならば、たいていの卦には入っている。

元……大。大いに。はじめの意。

亨……通達する。滞ることなく、すらすらと運ぶ意。

利……宜しい意。利の意。

貞……正しい。固い。正しいことを固く守る意。かたくなの意。

吉・凶・悔・吝

吉……「きつ」と読む。幸いをうけること。

凶……「きょう」と読む。禍いに遭うこと。

悔……「くい」と読む。くやむ。過ちを悔い改めること。吉へ向かう方向性がある。

　有悔「くいあり」と読む。悔いるべき過ちがあること。

　无悔「くいなし」と読む。本来ならば、悔いるべきことがあるはずであるが、それが無くなってしまった、という意。

吝……「りん」と読む。やぶさか。過ちを取り繕って隠そうとすること。凶に近い。

无咎

「とがなし」と読む。

本来ならば刑罰を加えるべきなのだが、今はそれが許されて、無くなった、という意。

利見大人

「たいじんを　みるに　よろし」と読む。

有徳な人にお目にかかって、その指導助力を仰ぐのがよい、との意。

利渉大川

「たいせんを　わたるに　よろし」と読む。

大きな川を渡るということは、大変に危険がともなうことであるが、今は、危険を冒して大きな事業を行なっても効果がある、との意。

利有攸往

「ゆくところあるに　よろし」と読む。

進んで行ってよろしい、さしつかえない、との意。

勿用有攸往

「ゆくところあるに　もちうることなかれ」と読む。

進んで行ってはいけない、との意。

无不利

「よろしからざるなし」と読む。

不利であると思われることも、今はなくなった、との意。

八　筮法

易を用いて占いをすることを、「占筮《せんぜい》」という。占筮では、筮竹《ぜいちく》という五十本の竹の棒を操作して、問うた事の回答としての、卦《か》を得なければならない。筮竹を操作して卦を得る法にはいろいろあるが、現在は、(1)本筮法《ほんぜいほう》 (2)中筮法《ちゅうぜいほう》 (3)略筮法《りゃくぜいほう》 の三種が一般的である。

この中で、『易経』の「繫辞伝」に説かれている筮法は、本筮法だけである。しかしこの筮法は、最も理にかなっているとはいうものの、複雑な操作を必要とし、またその操作を行なうのに手間がかかるため、その不便を解消する工夫がなされてきた。現在、最もよく行なわれているのは、「略筮法」といわれる簡便な筮法である。

略筮法

(1) 占う事柄を整理する。
書き出してみるとよい。
実際には書かない場合でも、頭の中では必ず文章化して整理すること。

(2) 静座をする。
どういう座り方でもよい。背筋を伸ばして姿勢を正しくする。

（3）静かに呼吸をととのえ、精神を統一させる。

（4）気が調《ととの》ってきたら、五十本の筮竹の下部を左手で握り、上部に右手をそえて、額のあたりに捧げる。いったん呼吸を止め、目を閉じて、占うことを強く念ずる。

（5）念じ終わったら、五十本の筮竹の中から一本を抜き取り、それを筮筒《ぜいとう》の中に立てて太極に象《かたど》る。筮筒がない場合は、机の上に縦に置く。

（6）残りの四十九本の筮竹を扇形に広げる。筮竹の下部を左手で握り、左手の親指で筮竹の束を潰すような感じで押さえると、筮竹は自然に扇形に開いてくる。右手は扇状の右端に親指を内側にして筮竹を挟むようにしてそえる。

（7）そのまま筮竹を額の辺に捧げ、息を吸って呼吸を止め、目を閉じ、気を集中させる。

（8）機を見て、右手で筮竹の中程を掴んで、一気に左右に分ける。左手に残った筮竹を天策、右手に握った筮竹を地策《ちさく》という。天地に象る。

ここまでの操作が、筮竹を扱う上での基本的な操作である。

（9）右手の地策を机の上に置き、そこから一本を抜き取り、左手の小指と薬指の間に挟む。この一本を人策《じんさく》という。こうして、ここに天・人・地の三才《さんさい》ができあがる。

（10）左手の天策を二本ずつ、二四六八と八本ずつ数えて八払いする。八で割り切れずに残った筮竹の本数に、人策の一本を加えて、残数とする。

残数が一本であれば……☰乾《けん》残数が二本であれば……☱兌《だ》残数が三本であれば……☲離《り》残数が四本であれば……☳震《しん》残数が五本であれば……☴巽《そん》残数が六本であれば……☵坎《かん》残数が七本であれば……☶艮《ごん》残数が八本であれば……☷坤《こん》

こうして内卦ができあがる。以上が、第一変である。

(11) 太極の一本はそのままで、再び四十九本の筮竹を左手に握り、(6)～(10)までの操作を繰り返す。こうして外卦ができあがる。これが、第二変である。

(12) また太極の一本はそのままで、再び四十九本の筮竹を左手に握り、(6)～(9)までの操作を繰り返して、三才に象る。

(13) 今度は、左手の天策を、六本ずつ数えて六払いする。六で割り切れずに残った筮竹の数に人策の一本を加えて残数を出し、爻位《こうい》を求める。

残数が一本であれば……初爻　残数が四本であれば……四爻
残数が二本であれば……二爻　残数が五本であれば……五爻
残数が三本であれば……三爻　残数が六本であれば……上爻

こうして、爻位が決まる。以上が、第三変である。

このようにして、内卦・外卦・爻位が求められる。

もし仮に、次のような数を得たとすれば、

一回目の八払いの残数……三（内卦は☲）
二回目の八払いの残数……四（外卦は☳）
三回目の六払いの残数……二（爻位は二爻）

得卦《とっか》は、䷶豊六二《ほうりくじ》となる。

中筮法

中筮法は、本筮法の煩雑な操作が省かれて、簡略になった筮法である。それでもなお、本筮法の特質を失わずに具《そな》えているので、今でもよく用いられている。

(10)（1）～（5）までは略筮法と同じ。

(11) まず初爻を求める。
（6）～（10）までの操作を行なって、残数を求め、残数より卦を得る。
ここで得て、各爻に配された卦を「爻卦《こうか》」という。
爻卦が、乾・震・坎・艮であれば、その爻は陽爻（⚊）とする。
爻卦が、坤・巽・離・兌であれば、その爻は陰爻（⚋）とする。
残数一ならば爻卦は乾☰……⚊　陽爻　　残数五ならば爻卦は巽☴……⚋　陰爻

残数二ならば爻卦は兌☱……⚋　陰爻　残数六ならば爻卦は坎☵……⚊　陽爻
残数三ならば爻卦は離☲……⚋　陰爻　残数七ならば爻卦は艮☶……⚊　陽爻
残数四ならば爻卦は震☳……⚊　陽爻　残数八ならば爻卦は坤☷……⚋　陰爻

(12) 続いて同様の操作を繰り返して、二爻・三爻・四爻・五爻・上爻を求める。こうして六爻が具わり、大成の卦ができる。これを「本卦《ほんか》」という。

(13) 乾を配した爻は老陽とみなし、陽極まって陰（⚋）に変ずるとする。坤を配した爻は老陰とみなし、陰極まって陽（⚊）に変ずるとする。他の卦を配した爻は、少陽・少陰とみなして変じない。変じてできた卦を「之卦《しか》」という。

もし仮に、筮をとって次のような数を得た時には、
一回目の八払いの残数二……爻卦は兌（初爻は少陰とみなす）
二回目の八払いの残数八……爻卦は坤（二爻は老陰とみなす。陽爻に変ずる）
三回目の八払いの残数三……爻卦は離（三爻は少陰とみなす）
四回目の八払いの残数五……爻卦は巽（は四爻少陰とみなす）
五回目の八払いの残数七……爻卦は艮（五爻は少陽とみなす）
六回目の八払いの残数一……爻卦は乾（上爻は老陽とみなす。陰爻に変ずる）

この場合の本卦・之卦は、次のようになる。

　　乾艮巽離坤兌
本卦　⚊⚊⚋⚋⚋⚋　観《かん》
之卦　⚋⚊⚋⚋⚊⚋　坎《かん》

(14) 六爻の内に乾坤を配した爻が無い場合は、変ずる爻は無い。つまり之卦が無く、不変の卦となる。例えば、次のような場合がそうである。

　兌震艮離坎巽
　⚋⚊⚊⚋⚊⚋　困《こん》の不変

なお、本筮法は、「繋辞上伝第九章」に説かれている。『全釈　易経　下』を参照のこと。

周易上經

（彖伝及び象伝を付す）

1 乾《けん》 （乾為天《けんいてん》）

䷀ 乾下乾上

この卦は、上の卦も下の卦も、共に☰乾である。また、六画の卦の名も乾である。卦の六爻の全てが陽爻であって、陰爻の混じり気が全く無い。純粋な陽《よう》である。

陽の性質は、積極であり、充実であり、盛んに活動することである。そして、それは決して疲れてしまうことがない。そこで、「乾《けん》は健《けん》なり」という。

そもそも、この宇宙間にあますところなく行き渡っている大元気、万物を発生させ、それを養い育てている大元気を「天」という。易では、この天を純粋な陽の卦である乾の卦に配当する。

人の世においては、天子あるいは君主・指導者などが、この卦に配当される。

乾の卦では、それを龍にたとえて説いている。純粋に陽であるもの、その全てに当てはまるようにするために、具体的な物の名を用いず、「龍」という想像上の動物に仮託して説いている。

乾、元亨利貞。

乾《けん》は、元《おお》いに亨《とお》る、貞《ただ》しきに利《よろ》し。

＊元…大。大いに。
＊亨…通。すらすらと事が運ぶこと。
＊利…宜。よろしきにかなうこと。
＊貞…正固。正しいことを固く守る意。正しくして変わらないこと。

占って乾の卦《か》を得れば、その事は大いにすらすらと運んでいく。そして正しいことを固く守って、変わらないようにすべきである。

初九、潜龍。勿用。

初九《しょきゅう》、潜龍《せんりゅう》なり。用《もち》うること勿《なか》れ。

＊潜龍…ひそみ隠れている龍。
＊勿用…事を行なってはならない、という占辞。

初九は、地の下に潜んでいる龍の象である。まだその時ではないから、事を行なってはならない。

九二、見龍在田。利見大人。

九二《きゅうじ》、見龍《けんりゅう》、田《でん》に在《あ》り。大人《たいじん》を見《み》るに利《よろ》し。

＊見龍…地上に現れ出た龍。見は、現れるの義。

＊田に在り…田は、地上の意。
＊大人…大徳のある人。九二、または九五を指す。
＊見るに利し…お目にかかって、その指導を受けるがよろしい。

九二は、地上に現れ出た龍の象である。

この爻は、才能や徳が、世の中に現れ出たのである。

世の一般の人々であれば、下の卦に居る大人、すなわち九二の指導を仰ぐのがよろしい。自らがこの位にある者であれば、上の卦に居る大人、すなわち九五の指導を仰ぐのがよろしい。

九三、君子終日乾乾、夕惕若。厲无咎。

九三《きゅうさん》、君子《くんし》、終日乾乾《しゅうじつけんけん》し、夕《ゆうべ》まで惕若《てきじゃく》たり。厲《あやう》けれども咎《とが》无《な》し。

＊君子…三・四爻は天人地の人位であるから、龍といわずに「君子」という。
君子は、位の有る者をいう場合と、徳の有る者をいう場合とがある。朱子の『周易本義』は、有徳者の意に解している。
＊終日…一日中。
＊乾乾…健健。怠ることなく勤め励むこと。
＊惕若…深く恐れ憂えて、自ら戒めること。
＊厲…あやうい。危。
＊咎…災い。

君子は一日中、怠ることなく勤め励み、夜になってまで深く反省して自らを戒める。
このようであれば、危険な状態にあるとはいえ、災いを免れることができよう。

九四、或躍在淵。无咎。

九四《きゅうし》、或《ある》いは躍《おど》らんとして淵《ふち》に在《あ》り。咎《とが》无《な》し。

*或いは…疑いがあって定まらない義。
*躍る…地を離れるが、飛ぶまでには至らないこと。
*淵に在り…淵は龍の居るところ。まだ高く飛び上がらずに淵に居ること。

九四は、躍り上がって地を離れることもできるのであるが、まだその時ではないとして、淵に潜んでいる龍の象《しょう》である。
このような慎みがあれば、災いを免れる。

九五、飛龍在天。利見大人。

九五《きゅうご》、飛龍《ひりゅう》、天《てん》に在《あ》り。大人《たいじん》を見《み》るに利《よろ》し。

*飛龍…天高く飛び上がっている龍。
*在天…五爻は天人地の天位であるから、「天に在り」という。
*大人…九五、あるいは九二を指す。

龍が天の上に高く飛び上がっている象である。
この飛龍は、剛健中正の徳を具えた、陽爻として理想的な大人である。
天下の一般の人々は、皆なこの九五の大人を仰ぎ見て、帰服するがよろしい。自らがこの位にある者は、下に居る九二の賢人の助力を得るようにするがよろしい。

上九、亢龍。有悔。

上九《じょうきゅう》、亢龍《こうりゅう》なり。悔《く》い有《あ》り。

＊亢龍…高く上り過ぎて、下ることができない龍。
＊悔い有り…少し欠点があること。悔いるべきものがあること。

上九は、あまりに高く登り過ぎた龍の象である。
進み過ぎて退くことを知らなければ、悔いを残すことになる。

用九、見羣龍无首。吉。

用九《ようきゅう》、羣龍《ぐんりゅう》を見《み》るに首《かしら》无《な》し。吉《きつ》なり。

＊用九…六十四卦の全ての陽爻を用いる仕方を説く。
＊羣龍…乾の初爻から上爻までの六陽爻をいう。

＊首…かしら。頭。
＊吉…さいわい。

乾の卦の諸爻をみるに、これらの諸々の龍は、皆なその首を雲の中に隠して現さないのである。このように、人の頭《かしら》となることなく、また自らの才能をひけらかすことなくして、柔順で謙遜を守れば、吉である。

象曰、大哉乾元。
萬物資始、乃統天。
雲行雨施、品物流形。
大明終始、六位時成。時乘六龍以御天。
乾道變化、各正性命、保合大和。乃利貞。
首出庶物、萬國咸寧。

彖《たん》に曰《いわ》く、大《おお》いなるかな乾元《けんげん》。
万物《ばんぶつ》資《と》りて始《はじ》まる、乃《すなわ》ち天《てん》を統《す》ぶ。
○この一節は、天道によって「元亨利貞」の四つの徳の「元」を説く。
＊乾元…乾の「元」のはたらきをいう。純陽の気の始め。

佐藤一斎は『欄外書』において、「単に元と言えば、則ち他の卦の例と同じになってしまう。そこで、乾の字を加えて、これと区別したのだ」と言っている。

＊資始…「とりてはじまる」とよむ。資は、「とる」（取）の義。受け取ること。乾の元の気、すなわち純陽の気を受け取る。

始は、気の始めを成す意。

朱子の『周易本義』は「万物の生ずるは、皆これに資りて以て始めをなすなり」と述べている。

なんと偉大なことか、乾の元のはたらきは！

万物は乾元の気を取りて、その力によってはじまるのだ。すなわちこの「元」こそが、天道を統括しているのである。

雲《くも》行《ゆ》き雨《あめ》施《ほどこ》し、品物《ひんぶつ》、形《かたち》を流《し》く。

○この一節は、天道によって、四徳の「亨」を説く。

＊品物…万物の意。

＊形を流く…いろいろな形のものが、天地の間にゆきわたっていること。

その純陽の気の力によって、地上の気は上昇して雲となり、雲が空中をめぐりゆき、それが雨となって地上の万物を潤し、様々な形のものをゆきわたらせる。

大《おお》いに終始《しゅうし》を明《あき》らかにし、六位時《りくいとき》に成《な》る。時《とき》に六龍《りくりゅう》に乗《の》りて、以《もっ》て天《てん》を御《ぎょ》す。

○この一節は、天道を手本とした、聖人による「元亨」を説く。
＊終始…乾道の終始をいう。始は元、終りは貞を指す。
＊六位…卦の六爻の位。位置の方面からみていう。
＊時に成る…六爻の位ができあがって、それぞれの時に当たること。
＊六龍…乾の卦の六爻のそれぞれの象をいう。
＊天を御す…天は、天道。御は、運用する、制御する。

天道を手本とする聖人は、大いに元亨利貞の四徳の終始を明らかにし、乾の卦の六爻は、それぞれの時機に応じて具わっていることを識る。
かくして、然るべき時に六龍に乗り、これらを運用して天道を行なうのである。

乾道変化《けんどうへんか》して、各々性命《おのおのせいめい》を正《ただ》しくし、大和《たいわ》を保合《ほごう》す。乃《すなわ》ち利貞《りてい》なり。

○この一節は、天道によって、乾の「利貞」を説く。
＊乾道…乾元の道をいう。天道。
＊変化…陰が変じて陽となり、陽が変じて陰となること。
＊性命…天から受けた本来の性質。
＊大和…陰陽の気が、大いに調和すること。
＊保合…保存して失わないこと。

天道は、陰となり陽となって変化し、万物はそれを受けて、各々天から与えられた本来の性質を正しく実現し、大いに調和してそれを失わない。これが、乾の利貞である。

首《しゅ》として庶物《しょぶつ》に出《い》でて、万国《ばんこく》咸《ことごと》く寧《やす》し。

〇この一節は、聖人による「利貞」を説く。

*首…きみ。君。

*庶物…万民のことをいう。

*咸…ことごとく。

このような聖人が、君主となって万民の上に出でておられるので、万国は皆なことごとくその徳に感化されて、太平に安んずることができるのである。

象曰、天行健。君子以自強不息。

象《しょう》に曰《いわ》く、天行《てんこう》は健《けん》なり。君子《くんし》以《もっ》て自《みずか》ら強《つと》めて息《や》まず。

*天行…天の運行をいう。

*健…天行健の「健」の位置には卦名があるのが普通であるが、ここでは音《おん》が通ずるので「乾」の代用として「健」を用いている。

*君子…有位の者をいう場合と、有徳の者をいう場合がある。朱子の『周易本義』は、有徳者の意に解している。

＊自強…自らつとめて止《と》めない意。

＊息まず…休止しない。

天の運行は、一時とも休止することがなく、至って健であるものである。君子は、この象を手本として、自ら日々努め励んで、休止することがないのである。

潜龍勿用、陽在下也。

「潜龍《せんりゅう》なり、用《もち》うること勿《なか》れ」とは、陽《よう》、下《しも》に在《あ》ればなり。

＊陽…陽の気をいう。

初九の爻辞に「潜龍なり、用うること勿れ」とあるのは、陽の気が地の下に潜んでいて、まだ地上に現れるほどには、盛んになっていないからである。

見龍在田、徳施普也。

「見龍《けんりゅう》、田《でん》に在《あ》り」とは、徳《とく》の施《ほどこ》し普《あまね》きなり。

＊普…あまねし。広くゆきわたること。

九二の爻辞に「見龍、田に在り」とあるのは、ようやく地上に現れ出たので、徳の感化が広くゆきわたるようになったのである。

終日乾乾、反復道也。

「終日乾乾《しゅうじつけんけん》す」とは、道《みち》を反復《はんぷく》するなり。

九三の爻辞に「終日乾乾す」とあるのは、道を履み行なうのに、幾度も繰り返して反復することである。

或躍在淵、進无咎也。

「或《あ》るいは躍《おど》らんとして淵《ふち》に在《あ》り」とは、進むに咎《とが》无《な》きなり。

九四の爻辞に「或いは躍らんとして淵に在り」とあるのは、進んでよいかを計って、その時にかなえば進むのであり、そうすれば災いを免れる、ということである。

飛龍在天、大人造也。

「飛龍《ひりゅう》、天《てん》に在《あ》り」とは、大人造《たいじんおこ》るなり。

＊造る…おこる。作。

九五の爻辞に「飛龍、天に在り」とあるのは、大人がおこって君位に在ることである。

亢龍有悔、盈不可久也。

「亢龍《こうりゅう》なり、悔《く》い有《あ》り」とは、盈《み》つることは久《ひさ》しかる可《べ》からざるなり。

上九の爻辞に「亢龍なり、悔い有り」とあるのは、盛んなものは、必ず衰えるのが道理であるから、満ちているものを、久しく保ち続けることはできない、ということである。

用九、天德不可爲首也。

用九《ようきゅう》、天德《てんとく》は、首《しゅ》たる可《べ》からざるなり。

＊天德…陽剛、すなわち乾の徳をいう。

＊首…先の義。人に先立つこと。爻辞の「羣龍を見るに首无し」の「首」の義とは異なる。

天徳は陽剛であるから、更に陽剛を用いて人の先頭《せんとう》となることは、してはいけない。必ず災いをもたらすものである、ということである。

2 坤《こん》（坤《こん》為《い》地《ち》）

䷁ 坤下坤上

この卦は、上の卦も下の卦も、共に☷坤である。また、六画の卦の名も坤である。卦の六爻の全てが陰爻であって、陽爻の混じり気が全く無い。純粋の陰であって、大地を象徴する。陰の性質は、消極であり、受け身であり、虚であり休止である。

大地のはたらきは、万物を生み出し、養い、育てることである。しかし、地それ自身には、万物を生み出す力、養い育てる力は、少しも無い。それは、天の元気を受けて、はじめてできることである。天の元気が、地のはたらきとなって現れ出るのである。地は、ひたすら天の元気を受けるのであり、極めて消極であり、受け身である。そこで、この地を、純粋な陰の卦である「坤」の卦に配当する。

坤、元亨。利牝馬之貞。
君子有攸往、先迷後得主。
利西南得朋、東北喪朋。
安貞吉。

坤《こん》は、元《おお》いに亨《とお》る。牝馬《ひんば》の貞《てい》に利《よろ》し。
君子《くんし》往《ゆ》く攸《ところ》有《あ》るに、先《さき》んずれば迷《まよ》い、後《おく》るれば主《しゅ》を得《う》。
西南《せいなん》には朋《とも》を得《え》、東北《とうほく》には朋《とも》を喪《うしな》うに利《よろ》し。
貞《てい》に安《やす》んずれば吉《きつ》なり。

＊「利」の字には、いろいろな読み方がある。
（1）先迷後得主。利西南得朋。と下の句に付けて、「西南には朋を得、東北には朋を喪うに利し」と読む。『周易折中』『周易述義』の説。今はこれに従う。
（2）先迷、後得主利。西南得朋。と上の句につけて、「後るれば主を得て利あり」と読む。『周易正義』の説。
（3）先迷後得。主利。西南得朋。「主利」を一句として「先んずれば迷い、後るれば得て、利を主とす」と読む。程子・朱子の説。

＊牝馬の貞…牝馬のように柔順にして、固く正しいことを守ること。
＊往く攸有り…進んで行って事を行なうこと。
＊主…先達。
＊朋を得る…陰の同類を得て、一緒に事を為すがよろしい。
＊朋を喪う…陰の同類や縁故から離れて、陽卦に従うことがよろしい。
＊貞に安んずる…正しいことを固く守って、そこに落ち着いていること。

占ってこの坤の卦を得たならば、事は滞ることなく、すらすらと運んでゆく。ただし、牝馬のように柔順な態度で、正しいことを固く守っていくことがよろしい。

この陰柔の君子が、何事か事を行なおうとする場合には、自分が先立って行っては、かえって道に迷うことになる。人に後れて行なう時には、主人、すなわち先達を得て、迷うことはない。

西南は、陰卦の方位である。自分の仲間と一緒に事を行なうのがよろしい。東北は、陽卦の方角である。仲間からは離れて、ひたすら陽卦に従うのがよろしい。

万事、正しいことを固く守り、そこに落ち着いて動かない時は、吉である。


彖曰、至哉坤元。萬物資生、乃順承天。

坤厚載物、徳合无疆。含弘光大、品物咸亨。

牝馬地類、行地无疆。柔順利貞、君子攸行。

先迷失道、後順得常。

西南得朋、乃與類行。

東北喪朋、乃終有慶。

安貞之吉、應地无疆。


彖《たん》に曰《いわ》く、至《いた》れるかな坤元《こんげん》。万物《ばんぶつ》資《と》りて生《しょう》ず、乃《すなわ》ち順《じゅん》にして天《てん》を承《う》く。

○この一節は地道によって「元」の字を解説する。
＊坤元…乾元を承けて坤の「元」とする。坤の形の始めを成すはたらきをいう。
＊資生…「とりてしょうず」とよむ。資は「とる」(取)の義。
乾の「始」は、気の始めであるのに対して、坤の「生」は、形の始め。

朱子は『朱子語類』において「万物は乾に資りて、始めて気があり、坤に資りて以て生じて形がある」と述べている。
＊天を承く…天の気の施しを承けること。

なんとすばらしいことであろうか、坤の元の、形の始めを成すはたらきは！

万物は皆な、坤元のはたらきによって、生じてその形を成すのである。すなわち坤が柔順であって、天の気である乾の元気を承け入れるからこそ、このすばらしいはたらきができるのである。


坤《こん》は厚《あつ》くして物《もの》を載《の》せ、徳《とく》は疆《かぎり》无《な》きに合《がっ》す。含弘光大《がんこうこうだい》にして、品物《ひんぶつ》咸《ことごと》く亨《とお》る。
○この一節は「亨」の字を解説する。
＊无疆…かぎりがないこと。乾すなわち天を指す。
＊含…包み容《い》れること。
＊弘…広く大きいこと。
＊光…徳の光りが明らかなこと。
＊大…徳の光りがどこまでも行き届くこと。
＊品物…万物のこと。

＊咸…ことごとく。

坤、すなわち地は厚く、その上にあらゆる物を載せている。そしてその徳は、際限のない天の徳と一体になっているのである。

坤は、あらゆる物を包容し、その容《い》るること広く大きく、その徳は明らかに輝き、その光りの行き届かないところはないのである。このようにして、万物は皆なことごとく生育し、伸び盛んになる。

牝馬《ひんば》は地《ち》の類《るい》、地《ち》を行《ゆ》くこと疆《かぎり》无《な》し。柔順《じゅうじゅん》にして利貞《りてい》なるは、君子《くんし》の行《おこな》う攸《ところ》なり。

○この一節は「利牝馬之貞」を解説する。

＊類…ここでは陰の同類をいう。

牝馬は陰の類、地と同類であり、地の上を疲れることなくどこまでも走り行く。この牝馬のように、柔順であってよく乾に従うことができ、宜《よろ》しき所に安んじて、正しいことを固く守るのは、君子の行なうべき道である。

先《さき》んずれば迷《まよ》いて道《みち》を失《うしな》い、後《おく》るれば順《したが》いて常《つね》を得《う》。

○この一節は「先迷後得主」を説明する。

自ら先立って事を行なえば、迷って坤の柔順である道を失ってしまう。乾に従って行動するならば、坤の常の道を得ることができる。

「西南《せいなん》には朋《とも》を得《う》」とは、乃《すなわ》ち類《るい》と與《とも》に行《ゆ》くなり。
「東北《とうほく》には朋《とも》を喪《うしな》う」とは、乃《すなわ》ち終《つい》に慶《よろこ》び有《あ》るなり。
「貞《てい》に安《やす》んずるの吉《きっ》」とは、地《ち》の疆《かぎり》无《な》きに応《おう》ずるなり。

＊応ずる…合すること。

「西南には朋を得」というのは、西南は陰の卦の方位であるから、陰の仲間を得て、一緒に事を行なうことができるのである。

「東北には朋を失う」というのは、東北は陽の卦の方位であるから、陰の仲間を失うことになるけれども、本来の従うべき乾の主《しゅ》を得て、最後には喜びを得ることができるのである。

「貞に安んずるの吉」というのは、君子の行いは、地の限りなく広い徳と、相《あい》い合《がっ》するものである、ということである。

象曰、地勢、坤。君子以厚徳載物。

象《しょう》に曰《いわ》く、地勢《ちせい》は、坤《こん》なり。君子《くんし》以《もっ》て徳《とく》を厚《あつ》くして物《もの》を載《の》す。

＊地勢…地の形勢。これは形をもっていう。
＊以て…君子はこの象の義を取って、という意。

地の形勢が地の上に、また地が在って幾重にも厚く重なっているのが、坤の卦の象である。君子は、この地の厚い象を手本として、厚く自らの徳を修め、地が万物を載せている象を手本として、万民を包容するように勤めるべきである。

初六、履霜、堅冰至。

初六《しょりく》、霜《しも》を履《ふ》みて、堅冰《けんぴょう》至《いた》る。

＊霜…陰の微弱なるものをいう。
＊堅冰…陰気が盛んになって凝結したもの。
＊至る…そのようになる、という意。

初六は、陰のはじめて生ずる時である。

その陰の気はまだ微弱で、霜のようなものであるが、このままにしておけば、それはだんだんに盛んになって、後には堅い冰のようになってしまう。

陰がまだ微弱のうちに、充分に気を付け警戒しなければならない。

象曰、履霜堅冰、陰始凝也。馴致其道、至堅冰也。

象《しょう》に曰《いわ》く、「霜《しも》を履《ふ》みて堅冰《けんぴょう》」とは、陰《いん》の始《はじ》めて凝《こ》るなり。其《そ》の道《みち》を馴致《じゅんち》すれば、堅冰《けんぴょう》に至《いた》るなり。

＊朱子の『周易本義』は「履霜堅冰」を「按ずるに魏志に『初六履霜』に作る。今はまさにこれに従うべし」と言っている。
＊陰の始めて凝る…陰の気がはじめて凝結して霜となること。
＊其の道…陰の道。
＊馴致…慣れ従うこと。次第しだいにそのようになってしまうこと。

初六の爻辞に「霜を履みて堅冰」とあるのは、陰の気がはじめて凝結して、霜となって現れたのである。

そして、この現れた微弱なものに慣れ従っていれば、次第に陰の気は盛んになって、堅い冰のようになってしまう、ということである。

六二、直方、大。不習无不利。

六二《りくじ》、直《ちょく》・方《ほう》によりて、大《だい》なり。習《なら》わざれども利《よろ》しからざる无《な》し。

＊直…順直。乾の卦に順って真っ直ぐに進むこと。
＊方…方正。四角形は角があってきちっとしている。乱れがないこと。

＊大…広大であること。
＊習…重ねて習う義。

六二は、この卦の卦主である。

この爻は、直、すなわち乾の卦に順って真っ直ぐに進んで行く。少しも自分の考えを交えることなく、乾の卦の進むがままに真っ直ぐに進む。また、坤が物を生ずる時は、その形は定型があって乱れることがない。このようであるから、坤が万物を生成化育するはたらきは、至って広大である。

六二は、この「直・方によりて大」の三つの徳を具えているので、重ねて習うことをしなくても、どのような場合でも、うまくゆかないということはないのである。

象曰、六二之動、直以方也。不習无不利、地道光也。

象《しょう》に曰《いわ》く、六二《りくじ》の動《どう》は、直《ちょく》にして以《もっ》て方《ほう》なり。「習《なら》わざれども利《よろ》しからざる无《な》し」とは、地道光《ちどうおお》いなればなり。

＊六二の動…乾に従って動くこと。
＊直にして以て方…内に直であるので、外に方正という徳が現れてくる。
＊光…広大の意。

六二が動くということは、乾の卦に従ってそのまま事を行なうのであり、そうであるので、それが方正という徳となって外に現れ出るのである。

「習わざれども利しからざる无し」というのは、坤の道が広大であるからである。

六三、含章。可貞。或従王事、无成有終。

六三《りくさん》、章《しょう》を含《ふく》む。貞《てい》にす可《べ》し。或《ある》いは王事《おうじ》に従《したが》うも、成《な》すこと无《な》くして終《お》わること有《あ》り。

＊章…あや模様。道徳才能にたとえる。
＊章を含む…才能を内に含んで、外に表さないこと。
＊貞にす可し…正しい事を固く守っていくべきである。
＊王事に従う…天子の政治を補佐すること。
＊成すこと无くして…自分で事を成そうとしない。自分の功績としない。
＊終わること有り…事を首尾よく成就すること。

六三は、陰柔で陽位にいるので位が正しくなく、また中《ちゅう》を過ぎているから、ともすれば物事に過ぎる嫌いがあるので、警戒すべきである。

この爻は、たとえ才能があったとしても、それを表にひけらかすことなく内に含み、正しいことを固く守ってゆくようにするべきである。

時として、天子の政治を補佐することがあっても、それを自分の功績とはせず、ただ天子の命令に従って行ない、首尾よく成就するように勤めるべきである。

象曰、含章、可貞、以時發也。或從王事、知光大也。

象《しょう》に曰《いわ》く、「章《しょう》を含《ふく》む、貞《てい》にす可《べ》し」とは、時《とき》を以《もっ》て発《はっ》するなり。
「或《ある》いは王事《おうじ》に従《したが》う」とは、知《ち》、光大《こうだい》なるなり。

＊時…しかるべき時。
＊発…はなつ。放。

六三の爻辞に「章を含む、貞にす可し」とあるのは、いつまでも道徳才能を内に隠しているのではなく、それを用いるべき時が来たならば、大いに発揮して役立てるようにすべきである。また「或いは王事に従う」というのは、六三の知恵が光大であるので、時として、天子の政治を補佐することができる、ということである。

六四、括囊。无咎无譽。

六四《りくし》、嚢《ふくろ》を括《くく》る。咎《とが》も无《な》く誉《ほま》れも无《な》し。

六四は、陰柔で陰位にいるから、位は正しい。しかしながら中《ちゅう》を得ておらず、また陽爻の助けを得ることができないので、自らを深く慎んでいる象。

この爻は、たとえば、嚢の口を結んで、中の物が出ないようにするように、才能を蔵《ぞう》してしまって外に表さないのである。

このように慎重にしていれば、したがって、咎められるようなこともないかわりに、また栄誉を得ることもないのである。

象曰、括嚢无咎、愼不害也。

象《しょう》に曰《いわ》く、「嚢《ふくろ》を括《くく》る、咎《とが》も无《な》し」とは、慎《つつし》めば害《がい》あらざるなり。

六四の爻辞に「嚢を括る、咎も无し」とあるのは、このように慎重に身を処すのであれば、害を受けることは、ないのである。

六五、黄裳。元吉。

六五《りくご》、黄裳《こうしょう》なり。元《おお》いに吉《きつ》なり。

＊黄裳…黄は中央の色。裳は腰から下の服、臣道の象に取る。

六五は尊位にあるが、坤の卦であるから臣道を示す。したがって「黄衣」ではなく「黄裳」という。

六五は、黄色い裳にたとえられるように、柔和で柔順であり、中庸の徳によって臣下としての道をつくすのである。
このようであれば、大いに吉である。

象曰、黄裳元吉、文在中也。

象《しょう》に曰《いわ》く、「黄裳《こうしょう》なり、元《おお》いに吉《きつ》なり」とは、文《ぶん》、中《ちゅう》に在《あ》ればなり。

＊文…文徳。麗しい徳。柔順にして中《ちゅう》を得ていることをいう。
＊中に在る…上の卦の真ん中にあること。

六五の爻辞に「黄裳なり、元いに吉なり」とあるのは、柔順な麗《うるわ》しい徳が上の卦の真ん中にあるからである。

上六、龍戰于野。其血玄黄。

上六《じょうりく》、龍《りゅう》、野《や》に戦《たたか》う。其《そ》の血玄黄《ちげんこう》なり。

＊龍…陰が上に極まって、その勢いは陽物の龍に似ていることをいう。
＊野…郊外。
＊玄黄…玄は陽にして黒。黄は陰にして地の色。

上六は、卦の窮まりである。

この爻は、陰が陽物の龍に見えるほど盛んになったので、郊外において陽の龍と戦うのである。そのため、双方共に傷つき、血を流すような禍いをうける。

象曰、龍戰于野、其道窮也。

象《しょう》に曰《いわ》く、「龍《りゅう》、野《や》に戦《たたか》う」とは、其《そ》の道窮《みちきわ》まるなり。

上六の爻辞に「龍、野に戦う」とあるのは、陰の道は、ここにおいて行き詰まってしまったのである。

用六、利永貞。

用六《ようりく》、永貞《えいてい》に利《よろ》し。

＊用六…六を用いる義。六十四卦の全ての陰爻を用いる仕方を説く。

＊永貞…永は、長く久しいこと。貞は、正しいことを固く守ること。

陰爻を用いるには、永く久しく正しいことを固く守るようにするがよろしい。

象曰、用六永貞、以大終也。

象《しょう》に曰《いわ》く、用六《ようりく》の永貞《えいてい》は、大《だい》を以《もっ》て終《お》わるなり。

「用六、永貞に利し」というのは、このようにする時は、終わりには大きな業績が成就できるということである。

3 屯《ちゅん》（水雷屯《すいらいちゅん》）

䷂ 震下坎上

「屯」とは、伸び難《なや》んでいることをいう。

屯という字は、草木がはじめて地上に芽を出したものの、屈曲して、まだ充分に伸びることのできない形をあらわしている。草木がはじめて生じ、内には充分に発育していくだけの気力を具えてはいるが、まだ思うように伸びることができないで、行き難んでいるのである。これが屯の字の意味である。

卦の象は、上の卦は☵坎の寒気であり、下の卦は☳震の草木の芽である。草木の若い芽が、盛んに奮い動いて伸びようとしているが、その前方には、まだ厳しい寒気があって、そのために充分に伸びることができないで苦しんでいる。この卦の形は、そのような状態をあらわしている。そこで、この卦を「屯」と名付けた。

序卦伝では、「乾」と「坤」の二つの卦の次にこの「屯」の卦が置かれていることを、次のように説いている。「天と地、すなわち䷀乾と䷁坤の卦があって、その後にあらゆる物が発生するのである。天と地の間に充満している物は、ただ万物だけである。だから、䷀乾と䷁坤の卦の次には、䷂屯の卦が置かれている。屯とは、充満するということである。また屯とは、物がはじめて生ずるということである」と。

そもそも物事がはじめて生じ、行なわれる時には、屯の苦しみは付きものである。一切の物事は、この屯難からはじまる。だからこの苦しみは、誰でもが必ず経験することであり、これなくしては、物事のはじまりはないのである。

では、この屯難を乗り切っていくには、どのようにしたらよいのだろうか。経文では「諸侯を建てるがよろしい」と述べている。全てを自分一人の力で行なおうとはせずに、能力のある人を挙げ用いて、主要な地位を任せ、自分を助けて事を遂行させるようにするのがよろしい、というのである。

このように、人を使って行なうことであるならば、それに適した人材を登用するということが、「侯を建てる」に当たるわけだが、人を使わずに、自分だけで行なわなくてはならないことであるならば、この「侯を建てる」とはどのようなことであろうか?

それは、その計画と方針の最も基礎となるところ、最も土台となるところを重視して、それを挙げ用いること、と考えてみるのも、一つの方策となるであろう。

屯、元亨利貞。勿用有攸往。利建侯。

屯《ちゅん》は、元《おお》いに亨《とお》る、貞《ただ》しきに利《よろ》し。往《ゆ》く攸《ところ》有《あ》るに用《もち》うる勿《なか》れ。侯《きみ》を建《た》つるに利《よろ》し。

＊屯…卦名。伸び難む。
＊勿用有攸往…にわかに進んで行くようなことは、してはならない。
＊侯を建つ…力量のある者を建てて諸侯にして、その地を治めさせること。「侯」は、ここでは初九を指す。

屯とは、物事を生み出す苦しみである。

この屯難に堪えて、時が至れば、物事は大いに通達する。しかし、正しいことを固く守っていくようにすることが大切である。

まだ困難が多く、行き悩んでいる状態であるから、急に前進することを望んではならない。

力量のある者を諸侯に取り立てて、天子を助けて国を治めさせるのがよろしいのである。


彖曰、屯、剛柔始交而難生、動乎険中。

大亨貞、雷雨之動満盈。

天造草昧。宜建侯而不寧。


彖《たん》に曰《いわ》く、屯《ちゅん》は、剛柔始《ごうじゅうはじ》めて交《まじ》わりて難《なや》み生《しょう》じ、険中《けんちゅう》に動《うご》く。

大《おお》いに亨《とお》りて貞《ただ》しきは、雷雨《らいう》の動《うご》き満盈《まんえい》すればなり。

天造草昧《てんぞうそうまい》なり。宜《よろ》しく侯《きみ》を建《た》つべくして寧《やす》しとせず。

＊難み生じ…☵坎についていう。☵坎を陥るとし、難とし、悩むとする。
＊険中に動く…険は☵坎をいう。動くは☳震をいう。
＊雷雨の動…雷は☳震、雨は☵坎を指す。雷雨は、䷧解の卦になる。
　ここで雷雨と言っているのは、雲雷䷂屯の難みが雷雨䷧解となって解けたことをいう。
＊満盈…充満すること。
＊天造…天のしわざ。天運。時運。時勢。
＊草昧…草は、はじめ。草創。昧は、くらい。
＊寧しとせず…安泰に過ごしていてはならない。

屯の卦は、剛爻と柔爻がはじめて交わって☳震を生じ、そして☵坎の険難が前に生ずるので、険難の中に動く象である。

卦《か》の辞《ことば》に「元に亨る、貞しきに利し」というのは、屯の鬱結を解く雷雨の動きが、満ち満ちているからである。

時勢のはじめて開かれて、いまだはっきりとしない時である。このような時には、力量のある者を諸侯に建てて、国を治めさせるのがよろしい。そして、自分も努力して勤めるべきであり、安泰に過ごしていてはならないのである。


象曰、雲雷、屯。君子以經綸。

象《しょう》に曰《いわ》く、雲雷《うんらい》は屯《ちゅん》なり。君子《くんし》以《もっ》て経綸《けいりん》す。

＊雲雷…雲は☵坎、雷は☳震である。
☵坎の水は、☳震の雷の上に在って雲となっていて、いまだ雨になって降ってこない。☳震の雷は、下にあってまだ鳴り渡らない。陰陽鬱結して行き悩む卦象にとる。
＊経綸…経は縦糸を整えること。綸は糸をおさめる義。
ここでは、天下を治めることにたとえた。

☵坎の雲が☳震の雷の上に在って、いまだ雨にならないのであり、☳震の雷は雲の下に在ってまだ鳴り渡らない。

君子は、この陰陽鬱結して行き悩んでいる屯の卦の象を観て、ちょうど縦糸を整え横糸を織り込んで機を織るように、まず天下を治める大綱を定め、次に細目を制定するようにして、屯難の行き悩みを救済するのである。

初九、磐桓。利居貞。利建侯。

初九《しょきゅう》、磐桓《ばんかん》たり。貞《てい》に居《お》るに利《よろ》し。侯《きみ》を建《た》つるに利《よろ》し。
＊磐桓…進み難きの貌《すがた》。磐は大石。桓は大きい柱。
＊貞に居る…正しいことを固く守って、そこに踏み止《とど》まること。

初九は、陽位に剛陽で居て位が正しく、また六四と応じている。屯難を打開しようとして奮い動く、成卦の主爻である。

この爻は、険難を前にして、まるで大きな石や大きな柱であるかのように、動き進むことができないのである。こういう時には、軽挙妄動することなく、正しいことを固く守って、そこに踏み止まっているのがよろしい。

君主は、この初九のような民間にいる力量のある者を諸侯に取り立てて、この難局を切り抜けるがよろしい。

象曰、雖磐桓、志行正也。以貴下賤、大得民也。

象《しょう》に曰《いわ》く、「磐桓《ばんかん》たり」と雖《いえど》も、志《こころざし》は正《ただ》しきを行《おこな》うなり。貴《き》を以《もっ》て賤《せん》に下《くだ》る、大《おお》いに民《たみ》を得《う》るなり。

＊志…屯難を救済しようとする志。
＊貴…初九を指す。
＊賤…二爻三爻の二陰を指す。
＊民を得る…天下の人望を集めること。民の心を得ること。

初九は「磐桓たり」の象ではあるけれど、その志は正しいことを行なおうとするのである。この爻は陽剛の徳をもって二陰の下にある。これは充分な力量を持ちながら、人にへり下ることを示している。そのようであるからこそ、大いに民の心を得ることができるのである。

六二、屯如邅如。乗馬班如。匪寇婚媾。女子貞不字、十年乃字。

六二《りくじ》、屯如《ちゅんじょ》たり、邅如《てんじょ》たり。馬《うま》に乗《の》りて班如《はんじょ》たり。寇《あだ》するに匪《あら》ず、婚媾《こんこう》せんとす。女子貞《じょしてい》にして字《あざな》せず、十年《じゅうねん》にして乃《すなわ》ち字《あざな》す。

＊屯如…進み悩むさま。
＊邅如…止《や》めて引き返すこと。
＊馬に乗る…陽剛である初九の上に乗っていることをいう。
＊班如…ぐるぐる巡って進まないこと。
＊寇する…害を加えること。
＊婚媾…結婚のこと。
＊女子…六二を指す。
＊字…いいなずけ。結婚の約束をすること。

六二は、陰位に陰柔で居てその位が正しく、九五の剛陽と正しく応じている。そして、また初九とも相い比している。

この爻は、前に進んで行こうとしても、初九に気が引かれて、進もうにも進めずに引き返してくるのであり、ちょうど馬に乗ってぐるぐる回りをしているようなありさまである。

初九が迫っているのは、害を加えようというのではなく、結婚を求めているのである。しかし六二は、正応である九五が正しい夫であるとして、初九とは結婚の約束をしない。

やがて十年の後には、初九が迫ってくることもなくなり、正応である九五と、結婚の約束をすることになる。

象曰、六二之難、乗剛也。十年乃字、反常也。

象《しょう》に曰《いわ》く、六二《りくじ》の難《なやみ》は、剛《ごう》に乗《の》ればなり。「十年《じゅうねん》にして乃《すなわ》ち字《あざな》す」とは、常《つね》に反《かえ》るなり。

＊剛に乗る…初九の陽剛の上にあること。

＊常に反る…本来の道に立ち返ること。

ここでは、九五の正応と結婚することをいう。

六二が屯難に遭い、進み悩んでいるのは、初九の陽剛の上に乗っており、初九に迫られているからである。

「十年にして乃ち字す」と爻辞にあるのは、正応である九五と結婚の約束をするという、本来の道に立ち返ることができたからである。

六三、即鹿无虞、惟入于林中。君子幾不如舎。往吝。

六三《りくさん》、鹿《しか》に即《つ》いて虞《ぐ》无《な》く、惟《ただ》林中《りんちゅう》に入《い》る。君子《くんし》は幾《きざし》をみて舎《や》むに如《し》かず。往《ゆ》けば吝《りん》。

＊即…つく。就。従うこと。

＊虞…山沢や禽獣をつかさどる役人。

＊幾…物事のかすかな兆し。

＊不如舎…やめたほうがよい。「舎」は止めること。
＊吝…はじとなること。吉と凶との間にあって、凶に近い。

六三は、陰柔が陽位にあって位が不正であり、応じている爻も無い。また下の卦の最上にあって中《ちゅう》を過ぎているので、軽挙妄動する象である。

ちょうど、狩りをして鹿を捕まえようとし、山の役人の案内も無しに、妄《みだ》りに林の中に入って行って、迷ってしまったようなものである。

君子は、危険な兆しをみてとったなら、ただちに、追い求めることを止めるものである。それをむりに進んで行けば、恥ずかしい結果になるであろう。

象曰、即鹿无虞、以従禽也。君子舎之、往吝、窮也。

象《しょう》に曰《いわ》く、「鹿《しか》に即《つ》いて虞《ぐ》无《な》し」とは、以《もっ》て禽《えもの》に従《したが》うなり。
「君子《くんし》は之《これ》を舎《や》む、往《ゆ》けば吝《りん》」とは、窮《きゅう》すればなり。

＊禽…獲物。
＊窮する…自ら困窮すること。

爻の辞に「鹿に即いて虞无し」とあるのは、ただ獲物を得ることだけに執着して、追い求めて行くのである。

「君子は之を舎む、往けば吝」とあるのは、止めなければ、自ら困窮することになるからである。

六四、乘馬班如。求婚媾、往。吉无不利。

六四《りくし》、馬《うま》に乗《の》りて班如《はんじょ》たり。婚媾《こんこう》を求めて、往《ゆ》く。吉《きっ》にして利《よろ》しからざる无《な》し。

＊婚媾を求む…六四が初九に結婚を求めること。ここでは陰陽相い応ずること。賢人を求めて、屯難の世を救済しようとすること。

一説に、「求められて」と読んで、正応の初九に婚媾を求められて、その後にこれに応じて往くこと、と解するが、採らない。

＊往く…六四が進んで行って九五に親しみ、補佐すること。

六四は、陰爻が陰位におり、位は正しい。そして下の剛陽の初九と応じており、上の九五の君と相い比している。

この爻は、自分が九五を助けてこの屯難を救済しなければならない立場であることを自覚しているが、何分にも柔弱であって力量に欠けるのである。馬に乗って出かけたが、結局、進むことができずに引き返して来るはめになる。

そこでこの爻は、自分の正応である初九の剛陽に協力を求め、その後に、一緒に力を合わせて進んで行って九五を補佐し、この難局を救済しようとするのである。

このようであれば、いかなる場合においても、よくないということはない。

象曰、求而往、明也。

象《しょう》に曰《いわ》く、「求《もと》めて往《ゆ》く」は、明《あき》らかなるなり。

＊明…賢明。己を知っていることをいう。

爻の辞に「求めて往く」とあるは、この爻は、正応の初九と力を合わせて、その後に進んで行くのであり、自ら自分の力量不足を知っていて、賢明である、ということである。

九五、屯其膏。小貞吉。大貞凶。

九五《きゅうご》、其《そ》の膏《めぐみ》を屯《とどこお》らす。小《しょう》には貞《てい》なれば吉《きつ》。大《だい》には貞《てい》なれども凶《きょう》なり。

＊膏…めぐみ。恩恵。

＊屯…とどこおらす。滞。

＊小貞吉…小事には貞正を守れば吉。小事とは、飲食・起居など日常のこと。

＊大貞凶…大事には貞正を守っても凶。大事とは、侯を建てる・戦争の類。

九五は、陽剛にして中《ちゅう》・正を得て尊位におり、屯難を救済すべき爻である。この爻は、☵坎の険難の中に落ち込んでいるので、下《しも》の民に対する恩沢《おんたく》も、充分には行き届かず、滞りがちである。

こういう状態であるから、小事であれば、正しいことを固く守っていれば吉を得られよう。しかし、大事であれば、たとえ正しいことを固く守っていたとしても、やはり凶は免れない。

象曰、屯其膏、施未光也。

象《しょう》に曰《いわ》く、「其《そ》の膏《めぐみ》を屯《とどこお》らす」とは、施《ほどこ》し未《いま》だ光《おお》いならざるなり。

＊施し…九五の恩徳をいう。
＊光…おおい。大の義。

「其の膏を屯らす」とあるは、九五の恩沢が、いまだ充分に行き届かないということである。

上六、乘馬班如。泣血漣如。

上六《じょうりく》、馬《うま》に乗《の》りて班如《はんじょ》たり。泣血漣如《きゅうけつれんじょ》たり。

＊泣血…声無く涙を出すこと。
＊漣如…涙の流れるさま。

上六は、陰柔で屯難の極におり、また応じている爻も無いので、安んずることのできない象にとる。

この爻は、ちょうど馬に乗ってぐるぐる回りをしているようなものであって、一向に進まないのであり、声もなく泣いて、涙を流しているありさまである。

象曰、泣血漣如。何可長也。

象《しょう》に曰《いわ》く、「泣血漣如《きゅうけつれんじょ》たり」とは、何《なん》ぞ長《なが》かるべけんや。

爻辞に「泣血漣如たり」とあるは、このような状況では、どうして長く身を保つことができるであろうか！　とても保てないであろう。

4 蒙《もう》 （山水蒙《さんすいもう》）

䷃ 坎下 艮上

「蒙」とは、くらい、ということであり、理に明らかでない、ということである。

蒙という字は、草に覆われて、その中が暗くなっている、という形である。

卦の象では、この卦は、☶艮の山が上にあり、☵坎の渓流が下にある。下の坎水は雲となって上《のぼ》って山を覆い、雲は霧となって下って、谷川を覆いかくしている。これはとりもなおさず、蒙味の意味である。そこで「蒙」と名付けた。

また、上の卦は☶艮であり、家の象である。下の卦は☵坎であり、暗いという象である。家の中が暗くなっている。これも「蒙」の象である。

序卦伝では、「屯」の次にこの「蒙」の卦が置かれていることを説明して、このように言っている。「物が生じたばかりの時は、必ず蒙昧である。だから、屯の卦の次には、䷃蒙の卦が置かれている。蒙とは、昧《くら》いということであり、また物が幼稚な状態である、ということである」と。

この卦は、今は蒙昧で智恵が明らかでないけれども、その暗くしているもの、覆っているものを取り除けば、本来の明らかな智恵が現れてくることを説いている。

それは、ちょうど人の幼い時のようなものであって、その本性自体が暗昧なのではない。この卦は、その蒙昧を啓く道を説くのである。この卦が、「教育の卦」と言われるのは、このことによる。

卦の辞は、占筮をして吉凶禍福を問うことになぞらえて、教える人と教えられる人との関係を述べている。「我が方から童蒙の啓発を求めて行くのではない、童蒙が我へ求めて来るものである」と。教えを求める者の自発性が、何よりも大事である。いくら外から与えてみても、自分から求めて行くのでない限り、それは押し付けとなってしまって、蒙を啓く役には立たない。

また「占筮にあたっても、誠意をもって求めてくる初筮であれば、よく吉凶を告げ知らせるが、疑いの心を起こして同じ占いを再三繰り返すようでは、占筮の神聖さを穢すことになる。神聖さが穢されて失われれば、もはや吉凶は告げない」と。教えを受ける者の態度に、誠意をもって受け入れようという気持がなければ、これもまた、蒙昧を啓くことは得られない。

蒙を啓く任に当たる者は、特定の「師」であるとは限らない。天地を師とし、自然を師とするというような場合もあるであろう。あるいは、古人を師とするという場合もあるはずである。その他にも、いろいろな場合があるであろう。しかしいずれにしても、その関係は、皆な同じ道理なのである。

蒙、亨。匪我求童蒙、童蒙求我。初筮告。再三瀆。瀆則不告。利貞。


蒙《もう》は、亨《とお》る。

我《われ》より童蒙《どうもう》に求《もと》むるに匪《あら》ず、童蒙《どうもう》より我《われ》に求《もと》む。

初筮《しょぜい》は告《つ》ぐ。再三《さいさん》すれば瀆《けが》す。瀆《けが》せば則《すなわ》ち告《つ》げず。

貞《ただ》しきに利《よろ》し。

＊蒙…卦の名。蒙の字は、矇の字と通用。覆われて暗い意。
＊亨る…通ずること。
＊我…九二を指す。
＊童蒙…無知蒙昧なこども。ここでは六五を指す。
＊初筮…最初の占筮。
＊瀆…けがれよごすこと。

無知蒙昧な者であっても、この蒙を啓発すれば蒙昧ではなくなり、終《つい》にはよく通ずるようになるのである。

しかし、その場合に、我が方から童蒙の啓発を求めて行くのではない、童蒙が我へ求めて来るものである。

占筮にあたっても、誠意をもって求めてくる初筮であれば、よく吉凶を告げ知らせるが、疑いの心を起こして同じ占いを再三繰り返すようでは、占筮の神聖さを穢すことになる。神聖さが穢されて失われれば、もはや吉凶は告げない。
啓蒙の道は、正しい道によって行なうのがよろしいのである。

象曰、蒙、山下有險。險而止、蒙。
蒙亨、以亨行時中也。匪我求童蒙、童蒙求我、志應也。
初筮告、以剛中也。再三瀆、瀆則不告、瀆蒙也。
蒙以養正、聖功也。

象《たん》に曰《いわ》く、蒙《もう》は山《やま》の下《した》に険《けん》有《あ》り。険《けん》にして止《とど》まるは蒙《もう》なり。
「蒙《もう》は亨《とお》る」とは、亨《とお》るを以《もっ》て時《とき》の中《ちゅう》を行《おこな》うなり。
「我《われ》より童蒙《どうもう》に求むるに匪《あら》ず、童蒙《どうもう》より我に求む」とは、志《こころざし》応《おう》ずるなり。
「初筮《しょぜい》は告《つ》ぐ」とは、剛中《ごうちゅう》を以《もっ》てなり。
「再三《さいさん》すれば瀆《けが》す、瀆《けが》せば則《すなわ》ち告《つ》げず」とは、蒙《もう》を瀆《けが》せばなり。
蒙以《もうもっ》て正《せい》を養うは、聖《ひじり》の功《こう》なり。

＊亨るを以て…将来において、大いに知を啓くことができる素質を具えている、ということ。
＊時の中…その時のよろしきにかなうこと。

＊志…六五の学ぼうという志と、九二の授けようという志。
＊応ずる…六五と九二が陰陽正しく応じていることをいう。
＊剛中…九二を指していう。
＊聖の功…聖人となる工夫、しかた。

蒙という卦は、☶艮の山の下に☵坎の険難の水がある卦象である。また険難（☵坎）に陥って止まっている（☶艮）というのが、蒙ということである。

卦の辞に「蒙は亨る」とあるのは、六五の童蒙は、将来において大いに知を啓くことができる素質を具えているので、九二は、ちょうどその時にかなった方法を用いて導くのである。

「我より童蒙に求むるに匪ず、童蒙より我に求む」とあるのは、六五の童蒙の学ぼうとする志が、九二の授けようとする志と、相い応ずることをいう。

「初筮は告ぐ」とあるのは、九二が剛にして中《ちゅう》の徳を具えていて、よく蒙を啓くからである。

「再三すれば瀆す、瀆せば則ち告げず」とあるのは、問う者の無垢の初心を穢すことになるからである。

童蒙の時から正しい教えを受け、正しい道を養うようにするのは、将来聖人になろうとする工夫である。

象曰、山下出泉、蒙。君子以果行育徳。

象《しょう》に曰《いわ》く、山下《さんか》に出《い》ずる泉《いずみ》は蒙《もう》なり。君子《くんし》以《もっ》て行《おこな》いを果《は》たし徳《とく》を育《やしな》う。

＊泉…☵坎水の湧き出る源に象《かたど》る。
＊行いを果たす…行いを果たして、途中で挫折しない。
＊徳を育う…徳を養う意。

山の下に泉が湧き出ているのが、蒙の卦の象である。君子は、この卦象を手本として、泉の水が休むことなく流れ下って大海に至るように、行いを果たして途中で挫折することがない。

また、山がどっしりとしていて動かないように、じっくりと徳を養うようにするのである。

初六、發蒙。利用刑人。用說桎梏、以往吝。

初六《しょりく》、蒙《もう》を発《ひら》く。用《もっ》て人を刑《けい》するに利《よろ》し。用《もっ》て桎梏《しっこく》を説《と》き、以《もっ》て往《ゆ》けば吝《りん》なり。

＊発蒙…初六の蒙昧を、九二が啓発すること。
＊人を刑する…「人」は蒙昧の人。「刑」は刑罰の意。
＊説…脱の字と通用。とくこと。
＊桎梏…刑罰の道具。手かせ・足かせ。

初六は、陰柔で陽位に居るので位が正しくなく、応じている爻も無いので、蒙昧な者の象である。卦の最も下であるから、蒙のはじめである。

蒙昧な者を啓発するには、刑罰を用いるくらいの厳しさをもってするのがよい。手かせや足かせを外して、自由奔放に振る舞わせるのは、はずかしめを受けるばかりである。

象曰、利用刑人、以正法也。

象《しょう》に曰《いわ》く、「用《もっ》て人を刑《けい》するに利《よろ》し」とは、以《もっ》て法《ほう》を正《ただ》すなり。

爻の辞に「用て人を刑するに利し」とあるは、自由奔放に流れないように、規則を厳正にするということである。

九二、包蒙、吉。納婦、吉。子克家。

九二《きゅうじ》、蒙《もう》を包《か》ぬ、吉《きつ》。婦《ふ》を納《い》る、吉《きつ》。子《こ》、家《いえ》を克《よ》くす。

＊蒙を包ぬ…蒙昧なる者を包容すること。
＊婦を納る…九二がもろもろの陰を受け入れること。婦は、もろもろの陰を指す。
＊家を克くす…子が家をよく治めること。子は、九二を指す。九二が六五の応を得ることを指す。

九二は、陽剛で中《ちゅう》を得ており、もろもろの陰爻を啓発する任に当たる者である。この卦の成卦の主爻である。
この爻は、もろもろの蒙昧である者を包容し、もろもろの陰爻を受け入れて、啓発することができるので、吉である。
九二は六五の命に応じて、よくその任務を果たすことができるのであり、それは、家において、九二の子がよく一家を治めることができるようなものである。

象曰、子克家、剛柔接也。

象《しょう》に曰《いわ》く、「子《こ》、家《いえ》を克《よ》くす」とは、剛柔接《ごうじゅうまじ》わるなり。

＊接…まじわる。

爻の辞に「子、家を克くす」とあるのは、九二と六五の剛柔が相い交わり、応ずるからである。

六三、勿用取女。見金夫、不有躬。无攸利。

六三《りくさん》、女《じょ》を取《めと》るに用《もち》うる勿《なか》れ。金夫《きんぷ》を見《み》れば、躬《み》を有《たも》たず。利《よろ》しき攸《ところ》なし。

＊取る…めとる。娶。
＊金夫…金持ちの男。上九を指す。
＊躬を有たず…身持ちのよくないこと。

六三は、陰柔であって位が正しくなく、蒙昧な者である。軽挙妄動して、身持ちの悪い女の象にとる。

この爻のような女は、娶ってはならない。応じている上九の金持ちの男を見れば、心が引かれて身持ちを悪くし、身を保つことができない。

全くよろしいところがない。

象曰、勿用取女、行不順也。

象《しょう》に曰《いわ》く、「女《じょ》を取《めと》るに用《もち》うる勿《なか》れ」とは、行《おこな》い順《じゅん》ならざればなり。

*不順…慎みが無いこと。

爻の辞に「女を取るに用うる勿れ」とあるのは、女の行いに慎みがないからである。

六四、困蒙、吝。

六四《りくし》、蒙《もう》に困《くる》しむ、吝《りん》なり。

*困蒙…蒙昧を啓発してくれる者が無く、また自らその蒙昧を啓くこともできずに、昏蒙の中にあって苦しむこと。

*吝…はじる。くやむ。

六四は、応じている陽爻も無く、また比している陽爻も無い。全く陽爻から遠く隔たって孤立しており、蒙に困しむ象にとる。

この爻は、自分の蒙昧を啓発してくれる陽爻とは、全く関わりがないのであり、したがって、自分の蒙昧を啓くことができずに、苦しむことになる。

こういうことでは、羞《はじ》を招くだけである。

象曰、困蒙之吝、獨遠實也。

象《しょう》に曰《いわ》く、「蒙《もう》に困《くる》しむの吝《りん》」とは、独《ひと》り実《じつ》に遠《とお》ざかればなり。

＊実…陽爻をいう。

爻の辞に「蒙に困しむ、吝なり」とあるのは、この六四だけが、頼るべき陽爻から遠く離れているからである。

六五、童蒙、吉。

六五《りくご》、童蒙《どうもう》なり、吉《きつ》。

六五は、陰柔にして中《ちゅう》を得ており、尊位にあって、下の九二に応じている。

この爻は、童蒙ではあるが、誠意をもって正応である九二の良き師を信頼し、虚心にその教えを受けるので、吉にして幸いを得られるのである。

象曰、童蒙之吉、順以巽也。

象《しょう》に曰《いわ》く、「童蒙《どうもう》の吉《きつ》」とは、順《じゅん》にして以《もっ》て巽《そん》なればなり。

　＊巽…謙遜の意。

爻の辞に「童蒙なり、吉」とあるのは、六五は心が柔順であり、下の九二に応ずるに、まことに謙遜であるからである。

上九、撃蒙。不利爲寇。利禦寇。

上九《じょうきゅう》、蒙《もう》を撃《う》つ。寇《あだ》を為《な》すに利《よろ》しからず。寇《あだ》を禦《ふせ》ぐに利《よろ》し。

　＊撃蒙…もろもろの陰を啓蒙するのに、剛に過ぎて、撃ち去ること。撃は打つ意。
　＊蒙…蒙昧なる者の意であるが、ここでは主として六三を指す。
　＊寇を為す…教えるのにあまりに厳し過ぎて、童蒙にとっては反《かえ》って害となることをいう。
　＊寇を禦ぐ…童蒙にとって寇ともいうべき、外部からの誘惑などを防ぐこと。

上九は、陽剛であって蒙の卦の極に居るので、衆陰を啓蒙するのに、剛に過ぎるのである。そこで蒙を撃つの象をとる。

この爻は、陽爻であるから、衆陰の蒙を啓くべき任にある。しかし、蒙の卦の極にあって剛に過ぎるので、その仕方は強硬で攻撃的である。

厳しいあまりに、自分が童蒙の寇となってしまうようでは、よろしくない。むしろ、この童蒙にとって寇ともいうべき、外からの誘惑、悪友などを防いでやることが、よろしいのである。

象曰、利用禦寇、上下順也。

象《しょう》に曰《いわ》く、「用《もっ》て寇《あだ》を禦《ふせ》ぐに利《よろ》し」とは、上下順《じょうげじゅん》なればなり。

＊順…上下共に、その正しい道に順《したが》うこと。

爻の辞に「用て寇を禦ぐに利し」とあるは、上九が童蒙のために、その寇ともいうべき外からの誘惑を防ぐ時は、教える師は過暴にならず、教えを受ける童蒙は蒙を去ることを得て、上下共に蒙を啓くべき正しい道に順うからである。

5 需《じゅ》（水天需《すいてんじゅ》）

䷄ 乾下坎上

「需」とは、まつ、ということである。「需」は、ある必要な「物」を待つこと、ある「状態」を待つことである。

卦の象においては、上の卦は☵坎の川であり、艱難《かんなん》である。下の卦は☰乾であり、進むという性質がある。今、内卦の☰乾の卦は進もうとするのだが、前方に大きな川があって進むことができない。そこで、無理に進もうとはせずに、時を待つのである。そのようなことから、この卦を「需」と名付けた。

序卦伝では、「蒙」の次に「需」の卦が置かれていることを、「物が生まれたばかりで幼い時には、それを養い育てなければならない。だから、蒙の卦の次には、䷄需の卦が置かれている。需とは、飲食の道、すなわち人を養い育てるについての道である」と説いている。

この卦を序卦伝では、「飲食の道」であると述べている。「待つ」という意味の文字が、どうして飲食物や身を養うのに必要な品々の意になるのだろうか。

そもそもこの天地間に生きている物は、人をはじめとして動植物に至るまで、全て皆な、他の物が養ってくれることを待って、はじめて生きることができるのである。人が生きていくための必需品、必ず待つところの物の、最も重要なものは食べ物である。待つことを、形のある「物」の方面からみれば、主に衣・食・住にかかわるいろいろな物ということになる。

それに対して、経文《けいぶん》では「物」ではなく、ある「状態」を待つ、という意味から辞を付けている。序卦伝と経文とが相違しているのは、こういう訳である。形の有る者と形の無い者との違いである。

宋の項安世は「需は飲食とは訓ぜざるなり。人の需つところは飲食を急となす。故に需を以て飲食の道となすなり」と説明している。

この卦は、艱難を前にして、ただ止まって時を過ごしているのではない。進むということを前提にして、その条件が調うまでの間、飲食を充分にして、つまり力をつけ、英気を養い、条件を充分に整備して、待つのである。

卦の性質よりみれば、外卦の☵坎は、中に充実した誠を持っており、内卦の☰乾は、剛健である性質を具えている。

そもそも「待つ」ということは、剛健な者でなければ、できないことである。柔弱な性質の者では、じっと辛抱して時を待つことができず、つい軽挙妄動して、今までの努力を一挙にだめにしてしまう。

「進んで行くために、待つ」ということは、この需の卦が持っている二つの性質、充実した誠（☵坎）と剛健な性質（☰乾）を身に付けてこそ、はじめてできることなのである。

需、有孚、光亨、貞吉。利渉大川。

需《じゅ》は、孚《まこと》有《あ》りて、光《おお》いに亨《とお》り、貞《てい》にして吉《きつ》。大川《たいせん》を渉《わた》るに利《よろ》し。

＊需…卦名。待つ意。
＊孚有り…孚は誠信。まことが内にあること。
＊光いに亨る…光は、おおいに。大の意。大いに通達する。
＊貞吉…正しいことを固く守っていくこと。

需とは、待つということである。

卦の主爻である九五は、陽の位に陽剛で居て位正しく、中庸の徳を具えており、誠信《まこと》が内に充実している。故に、物事は大いに通達するのであり、正しい道を固く守ってゆけば、吉にして幸いを得られる。

このようであれば、大きな川を渉るような危険なことを行なってもよろしい。

彖曰、需須也。險在前也。剛健而不陷、其義不困窮矣。
需、有孚、光亨、貞吉、位乎天位、以正中也。
利渉大川、往有功也。

彖《たん》に曰《いわ》く、需《じゅ》は須《ま》つなり。険《けん》、前《まえ》に在《あ》ればなり。剛健《ごうけん》にして陥《おちい》らず、其《そ》の義《ぎ》、困窮《こんきゅう》せず。

「需《じゅ》は、孚《まこと》有《あ》りて、光《おお》いに亨《とお》り、貞《てい》にして吉《きつ》」とは、天位《てんい》に位《くらい》して、以《もっ》て正中《せいちゅう》なればなり。

「大川《たいせん》を渉《わた》るに利《よろ》し」とは、往《ゆ》きて功《こう》有《あ》るなり。

＊須…待つ意。
＊其義…その理（ことわり）。道理。
＊天位…天子の位。九五のこと。

需とは、しばらく時を待つ、ということである。それは、☵坎の卦が上にあって、険難が行く先にあるからである。下の卦は☰乾であり、剛健であって、よく止まって待つので、険難に遭ってもそれに陥ってしまうことはない。だから、その道理として、困窮することはないのである。

卦辞に「需は、孚有りて、光いに亨り、貞にして吉」とあるのは、九五は、天子の位にあって、陽の位に陽剛で居て位正しく、また中《ちゅう》を得ているからである。

「大川を渉るに利し」とあるのは、よく待って後に進み行くので、必ず功績があるということである。


象曰、雲上於天、需。君子以飲食宴樂。

象《しょう》に曰《いわ》く、雲《くも》、天《てん》に上《のぼ》るは需《じゅ》なり。君子《くんし》以《もっ》て飲食《いんしょく》し宴楽《えんらく》す。

＊宴楽…安らかにして心楽しくする。

雲が天上に在り、まだ雨が降ってこないので、しばらく雨が降るまで時を待つ、というのが需の卦の象である。君子はこの卦の象を見て、飲食をし、身を安らかに心楽しくして、時を待つのである。

初九、需于郊。利用恆。无咎。

初九《しょきゅう》、郊《こう》に需《ま》つ。恒《つね》を用《もち》うるに利《よろ》し。咎《とが》无《な》し。

＊郊…郊外。城の外の地。坎険に最も遠い所の意。
＊恒…常。常に守るところの道。常に守るところの節操。

初九は、卦の最も下にあって☵坎の険難から最も遠い所に居るので、郊外において待つ象にとる。

この爻は、険難から最も遠い所におり、また剛陽で陽の位に居て位が正しいので、険難に遭ってもむやみに進んで行かないのである。

常に守っているところの節操を曲げずに、それに安んじ、その所で時の至るのを待っているのがよろしい。

そのようであれば、災いを受けることはないであろう。

象曰、需于郊、不犯難行也。利用恒无咎、未失常也。

象《しょう》に曰《いわ》く、「郊《こう》に需《ま》つ」とは、難《なん》を犯《おか》して行《ゆ》かざるなり。
「恒《つね》を用《もち》うるに利《よろ》し、咎《とが》无《な》し」とは、未《いま》だ常《つね》を失《うしな》わざるなり。

爻の辞に「郊に需つ」とあるのは、初九は、危険を犯して妄《みだ》りに進んで行かない、ということである。

「恒を用うるに利し、咎无し」というのは、いまだ常に守っているところの節操を失ってはいない、ということである。

九二、需于沙。小有言、終吉。

九二《きゅうじ》、沙《すな》に需《ま》つ。小《すこ》しく言有《ことあ》れど、終《つい》には吉《きつ》なり。

＊沙…すな。水辺にあるので、坎難にやや近い。
＊言…人から非難されること。小言。苦情。

九二は、やや進んで☵坎の険難に近づいたので、砂浜において待つ象にとる。
この爻は、やや進んで険難に近づいたので、少々の苦言があることは免れないが、終《つい》には吉を得られるのである。
それは、陽剛で陰の位におり、また下の卦の真ん中にあって中《ちゅう》の徳を得ているので、軽々しい行動はしないからである。

象曰、需于沙、衍在中也。雖小有言、以吉終也。

象《しょう》に曰《いわ》く、「沙《すな》に需《ま》つ」とは、衍《ゆたか》にして中《ちゅう》に在《あ》るなり。小《すこ》しく言《こと》有《あ》りと雖《いえど》も、吉《きつ》を以《もっ》て終《お》わるなり。

＊衍…ゆったりとしていること。

「沙に需つ」とあるのは、九二は、ゆったりとした心で、下の卦の真ん中に居て中《ちゅう》を得ており、急には進まないのである。
このようであるから、たとえ少しばかり人から非難されることがあっても、最後には吉を得られる。

九三、需于泥。致寇至。

九三《きゅうさん》、泥《どろ》に需《ま》つ。寇《あだ》の至《いた》るを致《いた》す。

＊泥…泥は沙よりも更に☵坎の険に近いので、九三を泥地に待つ象とする。
＊寇…災害の大きいもの。

＊致…まねくこと。

九三は、☵坎の険難のすぐそばにあるので、水際の泥において待つ象にとる。この爻は、陽剛で陽の位におり、また内卦の☰乾の卦の最も上にあって中《ちゅう》を過ぎているので、じっとしていることができずに、進もうとする勢いにある。

その結果、自ら災いを招き寄せてしまうのである。


象曰、需于泥、災在外也。自我致寇、敬慎不敗也。

象《しょう》に曰《いわ》く、「泥《どろ》に需《ま》つ」とは、災《わざわ》い外《そと》に在《あ》るなり。我《われ》より寇《あだ》を致《いた》す、敬慎《けいしん》すれば敗《やぶ》れざるなり。

＊災い外に在る…災いが外卦（☵坎）にあって九三のすぐそばにあること。
＊敬慎…うやまいつつしむこと。

「泥に需つ」とあるのは、災いがすぐそばの外卦にあるからである。妄《みだ》りに動けば、自分から災いを招き寄せることになる。だから、深く慎んでよろしき時をみて進むようにすれば、失敗することはないのである。

六四、需于血。出自穴。
六四《りくし》、血《ち》に需《ま》つ。穴《あな》より出《い》づ。

＊血に需つ…血は☵坎の象。六四は坎体のはじめであるから、血に需つという。
＊穴…艱難をいう。☵坎の象。

六四は、すでに☵坎の卦の中に入っているので、殺傷の地において待つ象にとる。
この爻は、☵坎体に陥ってはいるが、しかし陰柔であり位が正しいので、柔順によく待って、進まないのである。
また初九の陽爻と正しく応じており、九五の陽爻とは相《あ》い比《ひ》しているから、これらの陽爻の助けを待って、終《つい》にはこの険難より脱出することができる。

象曰、需于血、順以聴也。

象《しょう》に曰《いわ》く、「血《ち》に需《ま》つ」とは、順《じゅん》にして以《もっ》て聴《したが》うなり。

＊聴…従うの義。柔順に聞いて従うこと。

「血に需つ」とあるのは、六四は柔順であるので、よく待って聴き従うからである。

九五、需于酒食。貞吉。

九五《きゅうご》、酒食《しゅし》に需《ま》つ。貞《てい》なれば吉《きつ》。

＊酒食に需つ…酒食は☵坎の象。九五は☵坎の主爻であるから酒食に需つ象。

九五は、陽剛で尊位におり、中《ちゅう》の徳を具《そな》えている。需の卦の主爻である。この爻は、酒や食べ物を用意して、飲食して楽しんで時を待つのである。正しいことを固く守っているならば、吉である。

象曰、酒食貞吉、以中正也。

象《しょう》に曰《いわ》く、酒食《しゅし》の貞吉《ていきつ》とは、中正《ちゅうせい》なるを以《もっ》てなり。

爻の辞に「酒食に需つ。貞なれば吉」とあるのは、九五が中正の徳を具えているからである。

上六、入于穴。有不速之客三人來。敬之終吉。

上六《じょうりく》、穴《あな》に入《い》る。速《まね》かざるの客三人来《きゃくさんにんきた》る有《あ》り。之《これ》を敬《けい》すれば終《つい》には吉《きつ》なり。

＊不速之客…応爻である九三が、下の二陽をともなって上り進んで来ること。速は、まねく義。召。

上六は、陰柔で卦の最も上に在るので、じっとして待つことができずに、妄動して険難に陥ってしまったのである。

だが、下の応爻である九三が、初・二の陽爻を引き連れてやって来る。この三人の客を敬してその教えに従えば、終には険難から脱出して、吉を得ることができるであろう。

象曰、不速之客來、敬之終吉、雖不當位、未大失也。

象《しょう》に曰《いわ》く、「速《まね》かざるの客来《きゃくきた》る、之《これ》を敬《けい》すれば終《つい》には吉《きつ》なり」とは、位《くらい》に当《あ》たらずと雖《いえど》も、未《いま》だ大《おお》いに失《うしな》わざるなり。

＊位に当たらず…陰爻が陰位にあれば「位に当たる」とするのが通例である。しかしながら、この爻辞に「位に当たらず」とあるは異例であり、朱子はその理由を「いまだ詳《つまび》らかならず」としている。

＊大いに失わざる…まだ大きな失敗はしないということ。

「速かざるの客来る、之を敬すれば終には吉なり」とあるのは、たとえ位に当たらなくても、三陽爻を敬《けい》してその教えに従うので、大きな失敗はしない、ということである。

6　訟《しょう》（天水訟《てんすいしょう》）

䷅　坎下 乾上

「訟」とは、訴えることである。

卦の象は、上の卦は☰乾の天であり、下の卦は☵坎の水である。天は高くして上に在り、水は下へ下へと、低い所へ流れていく。この二つは、その向かう方向が違うのである。その思うところ、その目指すところ、その望むところが、全く反対である。そこで争うことになる。このような訳で、この卦を「訟」と名付けた。

序卦伝では、「需」の次に「訟」の卦が置かれていることを「飲食の事は、必ず争いごとを生ずるものである。だから、需の卦の次には、䷅訟の卦が置かれている」と説いている。

人間が必要とするものは、いろいろあるが、その最も代表的なものが、食べ物である。飲食物が、人間が必要として求めるもの、欲望するものの代表である。

人と人との争いは、その人が欲求するものをめぐって、それを得ようとするところから起こる。それを得るための資源、利益、権力、名誉等をめぐって、必ず争いごとが起き、訴えごとが起こる。世の中の争いは、皆なこのようなことから起こるのである。

訟、有孚窒。惕中吉、終凶。利見大人。不利渉大川。

訟《しょう》は、孚《まこと》有《あ》れども窒《ふさ》がる。惕《おそ》れて中《ちゅう》すれば吉《きつ》、終《お》われば凶《きょう》なり。大人《たいじん》を見《み》るに利《よろ》し。大川《たいせん》を渉《わた》るに利《よろ》しからず。

＊訟…卦名。あらそう義。争訟・訴訟の意。
＊孚…まこと。九二を指していう。
＊窒…ふさがる。塞。九二が上下を陰爻に挟まれており、また九五と応じていないので、塞がれて通じない象とする。
＊惕…おそれる。懼。恐れ戒める。
＊中《ちゅう》すれば吉…九二は、下の卦の真ん中にあって中庸の徳を具えているので、訴訟を最後まで争うことがないのであり、そのようであれば吉である。
＊大人…九五を指す。

訴訟において、訴えの主体である九二は、たとえ内に誠があっても、上下を陰爻に囲まれ、また九五とは応じていないので、道は塞がって通じないのである。

このような場合に、九二は剛にして中《ちゅう》の徳を具えているので、自らを恐れ戒めて中庸にかなった仕方をすれば、最後まで争うことなくして、吉を得ることができる。しかし、最後まで訴訟を遂げようとすれば、たとえ勝ったにしても、凶にして災いを受けることになる。

全て訴訟には、中正の徳を具えた九五のような大人にお目にかかって、その裁定を仰ぐがよろしい。大きな川を渉るような危険を犯してはならない。

彖曰、訟、上剛下險。險而健、訟。
訟、有孚窒、惕中吉、剛來而得中也。
終凶、訟不可成也。
利見大人、尙中正也。不利涉大川、入于淵也。

彖《たん》に曰《いわ》く、訟《しょう》は、上剛《かみごう》にして下険《しもけん》なり。険《けん》にして健《けん》なるは訟《しょう》なり。
「訟《しょう》は、孚《まこと》有《あ》れども窒《ふさ》がる、惕《おそ》れて中《ちゅう》すれば吉《きつ》」とは、剛来《ごうきた》りて中《ちゅう》を得《う》ればなり。
「終《お》われば凶なり」とは、訟《しょう》は成《な》すべからざればなり。
「大人《たいじん》を見《み》るに利《よろ》し」とは、中正《ちゅうせい》を尚《たっと》べばなり。
「大川《たいせん》を渉《わた》るに利《よろ》しからず」とは、淵《ふち》に入《い》ればなり。

＊剛来りて…九二の陽爻をいう。
朱子は「卦変の説」を説き、䷅訟の卦は、䷠遯の九三が六二と入れ替わって、内卦の中《ちゅう》を得てできたものであるとする。
＊成す…その事を窮め尽くすこと。
＊淵に入る…深い淵に落ち込んでしまうこと。坎険についていう。

訟の卦は、上が剛（☰乾）であり、下が険（☵坎）である。心の内が険しく（☵坎）外の行いが剛健（☰乾）であるのは、訴えが起こる所以である。

卦の辞に「訟は、孚有れども窒がる、惕れて中すれば吉」とあるのは、陽剛が外からきて九二となり、下の卦の中《ちゅう》を得たからである。

「終れば凶」とあるのは、訴訟は最後まで窮め尽くすべきではないからである。

「大人見るに利し」とあるのは、訴訟をよく裁定する、中・正の徳を具えた大人を尊ぶからである。

「大川を渉るに利しからず」とあるのは、危険を犯せば、深い淵に落ち込んでしまうようなことになるからである。

象曰、天與水違行、訟。君子以作事謀始。

象《しょう》に曰《いわ》く、天《てん》と水《みず》と違《たが》い行《ゆ》くは訟《しょう》なり。君《くん》子《し》以《もっ》て事《こと》を作《な》すに始《はじ》めを謀《はか》る。

天は上り行き、水は下に下って、互いに相反する方向に行くのが、訟の卦である。

君子は、この卦の象を見てこれを手本とし、事を行なうにあたっては、訴えごとや争いごとの起こることがないよう、そのはじめにおいて、食い違いが生じないように、充分に考慮するのである。

初六、不永所事。小有言、終吉。

初六《しょりく》、事《こと》とする所《ところ》を永《なが》くせず。小《すこ》しく言有《ことあ》れども、終《つい》に吉《きつ》なり。

＊事…利害得失を争うこと。いさかいごと。

＊言…苦情。小言。

初六は、訟のはじめである。陰柔であり卦の最も下にあるから、訴訟を最後までやり通す力量に欠けている。

そこでこの爻は、利害得失をいつまでも争って、長引かせることをしないのである。その結果、少々の苦言があることは免れないが、結局は、吉を得ることができる。

象曰、不永所事、訟不可長也。雖小有言、其辯明也。

象《しょう》に曰《いわ》く、「事《こと》とする所《ところ》を永《なが》くせず」とは、訟《しょう》は長《なが》くすべからざればなり。「小《すこ》しく言有《ことあ》り」と雖《いえど》も、其《そ》の弁《べん》は明《あき》らかなり。

＊弁…初六の弁明。

爻の辞に「事とする所を永くせず」とあるのは、訴訟というものは、長く続けるべきものではないからである。

「小しく言有り」といっても、初六の弁明は、道理が明白である。

九二、不克訟、歸而逋。其邑人三百戸、无眚。

九二《きゅうじ》、訟《しょう》に克《か》たず、帰《かえ》りて逋《のが》る。其《そ》の邑人三百戸《ゆうじんさんびゃくこ》なれば、眚《わざわ》い无《な》し。

＊訟に克たず…訴訟を最後まで成し遂げない。
＊逋…のがれる。逃避する。
＊邑人三百戸…村人が三百戸ほどの小さな村。
＊眚…わざわい。災。

九二は、坎険の主爻であり、訴訟の当事者である。

この爻は、いったん訴訟を起こしてはみたものの、九五が相手であってはとても勝てる見込みはなく、訴えを最後まで成し遂げずに、自分の領地へ逃れ帰ってきたのである。

その村人が三百戸ほどの小さな村であれば、災いに遇うことはないであろう。

象曰、不克訟、歸逋、竄也。自下訟上、患至掇也。

象《しょう》に曰《いわ》く、「訟《しょう》に克《か》たず、帰《かえ》りて逋《のが》る」とは、竄《かく》るるなり。下《しも》より上《かみ》を訟《うった》うるは、患《うれ》いの至《いた》ること掇《ひろ》うがごとくなり。

＊竄…逃れ隠れること。

＊患…わざわい。災。

＊掇…拾い取ること。

爻の辞に「訟に克たず、帰りて逋る」とあるのは、逃れ隠れていることである。下から上を訴えるのだから、災いに遇うことは、まるで、自ら拾い取るようなものである。

六三、食舊德。貞、厲終吉。或從王事、无成。

六三《りくさん》、旧徳《きゅうとく》に食《は》む。貞《てい》なれば、厲《あや》うけれども終《つい》には吉《きつ》。或《あ》るいは王事《おうじ》に従《したが》うも、成《な》すこと无《な》し。

＊旧徳…先祖から伝わった食祿《しょくろく》。

＊王事に従う…王の命を奉じて事を行なうこと。

＊成すこと无し…成功しない。

六三は、陰爻で陽位に居て位が正しくないから、不平不満はあるけれど、陰柔であり、また二つの陽剛に挟まれているので、訴訟を起こすという気持は無いのである。

この爻は、先祖伝来の食祿を食《は》んでいて、それに安んじているのである。自分の分を固く守っていれば、危うい状況ではあるけれど、結局は吉を得られる。

場合によっては、王の命を奉じて事を行なうことがあるかもしれないが、それは、決して成功はしないであろう。

象曰、食舊徳、従上吉也。

象《しょう》に曰《いわ》く、「旧徳《きゅうとく》に食《は》む」とは、上《かみ》に従《したが》うときは吉《きっ》なるなり。

　＊上…正応である上九を指す。

爻の辞に「旧徳に食む」とあるのは、自分の分に安んじていて、訴訟などせず、正応である上九に従っている時には吉である、ということである。

九四、不克訟。復即命、渝安貞、吉。

九四《きゅうし》、訟《しょう》を克《よ》くせず。復《かえ》りて命《めい》に即《つ》き、渝《か》へて貞《てい》に安《やす》んずれば、吉《きっ》なり。

　＊復…かえる。反。
　＊即…つく。就。したがう。従。
　＊命…九四としての正しい道理。
　＊渝…かわる。変。

九四は、陽剛で陰位に居て位が不正であり、また中《ちゅう》を得ていないから、もともとは訴訟を起こそうとする気持がある者である。

しかし、初六は正応であるから、この九四に柔順に従っており、また六三は陰爻であるから、よく親しみ比している。上にある九五は、同じ陽爻であって相い反発するけれど、尊位にあって訴訟を治める任にあたる者であるから、争ってみても、とても勝つことはできない。このように、この爻は、訴訟をしようとしても相手がいないのである。そこで「訟を克くせず」という。

そういう訳で、この爻は、九四としての本来の正しい道理に立ち返って、訴訟をしようとする心を変え改め、正しい道に安んずるようにすれば、吉にして幸いを得ることができる。

象曰、復卽命、渝安貞、不失也。

象《しょう》に曰《いわ》く、「復《かえ》りて命《めい》に即《つ》き、渝《か》へて貞《てい》に安《やす》んず」とは、失《うしな》わざるなり。

爻の辞に「復りて命に即き、渝へて貞に安んず」とあるのは、正しい道理を失わないということである。

九五、訟、元吉。

九五《きゅうご》、訟《しょう》、元《おお》いに吉《きっ》なり。

九五は、訴訟を裁判する者である。上の卦の真ん中にあって中《ちゅう》を得ており、また陽爻が陽位にあって、その位が正しい。

この爻は、中《ちゅう》・正《せい》の徳を具えており、その裁判は公正であるので、大いに吉である。

象曰、訟元吉、以中正也。

象《しょう》に曰《いわ》く、「訟《しょう》、元《おお》いに吉《きつ》なり」とは、中正《ちゅうせい》なるを以《もっ》てなり。

＊中正…九五が上の卦の真ん中にあって、中庸を得ており、陽剛で陽位にあって位が正しいことをいう。

爻の辞に「訟、元いに吉なり」とあるのは、九五は、中庸を得ているので、訴えを聴いて偏らず、また正の徳を得ているので、その裁定が道理に合《がっ》するからである。

上九、或錫之鞶帶、終朝三褫之。

上九《じょうきゅう》、或《ある》いは之《これ》に鞶帯《はんたい》を錫《たま》わるも、終朝《しゅうちょう》に三《み》たび之《これ》を褫《うば》わる。

＊錫…たまわる。賜。

＊鞶帯…革帯。官吏の礼服の上にしめる革の帯。

＊終朝…夜明けより朝食時までの間をいう。

＊褫…うばう。奪。

上九は、訟の終極であり、訴訟を窮《きわ》めてそれに勝つ者である。この爻は、たとえ訴えを推し窮めてそれに勝って、鞶帯を賜って官吏に任命されたとしても、終朝までのわずかな時間に、三度もそれを奪われてしまうであろう。訴えに勝って得たものは、永くは続かないものである。

象曰、以訟受服、亦不足敬也。

象《しょう》に曰《いわ》く、訟《しょう》を以《もっ》て服《ふく》を受《う》くるは、また敬《けい》するに足《た》らざるなり。

＊服を受くる…官吏の服を賜ること。

訴訟に勝って官吏の服を賜っても、敬う価値はないのである。

7　師《し》　（地水師《ちすいし》）

䷆ 坎下 坤上

「師」は、「もろもろ」と訓ずる。大勢の人のことをいう。ここから転じて、軍隊の意味に用いる。古代中国の制度では、二千五百人を一師《いっし》と言った。

卦の象は、上の卦は☷坤の地であり、下の卦は☵坎の水である。この卦は、地の中に水が集まっている。そこから、多くの人が集まっている卦象とする。そこでこの卦を「師」と名付けた。

序卦伝では、「訟」の次に「師」の卦が置かれていることを説明して、このように述べている。「争いごとには、必ず大勢の人が一緒になって、相い戦うという事態が生ずるものである。だから、訟の卦の次には、䷆師の卦が置かれている。師とは、大勢の人が相い戦うという意味である」と。

争いごとは、大きくなれば個人と個人の争いを越えて、大勢の人が、集団で争うようになる。この卦は、大勢の人々を率いて、戦争することについての道を説いている。

六爻の状態では、この卦のただ一つの陽爻である二爻は、下の卦の中《ちゅう》を得ている。これは、部下の兵士を統括している象である。他の陰爻は、この二爻の将軍に従っている将兵である。陽爻が複数ある時には、結集する力が二つに分かれてしまって、うまく統括することができ難《がた》いが、この卦では、この二爻に全てが結集できるので、師の道がうまく行なわれるのである。

五爻と二爻との関係については、五爻の陰爻は柔順な天子であり、二爻の陽爻と陰陽応じている。これは、五爻の天子が、二爻の陽爻を厚く信頼して、一切をこの二爻に委任している象《しょう》である。つまり、現場の責任者の行動に対しては、一切の束縛をしないのである。こういう全面的な信頼があるので、師の道がうまく行なわれる。

師、貞。丈人吉、无咎。

師《し》は貞《てい》なり。丈人《じょうじん》なれば吉《きっ》にして、咎无《とがな》し。

＊師…卦名。大勢の人の意。転じて軍隊の意。二千五百人の兵をいう。
＊貞…ただしい。正。
＊丈人…老成の人。

兵を用いるには、正しい道にかなっていることが大切である。

兵を率いる者が、老成した立派な人であれば、吉であり、災いに遭うことはない。

彖曰、師、衆也。貞、正也。能以衆正、可以王矣。
剛中而應、行險而順。以此毒天下而民從之。吉又何咎矣。

彖《たん》に曰《いわ》く、師《し》は、衆《しゅう》なり。貞《てい》は、正《せい》なり。能《よ》く衆《しゅう》を以《ひき》いて正《ただ》しければ、以《もっ》て王《おう》たるべし。

○「師貞」の二字の義を釈く。
*衆…多くの人の意で、軍隊のこと。
*以いて…ひきいて。率。
*王たるべし…六五についていう。天下に王となることができる。

師とは、多くの兵ということである。貞とは、正しいということ。よく多くの兵を率いて、その行なうところが正しい道にかなうことができれば、天下に王となることができる。

剛中《ごうちゅう》にして応《おう》あり、険《けん》を行《おこな》いて順《じゅん》なり。これを以《もっ》て天下《てんか》を毒《どく》して而《しか》も民《たみ》これに従《したが》う。吉《きっ》にしてまた何《なん》の咎《とが》あらん。

○「丈人吉、无咎」の義を釈く。
*剛中…九二を指す。
*険…険難なこと。戦争をいう。☵坎の卦徳によっていう。
*順…兵の心に従うこと。☷坤の卦徳によっていう。
*毒…害すること。

この卦の主爻である九二は、陽剛で中《ちゅう》を得ており、六五の君《きみ》と正しく応じている。そして、険難なことを行なっても、よく兵の人心に従うのである。

このようであるから、兵を興して天下の財を破り人を害しても、民は喜んでこれに従ってくる。だから、必ず戦《いくさ》には勝つことができるのである。

吉であって、また何の咎があるだろうか！

象曰、地中有水、師。君子以容民畜衆。

象《しょう》に曰《いわ》く、地中《ちちゅう》に水《みず》有《あ》るは師《し》なり。君子《くんし》以《もっ》て民《たみ》を容《い》れ衆《しゅう》を畜《やしな》う。

＊容…いれる。包容する。

＊畜…やしなう。養。

地の中に水があって蓄えられているのが、師の卦の象である。君子はこの卦象を手本として、民を包容し、多くの兵衆を養うようにするのである。

初六、師出以律。否臧凶。

初六《しょりく》、師《し》出《い》づるに律《りつ》を以《もっ》てす。臧《よ》からざれば凶なり。

＊律…軍律。

＊否臧…よからず、と読む。否は不の義。臧は善。
軍律が乱れて守られないことをいう。

初六は、陰柔で位が正しくない。師のはじめに当たる。出陣の時に際して、軍律を厳しくするのである。軍律が乱れていたのでは、戦には勝てずに、凶を招くことになるであろう。

象曰、師出以律、失律凶也。

象《しょう》に曰《いわ》く、「師《し》出《い》づるに律《りつ》を以《もっ》てす」とは、律《りつ》を失《うしな》えば凶《きょう》なるなり。

爻の辞に「師出づるに律を以てす」とあるのは、軍律を失えば、凶を招く結果になるということである。

九二、在師中吉、无咎。王三錫命。

九二《きゅうじ》、師中《しちゅう》に在《あ》りて吉《きつ》なれば、咎无《とがな》し。王三《おうみ》たび命《めい》を錫《たま》う。

＊師中…軍中の意。
＊王…六五を指す。
＊命…寵愛して任務を命ずる。
＊錫…たまう。賜。

九二は、陽剛で中《ちゅう》を得ており、六五の君と正しく応じている。この卦の中でただ一つの陽爻であり、多くの陰爻を率いる将師の象にとる。成卦の主爻である。

この爻は、軍中にあって、よくその将師としての任務をまっとうして吉であれば、咎められるような過失はないのである。

六五の王は、再三にわたって、この九二を寵愛して任務を命ずるのである。

象曰、在師中吉、承天寵也。王三錫命、懷萬邦也。

象《しょう》に曰《いわ》く、「師中《しちゅう》に在《あ》りて吉《きつ》」とは、天寵《てんちょう》を承《う》くるなり。「王三《おうみ》たび命《めい》を錫《たま》う」とは、万邦《ばんぽう》を懐《なつ》くるなり。

＊天寵…六五の王の寵愛をいう。

＊万邦…たくさんの国の意。

＊懐くる…親しみ従わせること。

「師中に在りて吉」とあるのは、六五の王の寵愛を受けているということである。

「王三たび命を錫う」とあるのは、多くの国を親しみ従わせようとするからである。

六三、師或輿尸。凶。

六三《りくさん》、師《し》或《ある》いは尸《かばね》を輿《の》す。凶《きょう》。

＊尸を輿す…尸は屍。輿は載。屍を車に載せて帰ること。

九三は、陰柔で陽の位に居て位が正しくない。また中《ちゅう》を過ぎていて、しかも九二の陽剛に乗っているから、才が少ないのに気分だけは剛気である、暗愚の将である。戦をすれば、あるいは屍を載せて帰るようなことになるであろう。凶であることは言うまでもない。

象曰、師或輿尸、大无功也。

象《しょう》に曰《いわ》く、「師《し》或《ある》いは尸《かばね》を輿《の》す」とは、大《おお》いに功《こう》无《な》きなり。

「師或いは尸を輿す」とあるのは、大敗するということである。

六四、師左次。无咎。

六四《りくし》、師《し》左《しりぞ》き次《やど》る。咎《とが》无《な》し。

＊左次…退舎の意。左は退く、次は宿る意。

六四は、陰柔で陰位に居て位が正しい。

この爻は、事態の進み難いことを知って、よく退くのである。進んで行って戦功を挙げるということはできないけれど、安全な所へ退却して、兵を損ずることを免れる。

故に、災いに遭うことはない。

象曰、左次无咎、未失常也。

象《しょう》に曰《いわ》く、「左《しりぞ》き次《やど》る、咎《とが》无《な》し」とは、未《いま》だ常《つね》を失《うしな》わざればなり。

＊常…戦の常道。難を知って退くは、兵家の常道。

爻の辞に「師左き次る、咎无し」とあるのは、いまだ難を知って退くという戦の常道を失ってはいない、ということである。

六五、田有禽。利執言。无咎。長子帥師。弟子輿尸。貞凶。

六五《りくご》、田《かり》して禽《えもの》有《あ》り。言《げん》を執《と》るに利《よろ》し。咎《とが》无《な》し。長子《ちょうし》は師《し》を帥《ひき》ゆ。弟子《ていし》は尸《かばね》を輿《の》す。貞《てい》なるも凶。

〇この爻辞の解釈には異説が多く、難解である。

＊田…狩猟をすること。

＊禽…禽獣。えもの。
＊言を執る…九二の言を採用して、それを執り行なう。
＊長子…長男。九二を指す。
＊帥ゆ…ひきいる。統率する意。
＊弟子…弟。六三を指す。
＊貞凶…たとえ貞正であっても凶である。

六五は、陰柔で尊位に居て、師を用いる主であり、剛陽の九二の将師と正しく応じている。ここでは、「師を興す」ことと「将を任命する」についての道を説いている。

戦を興すには、狩りをすれば必ず獲物があるがごとくし、そして、任命した大将の言をよく採用して執り行なうがよろしい。そのようであれば、咎められるような過失は無いであろう。

将を任命するには、それが九二のような君子であれば、師を率いて統率することができる。これに反して、六三のような小人であれば、屍を乗せて帰ってくるようなはめになる。たとえその戦が正しいことであっても、凶であることを免れない。

象曰、長子帥師、以中行也。弟子輿尸、使不當也。

象《しょう》に曰《いわ》く、「長子《ちょうし》は師《し》を帥《ひき》ゆ」とは、中行《ちゅうこう》を以《もっ》てなり。
「弟子《ていし》は尸《かばね》を輿《の》す」とは、使《つか》うこと当《あ》たらざるなり。

＊中行…中庸の意。
＊使う…任用する。
＊当たる…適当であるということ。

「長子は師を帥ゆ」とあるのは、長子の九二は、中庸の徳を具えているからである。

「弟子は尸を輿す」とあるのは、六三を任用したことは適当ではない、ということである。


上六、大君有命、開國承家。小人勿用。

上六《じょうりく》、大君《たいくん》、命有《めいあ》り、国《くに》を開《ひら》き家《いえ》を承《う》く。小人《しょうじん》は用《もち》うること勿《なか》れ。

＊大君…天子をいう。六五を指す。
＊命有り…論功行賞の恩命をいう。
＊国を開く…国を開いて諸侯に封ずること。
＊家を承く…卿大夫に任用する。

戦が終わって、論功行賞の時である。

六五の天子の論功行賞の恩命が下って、その功によって、国を開いて諸侯に封じ、あるいは卿・大夫に任用して家を興すのである。

しかし、小人は、諸侯に封じたり、卿・大夫に任用してはならない。

象曰、大君有命、以正功也。小人勿用、必亂邦也。

象《しょう》に曰《いわ》く、「大君《たいくん》、命《めい》有《あ》り」とは、以《もっ》て功《こう》を正《ただ》すなり。

「小人《しょうじん》は用《もち》うること勿《なか》れ」とは、必ず邦《くに》を乱《みだ》せばなり

「大君、命有り」とあるのは、戦における功績を正しく評価して恩賞を与えることである。

「小人は用うること勿れ」とは、小人は必ず国を乱すようになるからである。

8　比《ひ》（水《すい》地《ち》比《ひ》）

䷇ 坤下 坎上

「比」とは、人と人とが親しみ輔《たす》けることをいう。

「比」の字は、人が二人並んでいる形の字であり、二人が並んで同じ方向を向き、親しんでいるのである。この卦は、人と人が親しむことについての道を説いている。

卦の象は、上の卦は☵坎の水であり、下の卦は☷坤の地である。地の上に水がある象である。土は、水の潤す力によって、はじめて草木を成長させることができる。また、水は、土によってはじめて物を潤すはたらきを成し遂げることができる。このように、土と水は離れることなく、互いに相い助けている。だから、この卦を「比」と名付け、親しむことの象とするのである。

序卦伝では、「師」の次に「比」の卦が置かれていることについて「大勢の人が集まれば、必ず相い親しみ相い輔けることが起こるものである。だから、師の卦の次には、䷇比の卦が置かれている。比とは、親しむということである」と説明している。

六爻については、この卦には、陽爻は五爻の一陽だけである。この爻は、五爻という天子の位におり、その性質は剛である。そして、上の卦の中《ちゅう》を得ており、陽の位に陽で居て居るべき位が正しい。陽爻としては理想的な爻である。他の爻は皆な陰爻であり、この一つの陽爻に親しんでいる形である。
人間の社会でいえば、一人の指導者が万民を親しみ、万民はこの指導者を仰ぎ見ている形である。

比、吉。原筮元永貞、无咎。不寧方來。後夫凶。

比《ひ》は、吉《きつ》なり。原《たず》ね筮《ぜい》して元永貞《げんえいてい》なれば、咎《とが》无《な》し。寧《やす》からざるも方《まさ》に来《きた》らんとす。後《おく》るる夫《ふ》は凶《きょう》なり。

＊比…卦名。親しみ、輔け合う意。
＊原筮…はじめをよく尋ね窮めて、その後に筮して決すること。
＊元永貞…九五についていう。元は善。永は長い。貞は正固。
程子の『易伝』では「元とは君長の道あるを謂《い》い、永とは以て常久にすべきを謂い、貞とは正道を得るを謂う。上の下に比しむの道に、この三者あり。下の上に従うに、必ず此の三者を求むれば、則ち咎なきなり」と言っている。
＊不寧…不安。やすらかでない。
＊後夫…後れて来る者。

比は、親しみ助けるということであり、占してこの卦を得れば、吉である。
相い比しむには、そのはじめをよく尋ね窮めて、その後に筮して決し、「元永貞」の徳があることが確かであれば、咎无きを得るのである。

今まで親しむことがなく、心に不安を感じていた者も、今や皆な九五の下にやって来て、親しみ助け合おうとするのである。
このような時に、遅れて後から来る者は、凶である。

象曰、比、吉也。比、輔也。下順從也。原筮元永貞无咎、以剛中也。不寧方來、上下應也。後夫凶、其道窮也。

象《たん》に曰《いわ》く、比《ひ》は、吉《きつ》なり。比《ひ》は、輔《たす》くるなり。下順従《しもじゅんじゅう》するなり。
「原《たず》ね筮《ぜい》して元永貞《げんえいてい》なれば、咎无《とがな》し」とは、剛中《ごうちゅう》なるを以《もっ》てなり。
「寧《やす》からざるも方《まさ》に来《きた》らんとす」とは、上下応《じょうげおう》ずるなり。
「後《おく》るる夫《ふ》は凶《きょう》」とは、其《そ》の道《みち》、窮《きわ》まればなり。

＊「比吉也」…この三字を朱子は衍文《えんぶん》（間違って混入した不要な文）であるという。
＊下順従する…下の四つの陰爻が、上の九五に柔順に従っていることをいう。
＊上下応ずる…上下の五つの陰爻が、九五の陽爻に、剛柔相い応じていること。
＊其の道…比の道。相い親しむの道。

＊窮まる…行き詰まってしまうこと。相手にされなくなる。

比の卦は、吉である。比とは、助けるという意味である。下の四つの陰爻が上の九五に柔順に従って、相い親しむのである。

卦の辞に「原ね筮して元永貞なれば、咎无し」とあるのは、九五が、陽剛で中《ちゅう》の徳を具えているからである。

「寧からざるも方に来らんとす」とあるのは、上下の五つの陰爻が、九五の陽爻に、剛柔相い応じているからである。

「後るる夫は凶」とあるのは、このような時に遅れて来るのは、相い親しむという比の道において、行き詰まってしまって相手にされなくなる、ということである。

象曰、地上有水、比。先王以建萬國親諸侯。

象《しょう》に曰《いわ》く、地《ち》の上《うえ》に水《みず》有《あ》るは比《ひ》なり。先王《せんのう》以《もっ》て万国《ばんこく》を建《た》て諸侯《しょこう》を親《した》しむ。

＊先王…古の王をいう。

地の上に水があり、水と地がぴったりとして隙間がなく、相い親しんでいるのが、比の卦の象である。

古の王は、この卦象を手本として、多くの国を開いて諸侯を封じ、それらの諸侯を親しみ安んじたのである。

初六、有孚比之、无咎。有孚盈缶、終來有他、吉。

初六《しょりく》、孚《まこと》有《あ》りて之《これ》に比《した》しめば、咎《とが》无《な》し。孚《まこと》有《あ》りて缶《ほとぎ》に盈《み》つれば、終《つい》に来《きた》りて他《た》有《あ》り、吉《きつ》。

○この爻辞には異説が多い。

＊孚…まこと。誠。信。☵坎の象。

＊之…親しむべき相手の人を指す。六四を指す。

＊缶…粗末な素焼きの、口のつぼんだ器。☷坤の象。

＊終来有他、吉…「終に来りて他有り、吉」と読む。

「来」とは、上の卦から下の卦へ来ること。「他」とは、九五を指す。

この爻が六四に親しみ、それを仲介として九五に親しむことができることをいう。

一説には、「終に来りて他の吉有り」と読んで、ついには九五から思いがけない吉をうける、と解する。

初六は、比の道のはじめである。

人に親しむには、心の中に充実した誠のあることが重要である。充分な誠があって、その上で人に親しむのであれば、陰柔で位が不正であっても、咎められるような過失はないのである。

誠が缶に満ち溢れているようであれば、終には、直接の縁故のない九五までがやって来て親しむようになり、吉にして幸いを得ることができる。

象曰、比之初六、有他吉也。

象《しょう》に曰《いわ》く、比《ひ》の初六《しょりく》は、他有《たあ》りて吉《きっ》なるなり。

比の卦の初六は、そのはじめにあって誠をもって人に親しむので、終には直接の縁故のない九五までがやって来て親しみ、吉にして幸いを得る。

六二、比之自內。貞吉。

六二《りくじ》、之《これ》に比《した》しむこと内《うち》よりす。貞《てい》にして吉《きっ》なり。

＊之…九五を指す。
＊内…内卦をいう。
＊貞…正しい道。

六二は、陰柔で位が正しく、下の卦の中《ちゅう》を得て、九五と正しく応じている。この爻は、中・正の徳を具えており、内卦より、正応である外卦の九五に親しむのである。このように、正しい道を得て吉である。

象曰、比之自內、不自失也。

象《しょう》に曰《いわ》く、「之《これ》に比《した》しむこと内《うち》よりす」とは、自《みずか》ら失《うしな》わざるなり。

＊失わざる…人に親しむについての、正しい道を失わないこと。

爻の辞に「之に比しむこと内よりす」とあるのは、人に親しむについての正しい道を、自ら失っていない、ということである。

六三、比之匪人。

六三《りくさん》、之《これ》に比《した》しむこと人《ひと》に匪《あら》ず。

＊人に匪ず…親しもうとする者が、皆な親しむには正しい相手ではないことをいう。上の六四・下の六二・応爻の上六、これらは皆な陰爻であって親しむにはよい相手ではない。

六三は、陰柔で位が正しくなく、応爻である上六も陰爻であり、正しくない。この爻が親しもうとする者は、六四・六二・上六のいずれも皆な陰爻であり、親しむべき正しい相手ではない。故に必ず害がある。

象曰、比之匪人、不亦傷乎。

象《しょう》に曰《いわ》く、「之《これ》に比《した》しむこと人《ひと》に匪《あら》ず」とは、また傷《いた》ましからずや。

＊傷…いたみあわれむ。

「之に比しむこと人に匪ず」というのは、なんと傷ましいことではなかろうか！

六四、外比之。貞吉。

六四《りくし》、外《そと》、之《これ》に比《した》しむ。貞《てい》にして吉《きつ》なり。

＊外…外卦をいう。

＊之…九五を指す。

六四は、陰柔で位が正しい。そして、外卦にあって九五の陽剛と相い親しんでいる。親しむにおいての正しい道を得ているので、吉である。

象曰、外比於賢、以從上也。

象《しょう》に曰《いわ》く、外《そと》、賢《けん》に比《した》しみて、以《もっ》て上《かみ》に従《したが》うなり。

＊賢…九五を指す。

＊上…九五をいう。

外卦にあって九五の賢君に親しみ、上、すなわち九五に従うのである。

九五、顯比。王用三驅、失前禽。邑人不誡。吉。

九五《きゅうご》、比《ひ》を顕《あき》らかにす。王用《おうもっ》て三駆《さんく》して、前禽《ぜんきん》を失《うしな》う。邑人誡《ゆうじんいまし》めず。吉《きつ》なり。

＊顕…あきらか。明。
＊三駆…獣を駆り立てる時に、三面を囲んで前方を開けておくこと。
＊前禽…前の方へ逃げる獣。
＊邑人…領地の人民。
＊誡…戒め告げること。

九五は、比の卦の主爻である。

この爻は、もろもろの陰爻に対して、公明無私の態度で親しむのであり、人に親しむについての正道を、天下の人々に明らかに示すのである。

たとえば、古の王者が狩りをする場合に、三面を囲んで前方を開けておき、前の方へ逃げる獣は、逃げるにまかせておいたように、諸侯に親しむ場合も、自分に従う者だけを従わせ、従わずに去る者は、そのまま打ち捨てておく。

また、自分の領地の人民に対しても、あれこれと戒め告げて、無理に強いて自分に従わせようとはしない。

天下の人々は、この九五の徳に感化されて自然に従うようになるであろうから、吉である。

象曰、顯比之吉、位正中也。舍逆取順、失前禽也。邑人不誡、上使中也。


象《しょう》に曰《いわ》く、「比《ひ》を顕《あき》らかにす、吉《きつ》」とは、位正中《くらいせいちゅう》なればなり。

逆《ぎゃく》を舍《す》てて順《じゅん》を取《と》るは、前禽《ぜんきん》を失《うしな》うなり。

「邑人誡《ゆうじんいまし》めず」とは、上《かみ》の使《つか》うこと中《ちゅう》なればなり。

＊逆を舍てる…去るものを捨てる。
＊順を取る…来るものを取る。
＊上…九五を指す。

「比を顕らかにす。吉なり」とあるのは、九五は位が正しく中《ちゅう》を得ているからである。

去るものを捨てて追わず、来るものを取るのが、爻の辞にある「前禽を失う」ということである。

「邑人誡めず」とあるのは、九五が多くの陰《いん》を使うのに中正の徳によって行ない、公平であって偏らないからである。


上六、比之无首。凶。

上六《じょうりく》、之《これ》に比《した》しむに首《かしら》无《な》し。凶なり。

＊之…九五を指す。

＊首…かしら。頭。

上六は、九五に親しむ時において、遅れて来る者である。故に首のない象にとる。親しむべき時に、遅れて来るのであり、凶であることは言うまでもない。

象曰、比之无首、无所終也。

象《しょう》に曰《いわ》く、「之《これ》に比《した》しむに首《かしら》无《な》し」とは、終《おわ》る所《ところ》无《な》きなり。

＊終る所无し…終わりをよくすることができない。

「之に比しむに首无し」とあるのは、終わりをよくすることができない、ということである。

9　小畜《しょうちく》（風天小畜《ふうてんしょうちく》）

䷈ 乾下巽上

「小畜」とは、小さいものが、大きいものを止《とど》める、あるいは、貯えること。そこから、あるものを、少しく止める、貯える意にもなる。

卦の象は、上の卦は☴巽であり、陰の卦である。下の卦は☰乾であり、純陽の卦である。内卦の乾の卦が上へ進もうとするのを、外卦の巽の陰卦が、押さえて止めている。陰の卦であるから、その力は弱く、完全に押さえることはできないが、ある程度までは留めることができるのである。そこで、この卦を「小畜」と名付けた。

序卦伝では、「比」の次に「小畜」の卦があることを、「多くの人々が相い親しみ輔けるならば、必ず物は貯えられるようになる。だから、比の卦の次には、䷈小畜の卦が置かれている」と説いている。

この卦を、序卦伝では、主として「貯える」という面から見ており、また経文では、主として「止める」という面から見て辞《ことば》が付けられている。

純陽である乾の卦を、陰の卦である☴巽が、力で押さえ止めることはできない。だから、巽の卦の性質である巽順な態度や、人にへりくだる性質や、柔和な行動を用いて、内卦の乾を和らげて止めるのである。女が男を止める、臣下が君主を止める、子が親を止める、妻が夫を止める等のことは、皆なこれと同じである。小畜の象である。

小畜、亨。密雲不雨、自我西郊。

小畜《しょうちく》は、亨《とお》る。密雲《みつうん》あれど雨《あめ》ふらず、我《わ》が西郊《せいこう》よりす。

＊小畜…卦名。小（陰）が大（陽）を止めること。
＊密雲…空一面を雲が覆っていること。雲とは、陰の気をいう。二三四爻で☱兌の卦ができる。兌の水気が☰乾の上部にかかっているので、雲の象とする。
＊雨ふらず…陰の気と陽の気が和合しないこと。陰陽の気が和合して雨が降る。
＊我…文王《ぶんおう》のことをいう。
＊西郊…都の西の郊外のこと。陰の方角を指す。郊は☰乾の卦の象。

小畜は、小（陰）が大（陽）を止めるという卦である。物事はすぐには通じないが、やがては止めることも極まって、すらすらと運ぶようになる。

今、地上からは雲が立ち上って、空一面を覆っているけれど、まだ雨は降ってこない。しかし西の郊外の陰の方角からは、なお雲が盛んに沸き上がっている。やがて陽の気と相い交わって雨が降り、通達するようになるであろう。

彖曰、小畜、柔得位而上下應之、曰小畜。
健而巽、剛中而志行。乃亨。
密雲不雨、尙往也。
自我西郊、施未行也。

彖《たん》に曰《いわ》く、小畜《しょうちく》は、柔《じゅう》、位《くらい》を得《え》て、上下《じょうげ》、之《これ》に応《おう》ずるを、小畜《しょうちく》と曰《い》う。
健《けん》にして巽《そん》、剛中《ごうちゅう》にして志《こころざし》行《おこな》わる。乃《すなわ》ち亨《とお》るなり。
「密雲《みつうん》あれど雨《あめ》ふらず」とは、尚往《なおゆ》くなり。
「我《わ》が西郊《せいこう》よりす」とは、施《ほどこ》し未《いま》だ行《おこな》われざるなり。

＊柔…六四を指す。
＊上下…上下の五陽をいう。
＊巽…したがう意。順。☴巽の卦の卦徳。
＊剛中…九五と九二を指すが、主として九五をいう。
＊志行…陽剛の上り進もうとする志が行なわれる。
＊尚往…なおゆく、と読む。これには、陰の気が往くとする説と、陽の気が往くとする説の二つがある。
朱子・程子は、陽の気が往くとしている。今はこれに従う。
陽の気は、止められても、なお上り進むことをいう。

＊施し…陰陽が和合して、雨が降ることをいう。雨のめぐみのこと。

小畜の卦は、六四が陰の位に陰でおり、正位を得て、上下の五陽がこれに応ずるので、小畜という。

下の卦は☰乾であって剛健の徳を持っており、上の卦は☴巽であって巽順の徳を持っている。また九五と九二は、上の卦と下の卦の真ん中にあり、剛であって中庸の徳を具えているので、その上り進もうとする志は必ず行なわれる。そこで物事は成就する。

卦辞に「密雲あれど雨ふらず」とあるのは、陽の気は止められても、なお沸き上がっているのである。

また「我が西郊よりす」とあるのは、陰の気と陽の気がまだ和合していないので、雨が降って地上を潤沢することが、いまだ行なわれていないことを言ったのである。

象曰、風行天上、小畜。君子以懿文徳。

象《しょう》に曰《いわ》く、風《かぜ》、天上《てんじょう》を行《ゆ》くは、小畜《しょうちく》なり。君子《くんし》以《もっ》て文徳《ぶんとく》を懿《よ》くす。

＊文徳…礼楽などをもって民を教化すること。武徳に対していう。

＊懿…美。美しくまた立派であること。

風が天上を吹いている形が、小畜の卦である。風は形体がなく、柔なる者であるので、大なる者の活動を永く畜《とど》めることはできないが、多少の影響を与えることはできるのである。故に小《すこ》しく畜める象とする。

君子はこの卦の象を手本として、礼楽教化などの柔の徳である文徳を、美しく立派にするように努めるのである。

初九、復自道。何其咎。吉。

初九《しょきゅう》、復《かえ》ること道《みち》に自《よ》る。何《なん》ぞ其《そ》れ咎《とが》あらん。吉《きつ》。

＊復る…かえる。反。

＊道に自る…正しい道に従う。

初九は陽剛で陽位に居て、位が正しく志も正しい。

この爻は、進もうとするけれど、小畜の時であるので、応爻の六四に止められるのである。そこで、当初の自分の考えを捨て、自分の位置に引き返して正しい道に付き従う。

このような初九の態度に、何の災いがあるだろうか！　吉にして幸いを得ることができる。

象曰、復自道、其義吉也。

象《しょう》に曰《いわ》く、「復《かえ》ること道《みち》に自《よ》る」とは、其《そ》の義吉《ぎきつ》なるなり。

「復ること道に自る」とは、初九の態度は道義にかなっているので、吉にして幸いを得るのである。

九二、牽復。吉。

九二《きゅうじ》、牽《ひ》きて復《かえ》る。吉《きつ》。

＊牽きて…引き連れて。

九二は、応じている爻が無い。しかし、中《ちゅう》を得ているので、むやみに進もうとはしないのである。

この爻は、六四に止められるのを待たずに、初九や九三を引き連れて引き返し、自分の位置に復《かえ》って安んじている。吉であり福を得る。

象曰、牽復、在中亦不自失也。

象《しょう》に曰《いわ》く、「牽《ひ》きて復《かえ》る」とは、中《ちゅう》に在《あ》りて亦自《またみずか》ら失《うしな》わざるなり。

「牽きて復る」とあるのは、下の卦の中《ちゅう》を得ていて剛に過ぎることがなく、また、自ら正しい道を失うことがないのである。

九三、輿説輻。夫妻反目。

九三《きゅうさん》、輿《くるま》、輻《ふく》を説《と》く。夫妻反目《ふさいはんもく》す。

＊輻…車輪をささえる放射状の矢。

＊説…脱と通用。解く。抜く。

＊夫妻…夫は九三をいう。妻は六四をいう。

＊反目…にらみあうこと。仲の悪いこと。

九三は、陽剛で下の卦の最上位に居る。中《ちゅう》を得ていないので、盲進しようとするけれど、六四に止められて進むことができない。それはちょうど輻が抜けてしまい、車体と輪がバラバラになって、進むことができないようなものである。

しかも九三は、進んで行くことを六四が無理に止めたというので大いに怒り、互いに睨み合って、仲が悪くなっているのである。

象曰、夫妻反目、不能正室也。

象《しょう》に曰《いわ》く、「夫妻反目《ふさいはんもく》す」とは、室《しつ》を正《ただ》すこと能《あた》わざればなり。

＊室…妻のこと。

「夫妻反目す」というのは、九三が剛に過ぎるため、六四の妻を正しく取り扱うことができず、家庭を正すことができないからである。

六四、有孚。血去惕出。无咎。

六四《りくし》、孚有《まことあ》り。血去《ちさ》り惕出《おそれい》づ。咎无《とがな》し。

*孚有り…まことの意。陰爻であり虚であるから。六四を指す。

*血去り…傷害に遠ざかること。

*惕出づ…懼れるような危険が遠くへ出てしまうこと。

六四は、多くの陽を止める主《しゅ》であり、この卦の成卦の主爻である。この爻は、陰柔で陰位に居て位が正しく、虚心であるので、充分な誠がある。一陰によって五つの陽を止めるので、傷つけられ懼《おそ》れるような危険に遭う心配があったけれど、誠実な真心をもって事に当たるので、終《つい》にはそれらの危険は去ってしまった。災いに遭うことはないのである。

象曰、有孚惕出、上合志也。

象《しょう》に曰《いわ》く、「孚有《まことあ》り、惕出《おそれい》づ」とは、上《かみ》、志《こころざし》を合《あ》わすればなり。

*上…九五を指す。

＊志…六四がもろもろの陽を止めようとする志をいう。

「孚有り、惕出づ」とあるのは、上の九五が、六四の真心に感動して、志を合わせてくれたので、危険な状態を免れたのである。

九五、有孚攣如。富以其鄰。

九五《きゅうご》、孚《まこと》有《あ》り攣如《れんじょ》たり。富《と》みて其《そ》の鄰《となり》と以《とも》にす。

＊孚有り…まことが充実していること。ここでは九五を指す。
＊攣如…手と手を取り合って離れないこと。
＊以…ともにする。
＊鄰…となり。主として六四を指す。

九五は、剛陽で中《ちゅう》を得ているので、孚が充実しており、人と親しんで手と手を取り合って事に当たるのである。

だからこの爻は、尊位にあって天下を保有していても、その広大な富を独占せず、六四をはじめとする臣下にその富を分け与えるのである。

象曰、有孚攣如、不獨富也。

象《しょう》に曰《いわ》く、「孚《まこと》有《あ》り攣如《れんじょ》たり」とは、独《ひと》り富《と》まざるなり。

「孚有り攣如たり」とは、自分独りだけで富を独占しようとはしないのである。

上九、既雨既處。尚德載。婦貞厲。月幾望。君子征凶。

上九《じょうきゅう》、既《すで》に雨《あめ》ふり既《すで》に処《お》る。徳《とく》を尚《たっと》びて載《み》つ。婦《ふ》は貞《てい》なるも厲《あやう》し。月《つき》、望《ぼう》に幾《ちか》し。君子《くんし》征《ゆ》けば凶《きょう》。

*既雨…陰陽が和すること。
*既処…止まって進まないこと。
*尚…尊ぶ。
*載…みつ。満。
*婦…婦は陰である。ここでは六四を指す。
*望…満月をいう。月は陰。陰が盛んになって、陽に敵対しようとする象。
*幾…近いこと。
*君子…君子は陽である。
*征…ゆく。往。動くこと。

上九は、小畜の終わりであるので、この爻においていて、小畜の道が成就したことについての、戒めの辞を説くのである。

陰が陽を止めようとする小畜の道が成就して、陰陽が和合し、「密雲あれど雨ふらず」といった状態が終わって、すでに充分に雨が降ったのであるから、陰はもうそれ以上陽を止めようとはせずに、そこに止まって居るのである。

そもそも、こういうことになったのは、六四の陰爻が、道徳を尊んで、その徳が積もり積もって満ちるに至ったからである。

しかし、六四は陰爻であり、陰が陽を制したことになるのだから、たとえ正しいことではあっても、やはり危うい。

それはちょうど、陰である月が満月に近いほどに盛んになって、日と紛らわしくなったようなもの。まさに陰が陽に敵対しようとする象である。

このような時においては、陽である君子は、動いて進み行けば凶であり、災いを受ける。


象曰、既雨既處、徳積載也。君子征凶、有所疑也。


象《しょう》に曰《いわ》く、「既《すで》に雨《あめ》ふり既《すで》に処《お》る」とは、徳《とく》積《つ》みて載《み》てるなり。

「君子《くんし》征《しゅ》けば凶《きょう》」とは、疑《うたが》わしき所《ところ》有《あ》るなり。

＊疑わしき所…陰が盛んであるので、陽と紛らわしくなること。

「既に雨ふり既に処る」とあるは、陰の徳が積もって、満ちるようになったからである。

「君子征けば凶」とは、陰の勢力が強く、陽の勢力と紛らわしい状態であるからである。

10　履《り》（天沢履《てんたくり》）

䷉ 兌下乾上

「履」とは、足で物を践《ふ》むことをいう。転じて、事を踏み行なうこと、とする。人が踏み行なうところのものは「礼」であることから、この卦を「礼の卦」ともいう。

序卦伝では、「小畜」の次に「履」の卦が置かれていることについて、「物が貯えられて豊かになって、その後にはじめて礼儀が行なわれるようになる。だから、小畜の卦の次には、䷉履の卦が置かれている」と説明している。この卦を「礼の卦」とみて、衣食住の不自由がないようになって、はじめて礼が行なわれる、と説いているのだ。

卦の象は、上の卦は☰乾の天であり、下の卦は☱兌の沢である。最も高い天が上にあり、最も低い沢が下にある。上下の位置が正しく定まって、礼にかなっているので、この卦を「履」と名付けた。

またこの卦は、前に全陽の☰乾の卦があり、その後を履《ふ》んで、☱兌の少女、最も年少の娘が付いて行く形である。そこでこの卦を「履」と名付けた。

この卦は、大きい者の後を履んで、その後から小さい者が付いて行くことを説いている。小さい者が、大きな者の後に付いて行くことは、困難であり、また危険なことである。柔弱な人が、剛強な人に仕えている場合、臣下が君主に仕える場合、あるいは、人が、ある大きな事業に携わって、それを実行に移そうと進んで行く場合など、皆なこの象である。

経文では、その大きなものを「虎」にたとえて、その後から付いて行くことを「虎の尾を履む」ような危険なこと、と表現している。

では、このような場合には、どのようにしたらよいのだろうか？　それは、☰乾の剛健な性質、つまり怠ることなく疲れることのない努力と、☱兌の和ぎ悦ぶ性質、常に悦び楽しみの気分を持って事に当たること、この二つの性質を用いて、その事に対処してゆくことだ、と教えている。

履虎尾。不咥人、亨。

虎《とら》の尾《お》を履《ふ》む。人《ひと》を咥《か》まず、亨《とお》る。

＊履…卦名。ふむ。足で地をふむこと。転じて、事を履み行なうこと。
＊虎…上卦の☰乾の象。上九を虎の首とし、九五を胴とし、九四を尾とする。
＊虎の尾を履む…ここでは、一卦全体の象をいう。外卦の☰乾を虎の象とし、内卦の☱兌を和悦の象とし、和悦の心をもって剛猛な虎の後に従って進んで行くこととする。
＊咥…噛むこと。

この卦は、大きな者の後を、小さな者が付き従って行くという卦である。

それは、あたかも強い虎の後に付き従って行き、その尾を踏んでしまうような、大変な危険が伴うことである。

しかしその場合に、和悦の態度をもってこれに付き従って行けば、咥まれるようなことはない。物事は障害に遭うことなく、成就することができよう。

彖曰、履、柔履剛也。説而應乎乾。是以履虎尾、不咥人、亨。剛中正、履帝位而不疚、光明也。

彖《たん》に曰《いわ》く、履《り》は、柔《じゅう》、剛《ごう》を履《ふ》むなり。説《よろこ》びて乾《けん》に応《おう》ず。是《ここ》を以《もっ》て「虎《とら》の尾《お》を履《ふ》む、人《ひと》を咥《か》まず、亨《とお》る」なり。剛《ごう》、中正《ちゅうせい》にして、帝位《ていい》を履《ふ》みて疚《やま》しからず、光明《こうみょう》なるなり。

＊柔、剛を履む…柔は、下の☱兌の卦を指す。剛は、上の☰乾の卦を指す。
＊剛中正…剛は、九五をいう。
＊帝位…天子の位。五爻の位を指す。
＊疚…やましいの義。不疚は、心に恥ずかしく思うところがないこと。
＊光明…その徳が天下に輝くことをいう。

履の卦は、柔である下の☱兌が、剛である上の☰乾を履んで、後から付き従って行く形である。

卦徳からみれは、☱兌の卦は、説ぶということであり、説びをもって☰乾に従って行く。このようなことから、卦の辞に「虎の尾を履む、人を咥まず、亨る」とあるのである。

上の卦の九五は、剛で中《ちゅう》を得、陽の位に陽で居て位が正しいから、五爻の帝位を履んで心に恥ずかしく思うところがないのであり、その徳は天下に輝きわたっているのである。

象曰、上天下澤、履。君子以辯上下、定民志。

象《しょう》に曰《いわ》く、上《かみ》に天《てん》、下《しも》に沢《たく》あるは、履《り》なり。君子《くんし》以《もっ》て上下《じょうげ》を弁《わか》ち、民《たみ》の志《こころざし》を定《さだ》む。

＊弁…分かつ。弁別する。ここでは、上下の身分の区別を明らかにすること。

＊定む…安定させること。

上に天（☰乾）、下に沢（☱兌）があり、高い者は高く、低い者は低く、その居るべき所が定まっているのが履の卦である。

君子は、この卦象を観てこれを手本とし、上下の身分の尊卑の別を明らかにして、民の心を安定させるのである。

初九、素履。往无咎。

初九《しょきゅう》、素《そ》して履《ふ》む。往《ゆ》きて咎《とが》无《な》し。

＊素…白いこと。本来のありのままのこと。

初九は、応じている爻も比している爻も無いけれど、陽爻で陽位に居て位は正しい。

この爻は、低い位置におり、また応爻も比爻も無く孤立していて、他のどこからも束縛されることがない。そして、卦のはじめにあって履み行なうことのはじめにあたるので、少しも技巧を用いたり飾りたてたりせず、ありのままの清浄な心で、自分の成すべきことを履み行なうのである。

このようであれば、進んで行って事を行なっても、禍いに遭うようなことはない。

象曰、素履之往、獨行願也。

象《しょう》に曰《いわ》く、「素《そ》して履《ふ》むの往《ゆ》く」は、独《ひと》り願《ねが》いを行《おこな》うなり。

＊独り…他の人は行なわなくても、自分一人は行なう。
＊願い…素して履むことを指す。

初九に「素して履む。往きて咎无し」とあるのは、他の人はどうであろうとも、自分はありのままの心で、自分の成すべきことを履み行なうという、本来願っていることを行なうのである。

九二、履道坦坦。幽人貞吉。

九二《きゅうじ》、道《みち》を履《ふ》むこと坦坦《たんたん》たり。幽人《ゆうじん》なれば貞《てい》にして吉《きつ》。

＊道…道路。履み行くところの道路。

＊坦坦…平らかなこと。心が寛くゆったりとしている、という意味も兼ねる。

＊幽人…山林に隠遁している人。心静かに生活している人。

九二は、上に応じている爻は無いが、下の卦の真ん中にあって、中庸の徳をもっている。そのため、やり過ぎもせず、消極的に過ぎることもない。六三の陰爻とは比しているけれど、それに引かれることもない。

この爻の履み行なうことは、ちょうど平《たい》らかな道路を踏み行くように、平易であり、安泰である。

世の中の名誉や利欲に惑わされず、ちょうど隠者のように、心静かに生活している人であれば、正しい道を固く守っているので、吉である。

象曰、幽人貞吉、中不自亂也。

象《しょう》に曰《いわ》く、「幽人《ゆうじん》なれば貞《てい》にして吉《きつ》」とは、中《ちゅう》にして自《みずか》ら乱《みだ》れざればなり。

「幽人なれば貞にして吉」とあるのは、六二は中《ちゅう》を得ているので、名誉や富などに惑わされて、自ら乱れることがないからである。

六三、眇能視、跛能履。履虎尾、咥人、凶。武人爲于大君。

六三《りくさん》、眇《すが》めにして能《よ》く視《み》るとし、跛《あしなえ》にして能《よ》く履《ふ》むとす。虎《とら》の尾《お》を履《ふ》む、人《ひと》を咥《か》む、凶《きょう》。武人《ぶじん》、大君《たいくん》と為《な》る。


*眇め…片目が不自由な人。

*跛《あしなえ》…足が不自由な人。

*虎の尾を履む…ここでは、六三が九四の後から付いて行くことをいう。

*人を咥む…六三は、虎の尾（九四）を履んで、首《くび》（上九）に応じているので、虎に噛まれる象とする。

*武人、大君と為る…この一句には異説が多い。武人は、六三を指す。程子・朱子は「武人、大君となる」と読んで、武人が大君となって、暴をほしいままにする象、と解している。今はこれに従う。『周易折中』は、三爻は大君の位ではないとして、程子・朱子の説を退けている。


六三は、陰爻で陽の位に居て位が正しくなく、また下の卦の最上にあるので、気分だけが剛気なのである。

この爻は、陰爻であって才能に欠けるのに、自分では充分であると思っている。たとえば、片目であるのによく見えると言い、足が不自由なのに遠くまで歩いていくことができる、と言うようなものだ。このような者が、虎の尾を履むような危険を冒せば、必ず虎に咥まれてしまうことになり、凶である。

たとえば、六三の武人は、時には大君となることもあるけれど、もともと才能に欠けており、専ら武勇だけを用いて暴をほしいままにするのであっては、その位を永く保つことはできないのである。

象曰、眇能視、不足以有明也。跛能履、不足以與行也。咥人之凶、位不當也。武人爲于大君、志剛也。

象《しょう》に曰《いわ》く、「眇《すが》めにして能《よ》く視《み》るとす」とは、以《もっ》て明有《めいあ》りとするに足《た》らざるなり。

「跛《あしなえ》にして能《よ》く履《ふ》むとす」とは、以《もっ》て與《とも》に行《ゆ》くに足《た》らざるなり。

「人《ひと》を咥《か》むの凶」とは、位《くらい》、当《あた》らざるなり。

「武人《ぶじん》、大君《たいくん》と為《な》る」とは、志剛《こころざしごう》なるなり。

＊明有り…よく物を視ることができること。

＊志剛…中《ちゅう》を過ぎていて、気ばかりが強くなっていることをいう。

「眇めにして能く視るとす」とは、実は、充分に見ることはできないのである。

「跛にして能く履むとす」とは、実は、一緒に歩いて行くだけの能力は無いのである。

「人を咥む、凶」とあるは、六三は位が正しくないからである。

「武人、大君と為る」とは、志ばかりが剛強で、才能がそれに伴わないのである。

九四、履虎尾。愬愬終吉。

九四《きゅうし》、虎《とら》の尾《お》を履《ふ》む。愬愬《さくさく》たり終《つい》には吉《きつ》なり。

＊虎の尾を履む…ここでは、九四が九五の後から付いて行くことをいう。

＊愬愬…自ら戒め懼れること。

九四は、陽爻で陰位に居て位が正しくなく、九五の天子に最も近い位置にいる。この爻は、九五に最も近づいていて、懼《おそ》れが多いのである。ちょうど、虎の尾を履むような危険な状態にあるようなもの。

しかし、九四は、陽爻であるから志がしっかりしており、また陰位に居て、その性質は柔順である。そこで、自ら戒め懼れるので、はじめは危ういが、後には吉を得ることができるのである。

象曰、愬愬終吉、志行也。

象《しょう》に曰《いわ》く、「愬愬《さくさく》たり終《つい》には吉《きつ》」とは、志《こころざし》行《おこな》わるるなり。

＊志…上に進もうとする志。

「愬愬たり終には吉」とは、終には自分の志が行なわれる、ということである。

九五、夬履。貞厲。

九五《きゅうご》、夬《さだ》めて履《ふ》む。貞《てい》なれども厲《あやう》し。

＊夬履…夬は、きめる。決。さだめる。定。

「さだめて履む」と読み、履み行なうことを果断決行すること。

＊貞…正しい。

九五は、剛であって中《ちゅう》・正の徳を具えているが、下に応じている爻を持たない。補佐してくれる者、賛同してくれる者が無いのである。

この爻は、自分の履み行なうべき道を、自らの聡明であることに任せて、思い切って決断し実行する。このようなやり方は、たとえそれが正しいことであっても、厲いことは免れず、危険が伴うのである。

象曰、夬履貞厲、位正當也。

象《しょう》に曰《いわ》く、「夬《さだ》めて履《ふ》む、貞《てい》なれども厲《あやう》し」とは、位正《くらいただ》しく当《あ》たればなり。

「夬めて履む、貞なれども厲し」とあるのは、九五は、陽爻で陽位に居て位が正しいので、履み行なうことを果断決行することができるのである。

上九、視履考祥。其旋元吉。

上九《じょうきゅう》、履《ふ》むを視《み》て祥《しょう》を考《かんが》う。其《そ》れ旋《めぐ》るときは元《おお》いに吉《きつ》なり。

＊祥…吉凶禍福のきざし。
＊旋…ぐるりとめぐること。はじめから終わりまで完全であって、欠けたところがないこと。

上九は、履の卦の終わりである。この爻は、自分の履み行なってきたことを振り返って、その吉凶禍福の兆しを考えるのである。履み行なってきたことの、はじめから終わりまでぐるりとめぐらせてみて、何の欠陥もなければ、大いに吉である。

象曰、元吉在上、大有慶也。

象《しょう》に曰《いわ》く、「元《おお》いに吉《きつ》」にして上《かみ》に在《あ》るは、大《おお》いに慶《よろこび》有《あ》るなり。

＊上に在る…上九の爻の位をいう。

上九の爻辞に「元いに吉」と言っているのは、大いに慶ぶべき幸福がある、ということである。

11　泰《たい》　（地天泰《ちてんたい》）

䷊　乾下 坤上

「泰」とは、通ずるということである。

物の関係でいえば、双方の物の気が、相い交わって通ずることである。人の関係でいえば、当方と先方の考えが、互いに通ずることである。気が交わって通じていれば、安泰であり、通じていなければ、塞がって、うまく事が運ばなくなる。

卦の象は、上の卦は☷坤の地であり、下の卦は☰乾の天である。この卦は、天が下にあって、地がその上に乗っている形である。実際において、このような状態は正常ではなく、とても安泰とは言い難い。

だが、この卦は、気について述べているのであって、形について言っているのではないのである。天の気は下にあって上に上ろうとしており、地の気は上にあって、下ろうとしている。こうして天の気と地の気とが相い交わって通ずるので、事がうまく運ぶようになる。そこでこの卦を「泰」と名付けた。陽の気と陰の気、君と臣、上と下、君子と小人、その他、全て両方の気が相い通じて調和することをあらわしている卦である。

序卦伝では、「履」の次に「泰」があることを、「礼節が行なわれゆったりと落ちついて、その後にはじめて安らかになる。だから、履の卦の次には、䷊泰の卦が置かれている。とは、物事がすらすらと通じて停滞することがない、ということである」と説いている。

一年の陰陽の盛衰では、この卦䷊泰は、旧暦正月（今の二月）の卦である。外卦を地の上とし、内卦を地の下とすれば、この卦は、地の上にはまだ陽気が現れていないが、地の下には、陽気が充実しており、もう少しで地の上に現れ出ようとしている形である。

泰、小往大來。吉亨。

泰《たい》は、小《しょう》往《ゆ》き大《だい》来《きた》る。吉《きっ》にして亨《とお》る。

＊泰…卦名。通ずること。『周易本義』に「泰とは通なり」とある。
＊小往き…小は陰をいう。往は、内卦から外卦へ往き、外卦に在ること。
＊大来る…大は陽をいう。来は、外卦から内卦へ来て、内卦に在ること。

泰の卦は、陰が外へ行って外卦に在り、陽が内へ来て内卦に在って、陰陽が交わって調和している。

故に吉であって、物事は滞ることなく通達する。

彖曰、泰、小往大來吉亨、則是天地交而萬物通也。上下交而其志同也。

内陽而外陰、内健而外順、内君子而外小人。

君子道長、小人道消也。


彖《たん》に曰《いわ》く、「泰《たい》は、小往《しょうゆ》き大来《だいきた》る、吉《きっ》にして亨《とお》る」とは、則《すなわ》ち是《こ》れ天地《てんち》交《まじ》わりて万物《ばんぶつ》通ずるなり。

上下交《まじ》わりて其《そ》の志同《おな》じきなり。

内《うち》は陽《よう》にして外《そと》は陰《いん》、内は健《けん》にして外は順《じゅん》、内は君子《くんし》にして外は小人《しょうじん》なり。

君子《くんし》の道《みち》は長《ちょう》じ、小人《しょうじん》の道《みち》は消《しょう》するなり。

＊通ずる…何の妨げもなく、成育する。
＊上下…君臣のことを指す。人道をもっていう。
＊内・外…内は、内卦・下の卦を指す。外は、外卦・上の卦を指す。
　内陽・外陰は、卦体によっていう。内健・外順は、卦徳によっていう。
＊君子…陽の類、☰乾の象。
＊小人…陰の類、☷坤の象。

「泰は、小往き大来る、吉にして亨る」とあるのは、天の気と地の気が交わって、万物が伸び盛んになるということである。人事においては、上に居る者と下に居る者とが心を交わらせ、その志を同じくして協力することである。

郵便はがき

料金受取人払

牛込局承認

5507

差出有効期間
平成26年11月
18日まで

162-8790

（受取人）

東京都新宿区
早稲田鶴巻町五二三番地

株式会社 藤原書店 行

ご購入ありがとうございました。このカードは小社の今後の刊行計画およ
び新刊等のご案内の資料といたします。ご記入のうえ、ご投函ください。

お名前	年齢
ご住所 〒 TEL E-mail	
ご職業（または学校・学年、できるだけくわしくお書き下さい）	
所属グループ・団体名 連絡先	
本書をお買い求めの書店 市区 郡町 書店	■新刊案内のご希望 □ある □ない ■図書目録のご希望 □ある □ない ■小社主催の催し物案内のご希望 □ある □ない

読者カード

書のご感想および今後の出版へのご意見・ご希望など、お書きください。
ヽ社PR誌『機』に「読者の声」として掲載させて戴く場合もございます。)

本書をお求めの動機。広告・書評には新聞・雑誌名もお書き添えください。
吉頭でみて　□広告　□書評・紹介記事　□その他
小社の案内で　(　)　(　)　(　)

ご購読の新聞・雑誌名

小社の出版案内を送って欲しい友人・知人のお名前・ご住所

ご住所　〒

購入申込書(小社刊行物のご注文にご利用ください。その際書店名を必ずご記入ください。)

冊	書名　冊
冊	書名　冊

指定書店名　住所

都道府県　市区郡町

卦体によっていえば、内卦は陽であり、外卦は陰である。卦徳によっていえば、内卦は健であり、外卦は順である。また内卦は陽である君子であり、外卦は陰である小人である。

これより、君子の道、すなわち陽気は日々に盛んになり、小人の道、すなわち陰気は日々に衰えていくのである。


象曰、天地交、泰。后以財成天地之道、輔相天地之宜、以左右民。

象《しょう》に曰《いわ》く、天地交《まじ》わるは泰《たい》なり。后《きみ》以《もっ》て天地《てんち》の道《みち》を財成《さいせい》し、天地《てんち》の宜《よろ》しきを輔相《ほしょう》して、以《もっ》て民《たみ》を左右《さゆう》す。


*后…君主のこと。

*財成…財は裁《た》つ意。へらす意。「財成」は、過ぎていることを減らして程よくすること。

*天地の宜…「宜」は、ただしい。すじ道にかなう意。

*輔相…足りないことを補って助けること。

*左右す…助けること。


天（☰乾）の気と地（☷坤）の気が交わり調和して、万物が生成するのが、「泰」である。

君主は、この卦象を観てこれを手本として、天地の道において、過ぎているところはこれをほどよく減らし、また天地のよろしきところにしたがって、足りないところがあればそれを補い助けるのであり、これによって民を助け養うのである。

初九、拔茅茹。以其彙。征吉。

初九《しょきゅう》、茅《ちがや》を抜《ぬ》くに茹《じょ》たり。其《そ》の彙《たぐい》と以《とも》にす。征《ゆ》きて吉《きつ》。

＊茅…草の名。ちがや。
＊茹…根が連なっている形容。
＊彙…同類。たぐい。ここでは、内卦の三陽爻を指す。
＊以…与。ともに。
＊征…行。ゆく。上進すること。

初九は、陽爻をもって陽位に居て位が正しい。それはちょうど、下位に居る賢明な君子のような者である。そしてそれは、六四の陰爻と正しく応じている。

この爻は、自分だけが用いられようとはせず、たとえば茅を抜こうとすると、根が連なっているために何本か一緒に抜けてくるように、同類の九二・九三と一緒に進んで行くのである。

このようにする時は、上り進んで行って事を行なって吉である。

象曰、拔茅、征吉、志在外也。

象《しょう》に曰《いわ》く、「茅《ちがや》を抜《ぬ》く、征《ゆ》きて吉《きつ》」とは、志《こころざし》、外《そと》に在《あ》るなり。

＊志…三陽爻の志をいう。

＊外…外卦のこと。ここでは、出でて君に仕えることをいう。

「茅を抜く、征きて吉」とあるのは、三つの陽爻達の志は、外、つまり出でて君に仕えようとすることにあるのである。

九二、包荒、用馮河、不遐遺、朋亡、得尚于中行。

九二《きゅうじ》、荒《こう》を包《か》ね、馮河《ひょうか》を用《もち》い、遐《とお》きを遺《わす》れず、朋亡《ともうしな》われるときは、中行《ちゅうこう》に尚《かな》うを得《え》ん。

＊荒を包ね…小人などのよくない者たちを広く包容する。〔仁の徳〕
＊馮河を用い…徒歩で河を渉るような冒険を決行する。〔勇の徳〕
＊遐きを遺れず…遠く隠れている賢人を忘れない。〔知の徳〕
＊朋亡われる…親しい者と徒党を組むことをしない。〔公平無私の徳〕
＊中行に尚う…中行は、中道の意、九二を指す。王弼は六五を指すとする。尚は合うこと。

九二は、陽剛で陰位に居り、下の卦の真ん中にあって中庸の徳を具えている。そして、六五の君と、正しく応じており、この卦の成卦の主爻である。

この爻は、小人などのよくない者たちを包容する寛大な度量があり、河を徒歩で渉るような勇気を具え、遠くに隠れている賢人を忘れない聡明な知恵を持ち、自分の仲間で徒党を組むようなことをしない、公平無私の徳を持っている。まさにこのようであれば、中道に合致した行動を得ることができるであろう。

象曰、包荒得尚于中行、以光大也。

象《しょう》に曰《いわ》く、「荒《こう》を包《か》ね、中行《ちゅうこう》に尚《かな》うを得《え》ん」とは、以《もっ》て光大《こうだい》なればなり。

*光大…光明正大の意。

「荒を包ね、中行に尚うを得ん」とあるのは、九二の徳が光明正大であるからである。

九三、无平不陂、无往不復。艱貞无咎。勿恤其孚。于食有福。

九三《きゅうさん》、平《たいら》かなるとして陂《かたむ》かざるは无《な》く、往《ゆ》くとして復《かえ》らざるは无《な》し。艱《くる》しみて貞《ただ》しければ咎无《とがな》し。恤《うれ》うること勿《なか》れ、其《そ》れ孚《まこと》あり。食《しょく》に于《おい》て福《さいわい》有《あ》り。

*陂…傾くこと。
*艱しみて貞…苦労して正しいことを固く守ること。
*恤うる…憂。うれうる。
*孚…信。誠。
*食…食禄《しょくろく》を食むこと。

九三は、下の卦の最も上にあって、泰の最も盛んな時であり、内卦の盛運が極まって、外卦の衰運に移ろうとする際《きわ》である。

平らかな物は、やがては傾くようになるし、往ってしまった陰の気は、また復《かえ》ってくるものだ。泰平の崩れる兆しが現れはじめたこの時にあたって、安逸《あんいつ》に流れず、苦労して正しいことを固く守っておれば、咎《とが》を受けることは免れるのである。むやみに心配することはない、それは信実である。食禄を食《は》むについては、幸いが永く続くであろう。

象曰、无往不復、天地際也。

象《しょう》に曰《いわ》く、「往《ゆ》くとして復《かえ》らざるは无《な》し」とは、天地《てんち》際《まじ》わるなり。

＊際…交わること。変わり目。

「往くとして復らざるは无し」というのは、九三は、天地すなわち陰陽の変わり目に当たっているのであり、このことは、免れることができないのである。

六四、翩翩。不富以其鄰。不戒以孚。

六四《りくし》、翩翩《へんぺん》たり。富《と》めりとせずして其《そ》の鄰《となり》と以《とも》にす。戒《いまし》めずして以《もっ》て孚《まこと》あり。

＊翩翩…鳥が身軽く飛ぶさま。すばやいさま。
下の賢人に下って、柔順にその教えを受けることに譬《たと》えた。

＊不富…自分の富貴を意識しない。六四は陰爻であるから「富まず」という。
＊以其鄰…「以」は、ともに。与。「其鄰」は、六五及び上六を指す。
＊戒めず…上の三陰は、その隣と共に下の三陽に交わろうとするのであるから、戒め具えることなどを要しない、との意。戒め具えること。

六四は、陰爻で陰位に居て位が正しい。そして下の初九と陰陽正しく応じている。この爻は、下の三陽爻の賢人が進んで来るのを見て、自分の富貴をも意識せず、ちょうど鳥が身軽く飛ぶように、その隣、すなわち六五・上六と共に、賢人に下ってその教えを受けるのである。

そして、この爻は、何の警戒することもなく、真心をもってこの賢人を信頼するのである。

象曰、翩翩不富、皆失實也。不戒以孚、中心願也。

象《しょう》に曰《いわ》く、「翩翩《へんぺん》たり、富《と》めりとせず」とは、皆《みな》、実《じつ》を失《うしな》えばなり。「戒《いまし》めずして以《もっ》て孚《まこと》あり」とは、中心《ちゅうしん》より願《ねが》えばなり。

＊皆…六四・六五・上六の陰爻を指す。
＊実を失う…実とは、陽をいう。ここでは、外卦が全て陰爻の虚であって、陽爻が無いことをいう。
＊中心…心の底から。

「翩翩たり、富めりとせず」とあるのは、外卦が六四・六五・上六の三陰爻であって、実《じつ》である陽を失っているからである。

「戒めずして以て孚あり」とあるのは、これらの陰爻が、心の底から教えを受けようと願っているからである。

六五、帝乙歸妹。以祉元吉。

六五《りくご》、帝乙《ていいつ》、妹《いもうと》を帰《とつ》がしむ。以《もっ》て祉《さいわい》ありて元《おお》いに吉《きつ》なり。

＊帝乙…殷の天子の名。誰であるかについては、湯王・帝祖乙・帝乙のいずれかであるとする。
＊帰…嫁。とつぐ。
＊妹…女弟。いもうと。
＊祉…福。さいわい。
＊元…おおいに。大。

六五は、陰爻で陽位に居て、位は正しくないが、上の卦の中《ちゅう》を得て君位におり、そして下の卦の九二と正しく応じている。

この爻は、応爻である九二の賢人を深く信任している。それは、古《いにしえ》の天子の帝乙が、臣下にご自分の妹を嫁がせた故事のようである。

このような仕方をすれば、天下は幸いを得て、大いに吉である。

象曰、以祉元吉、中以行願也。

象《しょう》に曰《いわ》く、「以《もっ》て祉《さいわい》ありて元《おお》いに吉《きっ》なり」とは、中《ちゅう》にして以《もっ》て願《ねが》いを行《おこな》えばなり。

*中…中道。中庸。中徳。
*願い…九二の教えを受けようとすることをいう。

「以て祉ありて元いに吉なり」とあるのは、六五は中庸の徳によって、九二の教えを受けようという願いを、実行するからである。

上六、城復于隍。勿用師。自邑告命。貞吝。

上六《じょうりく》、城《しろ》、隍《ほり》に復《かえ》る。師《し》を用《もち》うること勿《なか》れ。邑《ゆう》より命《めい》を告《つ》ぐ。貞《てい》なれども吝《りん》なり。

*城…城壁。
*隍…からぼり。水のない堀。隍を掘ってその土を積んで城壁を作る。
*師…兵衆。
*邑…君主の居る所をいう。都。
*命を告ぐ…命令を告げる。
*貞…正。
*吝…羞。はずべきこと。

上六は、泰の卦が極まって、否の卦になろうとする時である。

たとえば、ちょうど城壁が崩れて、もとの空堀にかえってしまったようなもの。

こういう時に、兵力を用いて解決しようとしてはならない。ただ自分の居る都において、自ら治め得る範囲に政令を布くよりほか仕方がない。

このような状態では、たとえその命令が正しいことであっても、やはり恥ずべきことである。


象曰、城復于隍、其命亂也。

象《しょう》に曰《いわ》く、「城《しろ》、隍《ほり》に復《かえ》る」とは、其《そ》の命《めい》乱《みだ》るるなり。

＊其の命…政令。

「城、隍に復る」とあるは、その上からの政令が、すでに乱れはじめているのである。

12　否《ひ》（天地否《てんちひ》）

䷋ 坤下 乾上

「否」とは、閉じ塞がって通じない、という意味である。

卦の象では、上の卦は☰乾の天であり、高くして上に在る。下の卦は☷坤の地であり、低くして下に在る。形からみれば、天が上に在って、地が下に在るのは、当り前の正常な姿であるが、その気においては、上に在る陽の気はますます上へ、下に在る陰の気はますます下へ下って、この両者は、交わり調和することがない。気が交わることがなければ、物事は塞がって通じない。そこでこの卦を「否」と名付けた。この卦は「泰」の卦と同じように、形について言っているのではなく、気について述べているのである。

人事についてみれば、上の指導者の考えは下の者に通ぜず、下の者の考えは、上の指導者に通じない。これは、上の指導者と下の者との間に生じた「否」である。

向こうの物の気と、こちらの物の気が、相い交わらない。向こうのものとこちらのものとの関係が、離れ離れになっており、調和していない。だから物事が、すらすらと運んでいかないのである。

序卦伝では、「泰」の次にこの「否」の卦が置かれていることを、「物事は、いつまでも停滞することなく、通じたままで終わる、ということはできない。だから、泰の卦の次には、䷋否の卦が置かれている」と説明している。

物事は、いつまでも通ずる状態でいることはできないのだ。それは、やがて互いに通じない状態になるものである。自然界においても、人間社会においても、「泰」と「否」とは、相互に循環しているのである。

一年の陰陽の盛衰では、旧暦七月（今の八月）、立秋から一カ月をこの卦に配当する。外卦にはまだ陰気が現れていないけれど、卦の内部の内卦には陰気が充実しており、やがてそれは表に現れて盛んになる。䷋否の卦が䷓観となり䷖剥となり、ついには陰の気ばかりの䷁坤の卦になっていく。

自然界の陰陽の盛衰は、ほぼ一定したリズムを描いている。だが人間社会のそれは、人間の工夫によっては、䷊泰の状態を、ある程度は長く継続することができるのである。

否之匪人。不利君子貞。大往小來。

之《これ》を否《ふさ》ぐは人《ひと》に匪《あら》ず。君子《くんし》の貞《てい》に利《よろ》しからず。大《だい》往《ゆ》き小《しょう》来《きた》る。

＊否…卦名。閉じ塞がって通じないこと。
＊人に匪ず…人の道の正常な状態でないこと。
＊君子の貞…君子が正しい事を固く守ること。君子の正道。

＊大往き小来る…大は陽を、小は陰をいう。
往は、内卦から外卦へ往くこと。来は、外卦から内卦に来ること。

陰陽が相い交わらず、上下の意思が閉じ塞がって通じないという状態は、人の道の正常な状態ではない。

このような時には、君子が正しい事を固く守って、正道を行なおうとしても、よい結果を得ることはできない。

この卦は、陽が外へ出て往って外卦に在り、陰が内へ来て内卦に在って、陰の気と陽の気が交流しないのである。

彖曰、否之匪人、不利君子貞、大往小來、則是天地不交而萬物不通也。上下不交而天下无邦也。
内陰而外陽、内柔而外剛、内小人而外君子。
小人道長、君子道消也。

彖《たん》に曰《いわ》く、「之《こ》れを否《ふさ》ぐは人《ひと》に匪《あら》ず、君子《くんし》の貞《てい》に利《よろ》しからず、大往《だいゆ》き小来《しょうきた》る」とは、則《すなわ》ち是《こ》れ天地《ち》交《まじ》わらずして、万物通《ばんぶつつう》ぜざるなり。上下《じょうげ》交《まじ》わらずして、天下《てんか》邦《くに》无《な》きなり。
内《うち》は陰《いん》にして外《そと》は陽《よう》、内《うち》は柔《じゅう》にして外《そと》は剛《ごう》、内《うち》は小人《しょうじん》にして外《そと》は君子《くんし》なり。

小人《しょうじん》の道《みち》は長《ちょう》じ、君子《くんし》の道《みち》は消《しょう》するなり。

＊上下…君臣の上下をいう。
＊邦无き…国が滅亡してしまう。
＊小人の道…ここでは、陰の気の長ずることをいう。
＊君子の道…ここでは、陽の気の消することをいう。

卦の辞に、「之れを否ぐは人に匪ず、君子の貞に利しからず、大往き小来る」とあるのは、天道においては、天（☰乾）と地（☷坤）が交わらないために、万物が成育しないことである。また人道においては、上に居る者と下に居る者とが、心を交わらせることがないので、天下に邦が滅んでしまったような状態のことである。

卦体では、内卦は陰であり外卦は陽、内卦は柔であり外卦は剛、内に小人がいて外に君子がいる。

消長では、小人の道、つまり陰の気はますます盛んになり、君子の道である陽の気は、だんだんに衰える時である。

象曰、天地不交、否。君子以儉徳辟難。不可榮以祿。

象《しょう》に曰《いわ》く、天地《てんち》交《まじ》わらざるは、否《ひ》なり。君子《くんし》以《もっ》て徳《とく》を倹《おさ》め難《なん》を辟《さ》く。栄《えい》するに禄《ろく》を以《もっ》てす可《べ》からず。

＊徳を倹め…徳を外に表さず、内に包み隠していること。
＊難を辟く…小人の災いを避けること。
＊栄する…その身を栄華にする。
＊禄を以てす可からず…禄位を与えてその身を栄華にしようとしても、この君子を動かすことはできない。

天の気は上へ上り、地の気は下へ下って、互いに相い交わらないのが、否の卦である。君子はこの卦の象、すなわち道の閉塞して通じない時にあっては、自分の徳を外に表さず、内に包みかくして、小人の災いを避けるのである。そして、このような君子は、禄位を与えて栄誉ある地位につかせようとしても、それに心を動かすことはないのである。

初六、抜茅茹。以其彙。貞吉亨。

初六《しょりく》、茅《ちがや》を抜《ぬ》くに茹《じょ》たり。其《そ》の彙《たぐい》と以《とも》にす。貞《てい》なれば吉《きつ》にして亨《とお》る。

＊茹たり…根が互いに引っ張りあっている形容。
＊以…ともに。
＊彙…同類。内卦の三陰を指す。

初六は、否のはじめであるから、悪い影響はまだ微弱である。

この爻は、茅を抜こうとすると、根が互いに引っ張り会っていて、何本かが一緒に抜けてくるように、同類の六二・六三と一緒に進んで行こうとする小人である。

だが、初六の悪は、まだ外に表れるほどにはなっていない。したがって、心を入れ換えて正しい道を堅固に守ってゆけば、吉を得て通達することができる。

象曰、拔茅、貞吉、志在君也。

象《しょう》に曰《いわ》く、「茅《ちがや》を抜《ぬ》く、貞《てい》なれば吉《きつ》」とは、志《こころざし》、君《きみ》に在《あ》るなり。

＊君…九五を指す。

「茅を抜く、貞なれば吉」というのは、初六の志が、九五の君に忠誠であろうとするからである。

六二、包承。小人吉。大人否亨。

六二《りくじ》、包承《ほうしょう》す。小人《しょうじん》は吉《きつ》。大人《たいじん》は否《ひ》にして亨《とお》る。

＊包…陽が陰を包み容れること。ここでは、六二が九五に包容されることを指す。

＊承…命令を受けて、それに柔順に従うこと。ここでは、六二が九五に順うことを指す。

＊小人・大人…荀爽・『漢上易伝』などでは、「小人」は六二を指し、「大人」は九五を指すとする。今はこれに従う。『周易正義』・朱子・程子は、「小人」「大人」を、共に六二について説くものとする。

＊否にして亨る…閉塞の世にあっても、やがては通ずることができる。

六二は、陰の位に陰で居て位正しく、下の卦の中《ちゅう》を得ている。

この爻は、よく九五に包容され、その命令を受けて柔順に従うのである。

君子の道の閉塞している否の時において、六二が、その応爻の九五に包容され、その命に柔順に従うことは、自身のためであり吉である。

一方、有徳の大人である応爻の九五は、今は閉塞の時にあっても、六二を包容し、その六二が柔順に従うことを得るので、やがては通じることができるであろう。

象曰、大人否亨、不亂羣也。

象《しょう》に曰《いわ》く、「大人《たいじん》は否《ひ》にして亨《とお》る」とは、羣《ぐん》に乱《みだ》されざるなり。

＊羣…内卦の三陰を指す。

「大人は否にして亨る」というのは、九五の大人は、六二をよく包容し、六二もまた九五に柔順に従うので、内卦の小人の群れに乱されることがないのである。

六三、包羞。

六三《りくさん》、包羞《ほうしゅう》す。

＊包…陽が陰を包容すること。ここでは、六三が九四に包容されることをいう。

＊羞…恥じること。

六三は、陽の位に陰爻で居て位を得ていない。また下の卦の上位に在って、中《ちゅう》を過ぎている。そして九四の陽爻と比しており、それに包容されている。

この爻は、この九四の陽爻に取り入って、その位を保っているのである。まことに恥ずべき行為である。

象曰、包羞、位不當也。

象《しょう》に曰《いわ》く、「包羞《ほうしゅう》す」とは、位《くらい》当《あ》らざるなり。

「包羞す」とあるのは、六三は、陽の位に陰で居て、位が正しくないからである。

九四、有命无咎。疇離祉。

九四《きゅうし》、命《めい》有《あ》り咎《とが》无《な》し。疇《たぐい》、祉《さいわい》に離《つ》く。

＊命…朱子は、天命のこととする。これに従う。程子は、九五の君命としている。

＊疇…たぐい。なかま。ここでは、外卦の陽爻である九五・上九を指す。

＊祉…さいわい。幸福。

＊離…付く。

九四は、陽剛で陰位におり、九五の君の最も近くに居る者である。否の卦も半ばを過ぎ、泰平の兆しが見えはじめた時である。天命がすでにこのように変わったのであり、それに従って動くのであるから、咎は無いのである。
九五・上九の仲間の君子も、共に幸いを得ることができるであろう。

象曰、有命无咎、志行也。

象《しょう》に曰《いわ》く、「命有《めいあ》り咎无《とがな》し」とは、志《こころざし》行《おこな》わるるなり。

「命有り咎无し」とあるのは、閉塞の世を救済しようとする九四の志が行なわれるからである。

九五、休否。大人吉。其亡其亡、繫于苞桑。

九五《きゅうご》、否《ひ》を休《や》む。大人《たいじん》は吉《きつ》なり。其《そ》れ亡《ほろ》びなん、其《そ》れ亡《ほろ》びなんとて、苞桑《ほうそう》に繫《つな》がる。

＊否を休む…閉塞した状態を一時休止する。
＊大人…九五を指す。
＊苞桑…群がって生えていて一株になっている桑。
＊苞桑に繫がる…諸説がある。
（1）安全堅固な譬えとする…朱子・程子・王弼・鄭玄など。今はこれに従う。

（2）柔弱で危険な譬えとする…何階など。

九五は、剛健であり、中正の徳を持って尊位に居る。この爻は、塞がっている世の中の状態を、一時休止させることができるのである。大徳ある大人であれば、吉にして幸いを得られよう。

しかし、それは一時の休止であって、否の卦が終わったのではないのだから、「亡びるかもしれないぞ！ 亡びるかもしれないぞ！」と自らを戒めるのであり、そうすることによって、ちょうど桑の根にしっかりと繋がれるように、安全な状態を得ることができるのである。

象曰、大人之吉、位正當也。

象《しょう》に曰《いわ》く、「大人《たいじん》の吉《きつ》」とは、位《くらい》正しく当たればなり。

「大人の吉」とあるのは、九五は、陽剛であって中《ちゅう》・正の徳を得ており、その位が正しく道理にかなっているからである。

上九、傾否。先否後喜。

上九《じょうきゅう》、否《ひ》を傾《かたむ》く。先《さき》には否《ふさ》がり後《のち》には喜ぶ。

＊傾く…ひっくり返すこと。

上九は、否の時の終わりである。
九五の君を助けて、閉塞していた世を覆したので、泰平の世が訪れた。
はじめは塞がっていたのであるが、後には大いに喜ぶ時がきたのである。

象曰、否終則傾。何可長也。
象《しょう》に曰《いわ》く、否《ひ》終《お》われば則《すなわ》ち傾《かたむ》く。何《なん》ぞ長《なが》かる可《べ》けんや。

閉塞した世が極まれば、必ずひっくり返って泰平の世が訪れる。どうして、閉塞した世が、長く続くはずがあろうか！

13 同人《どうじん》 （天《てん》火《か》同人《どうじん》）

䷌ 離下乾上

「同人」とは、人と同じくすること。人と協同することである。

この卦は、人と協同して、力を合わせることについての道を説いている。

卦の象は、上の卦は☰乾の天であり、下の卦は☲離の火である。火の性質は「炎上」である。それは上の方向、つまり天（☰）に向かって燃え上がっており、天とその方向を同じくしている。このことから、この卦を「同人」と名付けた。

外卦の☰乾の卦と、内卦の☲離の卦とは、異なった卦であるけれど、その向かっている方向は同じである。お互いに違う者が、同じ方向に進もうとして力を合わせること、これが同人ということの意味である。

また、この卦は、陰爻が六二だけであり、他の五つの陽爻は、皆なこの陰爻を求めて集まってくる。これも、同人の意である。

序卦伝では、否の卦の次にこの卦が置かれていることを、次のように説明している。「物事は、いつまでも塞がったままで終わってしまうことはできない。だから、否の卦の次には、䷌同人の卦が置かれている」と。

物事は、いつまでも塞がったままでいることはできない。必ず、その状態を打開しようと、力を合わせて共同する者が出てくるものである。大勢の人が力を合わせて、同じ目的に向かって進むようになると、序卦伝では説いている。

同人于野。亨。利渉大川。利君子貞。

人《ひと》に同《おな》じうするに野《や》に于《おい》てす。亨《とお》る。大川《たいせん》を渉《わた》るに利《よろ》し。君子《くんし》の貞《てい》に利《よろ》し。

＊同人…卦名。志を同じくする者と共同一致すること。
＊野…郊外の広い所。公平であって私心のないことのたとえ。
＊君子の貞…程子は「天下の至公大同の道をいう」と言っている。

志を同じくする者が集まって、一致和合して事を行なうには、たとえば、郊外の広々とした野においてするように、公平で私心の無いことが必要である。

そのようであれば、行なうことは滞ることなく成就する。

このようにして、多くの人々の一致協力を得る時には、大きな川を渉るような困難な事を決行してもよろしく、また、それを乗り切ることができる。

志を同じくする者と和合することの道は、君子が、必ず正しい道を固く守ることを要するのである。

彖曰、同人、柔得位得中、而應乎乾、曰同人。
同人曰、同人于野亨、利渉大川、乾行也。
文明以健、中正而應、君子正也。唯君子爲能通天下之志。

彖《たん》に曰《いわ》く、同人《どうじん》は、柔《じゅう》、位《くらい》を得《え》、中《ちゅう》を得て、乾《けん》に応《おう》ずるを、同人《どうじん》と曰《い》う。同人《どうじん》に曰《いわ》く、「人《ひと》に同《おな》じうするに野《や》に于《お》いてす、亨《とお》る、大川《たいせん》を渉《わた》るに利《よろ》し」とは、乾《けん》の行《おこな》いなり。文明《ぶんめい》にして以《もっ》て健《けん》、中正《ちゅうせい》にして応《おう》ずるは、君子《くんし》の正《ただ》しきなり。唯《た》だ君子《くんし》のみ能《よ》く天下《てんか》の志《こころざし》を通《つう》ずと為《な》す。

＊柔…六二を指す。この卦の成卦の主爻である。
＊乾に応ず…乾は九五を指す。六二が九五に応じていることをいう。
＊同人曰…朱子はこの三字を衍文《えんぶん》（間違って混入した不要の文）であるとする。孔穎達《くようだつ》は、この三字を肯定する。この三字があっても読めないことはないので、今はこのままで読む。
＊乾の行い…乾は九五を指す。九五の剛健の行いによるものであることをいう。大川を渉るような大難は、柔弱であっては救うことのできるものではない。ここでは、九五が剛健であって上にあり、六二がこれに応じて、はじめて大難を乗り切ることができることをいう。

＊文明にして以て健…卦徳をもって「君子の貞に利し」を説く。
「文明」とは、☲離の卦の卦徳をいう。知が明らかなこと。

＊中正にして応ず…九五と六二が、中・正を得て互いに応ずることをもって、「君子の貞に利し」を説く。

＊天下の志…天下のもろもろの人々の志すところ。

＊通ず…疎通する。通達する。

同人の卦は、六二の陰爻が正位に居り、下の卦の真ん中にあって中《ちゅう》を得ている。そして、上の乾の卦の九五に応じているので、この卦を同人というのである。

同人の卦の辞に「人に同じうするに野に于てす、亨る、大川を渉るに利し」とあるのは、九五の剛健の行いによるものである。

下の卦は文明（☲離）の徳があり、上の卦は剛健（☰乾）の徳がある。そして六二と九五の爻は、各々その位が正しく、中庸の徳を持っており、互いに陰陽相い応じている。このように、二と五が中《ちゅう》・正の位を得て応じあうのが、君子の正しい道である。

ただこのような君子だけが、よく天下の万民の志望するところを通達して、多くの者を大同させることができるのである。

象曰、天與火、同人。君子以類族辨物。

象《しょう》に曰《いわ》く、天《てん》と火《ひ》とは、同人《どうじん》なり。君子《くんし》以《もっ》て族《ぞく》を類《るい》し物《もの》を弁《べん》ず。

＊族を類す…族は同じ種類。類は類集する。同類の者を一緒に集めること。

＊物を弁ず…事物の性質などの異同を弁別すること。

天と火とは、共に上に昇る性向を持っており、その志を同じくするものであるから、この卦を同人とする。

君子は、この卦の象を観てそれを手本とし、同類の者は同類として一緒に集め、異なっているものは異なっているものとしてそのようにし、いろいろな事物の性質の違いを弁別するのである。

初九、同人于門。无咎。

初九《しょきゅう》、人《ひと》に同《おな》じうするに門《もん》に于《おい》てす。咎《とが》无《な》し。

＊于門…門の外においてすること。

初九は、陽剛で陽位に居て位は正しい。しかし、応じている爻が無い。六二とは比しているが、六二の心は九二に向いており、初九を顧みない。

この爻には、私的な係累がなにも無い。そこで、人と和合し共同する時に当たって、門を出《い》でて広く人と公平無私な交際をすることができるのである。

そのために、咎められるような災いは無い。

象曰、出門同人、又誰咎也。

象《しょう》に曰《いわ》く、門《もん》を出《い》でて人《ひと》に同《おな》じくす、又誰《またたれ》か咎《とが》めんや。

初九の爻辞に「人に同じうするに門に于てす」とあるのは、門を出て公平無私な交際をするのである。このような我を、誰が咎めだてすることができようか。

六二、同人于宗。吝。

六二《りくじ》、人《ひと》に同《おな》じうするに宗《そう》に于《おい》てす。吝《りん》なり。

＊宗…同じ祖先から出た一族の宗家。
「宗」がどこを指すのかについては、異説が多い。九五を指すとするのが、『周易正義』・程子などの説である。今はこれに従う。正応の九五を指すのではなく、同体の☲離の他の爻を指すとするのが、何階・『周易述義』などの説である。

六二は、この卦のただ一つの陰爻であり、この卦の成卦の主爻である。陰で陰位に居り、中《ちゅう》を得て上の九五に応じている。

この爻が、広く天下の人々と和合し共同すべき時において、その正応である宗家の九五にだけ心を寄せて他をかえりみないのは、公明無私な交際というわけにはいかない。
六二は中《ちゅう》を得ており、位も正しくよい爻ではあるが、こういう狭い心では、凶にまでは至らなくても、羞じることになるであろう。

象曰、同人于宗、吝道也。

象《しょう》に曰《いわ》く、「人《ひと》に同《おな》じうするに宗《そう》に于《お》いてす」とは、吝《りん》の道《みち》なり。

「人に同じうするに宗に于てす」というのは、同人の道は、広く公明正大であるべきなのに、自分の仲間としか交際しないというのは、あまりにも偏狭であり、羞じるべきことである。

九三、伏戎于莽、升其高陵。三歳不興。

九三《きゅうさん》、戎《つわもの》を莽《くさむら》に伏《ふ》せ、其《そ》の高陵《こうりょう》に升《のぼ》る。三歳《さんさい》まで興《おこ》さず。

*戎…兵士。兵器。☲離の象。
*莽…くさむら。☴巽の象、二三四爻で☴巽ができる。
*伏す…かくす。隠。
*高陵…高いおか。☶艮の象、九三変ずれば、二三四爻で☶艮ができる。
*興さず…兵を挙げない。

九三は、陽剛で陽位におり、下の卦の最上にあって中《ちゅう》を過ぎているので剛暴の人に象《かたど》る。

この爻は、上に応じている爻が無いので、比している六二と無理にでも和合共同して、自分の仲間にしようとするのである。しかし、六二は正応の九五に心を寄せているので、九三の意には従わない。その上、六二の正応である九五は剛健であって中正の徳を持っており、勢力が盛んであるから、にわかに六二を攻めることもできないのである。

そこで九三は、六二の正応である九五に攻められることを恐れて、兵士を草むらに隠し、高い岡に登って隙をうかがう。

しかしながら、九五の勢いが強くて、三年たっても兵を挙げることができず、結局、思うようにはならないのである。

象曰、伏戎于莽、敵剛也。三歳不興。安行也。

象《しょう》に曰《いわ》く、「戎《つわもの》を莽《くさむら》に伏《ふ》す」とは、敵剛《てきごう》なればなり。「三歳《さんさい》まで興《おこ》らず」とは、安《いず》くんぞ行《おこな》われんや。

＊敵…九五を指す。

「戎を莽に伏す」とあるのは、敵である九五が、剛強であるからである。

「三歳まで興らず」とは、六二を得ようというような、義理においても勢いにおいても不充分なことが、どうして実行できるであろうか。それは決して実現されることはない、ということである。

九四、乗其墉、弗克攻。吉。

九四《きゅうし》、其《そ》の墉《かき》に乗《の》るも、攻《せ》むる克《あた》わず。吉《きつ》なり。

＊墉…城の周囲の垣。九三に当たる。☲離は城の象。
＊克わず…できない。

九四は、陽剛で陰位に居て位が正しくなく、また中《ちゅう》も得ていない。そして、自分に応ずる爻が無いので、ただ一つの陰爻である六二を得ようとする者である。

この爻は、六二を得ようとして、一時は城の垣である九三の上に登り、攻め入ろうとする。しかし、六二は自分の正応でもなく、また比している者でもないので、この行動は道に背いているということを悟り、攻めることを止めるのである。

このようであるから、吉を得ることができる。

象曰、乗其墉、義弗克也。其吉、則困而反則也。

象《しょう》に曰《いわ》く、「其《そ》の墉《かき》に乗《の》る」とは、義《ぎ》として克《あた》わざるなり。其《そ》の吉《きつ》なるは、則《すなわ》ち困《くる》しみて則《のり》に反《かえ》ればなり。

＊困しむ…良心にとがめられて苦しむ。
＊則…正しい道。

「其の墉に乗る」とあるのは、道理として攻めることはできないことをいう。「吉」というのは、良心に苦しんで、正しい道に立ち返ったからである。

九五、同人先號咷而後笑。大師克相遇。

九五《きゅうご》、人《ひと》に同《おな》じうするに、先《さき》には号《な》き咷《さけ》び後《のち》には笑《わら》う。大師《たいし》克《か》ちて相《あ》い遇《あ》う。

＊人に…六二を指す。
＊大師…大軍。
＊克…勝つ。

九五は、剛であって中《ちゅう》を得、位が正しい。

この爻は、その正応の六二と和合しよう思うけれども、九三・九四に妨げられてうまくゆかず、泣き叫ぶのである。しかし後には六二と一緒になることができたので、喜んで笑うようになる。

これは、九五が大軍を動かして、九三・九四の妨害する者を撃ち破ることによって、正応である六二と相い遇うことができたのである。

象曰、同人之先、以中直也。大師相遇、言相克也。

象《しょう》に曰《いわ》く、「人《ひと》に同《おな》じうするの先《さき》」とは、中直《ちゅうちょく》なるを以《もっ》てなり。「大師相《たいしあ》い遇《あ》う」とは、相《あ》い克《か》つを言《い》うなり。

＊同人之先…同人先號咷の略。

＊中直…中正と同じ意。

＊相い克つ…九五が、九四・九三の二陽に打ち勝つことをいう。

爻の辞に「人に同じうするに、先には号き咷ぶ」とあるのは、六二と九五は、共に中《ちゅう》・正の徳を具えていることをいう。

「大師相遇う」とあるのは、九五が大軍を用いて妨げる者に撃ち勝って、六二と相い遇うことができたことをいうのである。

上九、同人于郊。无悔。

上九《じょうきゅう》、人《ひと》に同《おな》じうするに郊《こう》に于《おい》てす。悔无《くいな》し。

＊郊…城の外を郭、郭の外を郊、郊の外を野という。

上九は、人と和合するのに、人の少ない郊外にいるようなものである。

この爻は、人と一致和合しようと思っても、遠く離れた人のいない郊外にいるようなもので、その相手がいないのである。

だから、志を同じくする者と広く交わって、世の中を救うというようなことはできないが、しかし、私心がないので、後で悔いるようなこともないのである。

象曰、同人于郊、志未得也。

象《しょう》に曰《いわ》く、「人《ひと》に同《おな》じうするに郊《こう》に于《おい》てす」とは、志《こころざし》未《いま》だ得《え》ざるなり。

「人に同じうするに郊に于てす」とあるのは、悔いて後悔するようなことはないけれど、しかし多くの同志と和合して天下を救うという志は、遂げることができないのである。

14　大有《たいゆう》　（火天大有《かてんたいゆう》）

䷍　乾下 離上

「大有」とは、大なる者（陽）を保有すること。ここから、大いに保有する、という意にも用いられる。

卦の象は、上の卦は☲離であり、火・太陽であり、下の卦は☰乾の天である。この卦は、太陽が天の上に高く輝いている、という形である。地の上にある全ての物は、皆なことごとくこの日に照らされる。これが、大有の卦の象である。

この卦は、陰爻が六五ただ一つだけである。他の五つの陽爻は、この六五の陰爻に統括されている。六五は、五つの陽爻を自分のものとして保有しているのである。ここから、大いに保有する、という意味が出る。そこでこの卦を「大有」と名付けた。

序卦伝では、「人と心を同じくして協同する時には、人や物は必ず帰服し、付き従ってくる。だから、同人の卦の次には、䷍大有の卦が置かれている」と説いている。

そもそも陰爻は、自分自身には大きな才能を持っていない。陽爻に、ひたすら従順に従うことが、その性質である。この五爻の陰爻の天子は、順であり、中庸の性質を持っている。だから、自分を虚しくして、五つの陽爻の賢人の言葉に従うことができるのである。その結果、人々は皆なこの天子に心服して、忠誠を尽くすようになる。これは、五爻の天子自身に才能があることよりも、ずっと大きな効果が得られるのである。

大有、元亨。

大有《たいゆう》は、元《おお》いに亨《とお》る。

＊大有…卦名。陽が盛んであり、多くあること。大は陽をいう。

大有の卦は、一陰が尊位にあり、五陽がそれに服している象である。大なるもの、つまり多くの陽爻を保有しているので、その為す事はすらすらと滞りなく成就するのである。

彖曰、大有、柔得尊位、大中而上下應之、曰大有。其徳剛健而文明、應乎天而時行。是以元亨。

彖《たん》に曰《いわ》く、大有《たいゆう》は、柔《じゅう》、尊位《そんい》を得《え》、大中《たいちゅう》にして上下之《じょうげこれ》に応《おう》ずるを、大有《たいゆう》と曰《い》う。其《そ》の徳《とく》は剛健《ごうけん》にして文明《ぶんめい》、天《てん》に応《おう》じて時《とき》に行《おこな》う。是《ここ》を以《もっ》て元《おお》いに亨《とお》る。

＊柔…六五をいう。

＊尊位…君位のこと。五爻の位を指す。
＊大中…偉大なる中《ちゅう》。
＊上下…五陽爻を指す。
＊天に応ず…六五が、下の☰乾の卦の主爻九二に応じていること。すなわち、☰乾の象である天命・天理に順応すること。
＊時に行う…時の宜しきにあった行いをする。

大有は、六五の陰爻が天子の位にあり、上の卦の中《ちゅう》を得、上下の五陽爻がこれに応じているので、これを大有と名付けたのである。

下の卦は☰乾であるから剛健の徳があり、上の卦は☲離の文明の徳を具えている。そして六五は、下の☰乾の中爻である九二と陰陽相い応じているので、天理に順応して時の宜しきにかなった行いをする。このようであるから、物事は大いに通達するのである。

象曰、火在天上、大有。君子以遏悪揚善、順天休命。

象《しょう》に曰《いわ》く、火《ひ》、天《てん》の上《うえ》に在《あ》るは、大有《たいゆう》なり。君子《くんし》以《もっ》て悪《あく》を遏《とど》め善《ぜん》を揚《あ》げ、天《てん》の休命《きゅうめい》に順《したが》う。

＊悪を遏め…刑罰を加えて悪い行いを絶つこと。「遏」は止める。絶つ。
＊善を揚げ…善い行いをした者を挙げ用いること。「揚」はあげる。挙。
＊天の休命…天のすばらしい命令。天命。「休」は美しいこと。立派なこと。

「順天休命」とは、朱子の『周易本義』に「天命は善ありて悪なし、故に悪を遏め善を揚ぐるは、天に順う所以なり」と言っている。

火が天の上にあり、太陽が天上に輝いていて、全ての物を明らかに照らし出しているのが、大有の卦の象である。

君子は、この卦の象を手本として、善悪をはっきりとさせ、悪い行いには刑罰を加えてそれを絶ち、善い行いには賞与を与えて上げ用いて、天の与えたすばらしい命令に順応するのである。

初九、无交害。匪咎。艱則无咎。

初九《しょきゅう》、害《がい》に交《まじ》わること无《な》し。咎《とが》に匪《あら》ず。艱《なや》めば則《すなわ》ち咎《とが》无《な》し。

＊无交害…まだ大有の卦のはじめであり、陽剛で最下位におり、上に応爻が無いので、害に交わることがないことをいう。

＊艱…苦悩すること。驕慢奢侈に陥ることなく、恐れ戒めていること。

初九は、大有の時に当たるといっても、まだそのはじめであり、その位置は最も下にあって、上に応じている爻も無く孤立している。

この爻は、このようであるから、富裕の時にありがちな驕り高ぶることがないのである。したがって、何の咎にもあたらない。

大有のはじめにあたって、驕慢奢侈《きょうまんしゃし》に陥ることなく恐れ戒めて、よく苦悩すれば、禍いに遭うことはないであろう。

象曰、大有初九、无交害也。

象《しょう》に曰《いわ》く、大有《たいゆう》の初九《しょきゅう》は、害《がい》に交《まじ》わること无《な》きなり。

大有の卦の初九は、孤立しているので、驕り高ぶったり贅沢をしたりすること等の害に交わることがないのである。

九二、大車以載。有攸往。无咎。

九二《きゅうじ》、大車以《たいしゃもっ》て載《の》す。往《ゆ》く攸有《ところあ》り。咎无《とがな》し。

＊大車…九二を指す。大《だい》なる徳と大なる才能を持っていることにたとえた。
＊往く攸有り…進んで行って事を行なうこと。

九二は、剛健で中の徳を具えており、上の六五と正しく応じている。この爻の才は、あたかも大きい車に荷物を満載したかのようである。進んで行って事を行なうことができる。禍いに遭うことはない。

象曰、大車以載、積中不敗也。

象《しょう》に曰《いわ》く、「大車以《たいしゃもっ》て載《の》す」とは、中《なか》に積《つ》みて敗《やぶ》れざるなり。

*中…大車の「なか」をいう。中庸の「中《ちゅう》」の意ではない。


「大車以て載す」とあるのは、車の中にたくさんの荷物を積んでも、堅固な車であるので、途中で壊れることがないことを言ったのである。

九三、公用亨于天子。小人弗克。
九三《きゅうさん》、公用《こうもっ》て天子《てんし》に亨《きょう》せらる。小人《しょうじん》は克《あた》わず。

*公…九三を指す。

*天子…六五を指す。柔にして中《ちゅう》の徳を具え、よく下の賢人に下ることをいう。

*亨…亨に通ず。饗宴のこと。

*弗克…あたわず。できない意。


九三は、陽の位に剛陽で居るので位が正しい。公侯の位にある有徳の君子である。

この爻は、六五の天子より饗宴を賜って、おもてなしされる。

もし、公侯の位にある者が小人であれば、そもそも小人には剛・正の徳が無いのであるから、天子から饗宴を賜ることはできないであろう。

象曰、公用亨于天子、小人害也。
象《しょう》に曰《いわ》く、「公用《こうもっ》て天子《てんし》に亨《きょう》せらる」とは、小人《しょうじん》は害《がい》あるなり。

「公用て天子に亨せらる」とあるのは、小人であれば、かえって害があるということである。

九四、匪其彭。无咎。
九四《きゅうし》、其《そ》の彭《さかん》なるに匪《あら》ず。咎《とが》无《な》し。

＊其の…九四を指す。
＊彭なる…盛んであること。

九四は、剛陽で陰位におり、その勢いは盛んである。

この爻は、六五の天子のすぐ近くに居て、その権勢は盛んであり、ともすれば六五を凌ぐようなことにもなりがちである。しかし、九四は陰位に居て柔順な性質を具《そな》え持っているので、自分の権力を用いないようにして、控えめにするのである。

このようであれば、禍いは免れることができる。

象曰、匪其彭无咎、明辨晳也。

象《しょう》に曰《いわ》く、「其《そ》の彭《さかん》なるに匪《あら》ず、咎无《とがな》し」とは、明弁晳《めいべんあき》らかなるなり。

＊明弁…明らかであり道理を弁えること。

＊晳…明らかなこと。

「其の彭なるに匪ず、咎无し」というのは、物事の道理を弁別することが極めて明瞭であるからである。

六五、厥孚交如。威如、吉。

六五《りくご》、厥《そ》の孚《まこと》ありて交如《こうじょ》たり。威如《いじょ》たれば、吉《きつ》なり。

＊厥…其の。

＊孚…まこと。信。☲離の象。

＊交如…六五と上下の陽爻のまごころが、相い交わること。

＊威如…威厳のある形容。

六五は、この卦の成卦の主爻である。柔であって中《ちゅう》を得、尊位に在り、下の九二と陰陽相い応じている。

この爻は、正応である九二のみならず、その他の陽爻の心服を得て、互いの真心が相い交わっている。
しかしながら、君道というものは剛を貴ぶものであり、はなはだ柔であるのはよろしくない。故に、柔に過ぎないよう威厳を保つようであれば、吉である。

象曰、厥孚交如、信以發志也。威如之吉、易而无備也。

象《しょう》に曰《いわ》く、「厥《そ》の孚《まこと》ありて交如《こうじょ》たり」とは、信以《しんもっ》て志《こころざし》を発《はっ》するなり。「威如《いじょ》の吉《きつ》」なるは、易《あなど》りて備《そな》うる无《な》ければなり。

＊信…六五の信実なるまごころ。
＊志を発する…六五と上下の五陽が、互いに相い信ずる志を起こす。
＊易…あなどる意。
＊備うる…責任を果たそうとすることをいう。程子は「上の求責に備うるを謂うなり」と説く。

「厥の孚ありて交如たり」とあるのは、六五の真心が、上下五陽の相い信ずる志を啓発させるのである。
「威如の吉」とあるのは、もし威厳がなければ、臣下たちは君を侮って、責任を果たそうとする気持をなくすからである。

上九、自天祐之。吉无不利。

上九《じょうきゅう》、天《てん》より之《これ》を祐《たす》く。吉《きつ》にして利《よろ》しからざるは无《な》し。

＊祐…助ける。助。

上九は、天子の師傅《しふ》であり、天子を指導し補佐するのである。

この上九の行為は、天の思し召しにかなうので、天の祐けを得て、吉であって幸福を得るのである。

象曰、大有上吉、自天祐也。

象《しょう》に曰《いわ》く、大有《たいゆう》の上《じょう》の吉《きつ》なるは、天《てん》より祐《たす》くればなり。

＊上の吉…上は、上九のこと。上九が吉である意。

大有の上九が大吉であるのは、天の祐けがあるからである。

15 謙《けん》（地山謙《ちざんけん》）

䷎ 艮下 坤上

「謙」とは、謙遜すること。へりくだることである。

この卦は、上の卦は☷坤の地であり、下の卦は☶艮の山である。高いはずの山が、低い地の下にある。本来であれば高いはずの者が、その高きを抑えて、低い者の下に居るのである。ここから、この卦を「謙」と名付けた。

卦の性質・能力からみれば、上の卦の☷坤の性質は「順」である。柔順であって人に従い、争うことがない。下の卦の☶艮の性質は「止」である。止《とど》まるべきところに止《と》まって動かない。この卦は、止まるべきところに止まって動かず、他と争うことがないのである。朱子は、「内に止まりて外に順なるは、謙の意なり」と言っている。

序卦伝では、「大有」の次に「謙」の卦があることを説明して、「その保有することが既に大きい者は、その権勢を充満させてはならない。満れば必ず欠けることになるからである。富めば富むほど、わが身を低くし、謙遜してへりくだるようにすべきである。だから、大有の次には、䷎謙の卦が置かれている」と説いている。

ところで、外面だけ自分を卑下して、その実、内面では慢心しているのでは、謙とは言えない。

自分自身をよく知っている者は、自分の足りないところ、能力の限界をよく弁《わきま》えている。だから自然に謙遜にならざるをえないのだ。謙遜することはよいことだからとして、強いて謙遜するのではない。

自ずから我が身を卑《ひく》くする謙の徳は、尊いものである。だからこの卦には、凶・咎・悔・吝の語が一つもついていない。悪い爻は一つも無いのである。

謙、亨。君子有終。

謙《けん》は、亨《とお》る。君子《くんし》終《おわ》り有《あ》り。

　＊謙…卦の名。へりくだる意。謙遜の意。
　＊亨る…滞ることなくすらすらとはこぶこと。
　＊君子…道徳才能の優れている人の意。
　＊終り有り…終わりを全うすることができる。

謙遜の徳があれば、物事はすらすらと滞ることなく行なわれる。道徳才能の優れている君子は、最後まで謙遜の美徳を失わず、その地位名誉を全うできるのである。

彖曰、謙、亨。

天道下濟而光明。地道卑而上行。

天道虧盈而益謙、地道變盈而流謙、鬼神害盈而福謙、人道惡盈而好謙。

謙尊而光、卑而不可踰。君子之終也。


彖《たん》に曰《いわ》く、謙《けん》は亨《とお》る。

天道《てんどう》は下《くだ》り済《な》して光明《こうみょう》なり。地道《ちどう》は卑《ひく》くして上《のぼ》り行《ゆ》く。

天道《てんどう》は盈《えい》を虧《か》きて謙《けん》に益《ま》し、地道《ちどう》は盈《えい》を変《へん》じて謙《けん》に流《し》き、鬼神《きしん》は盈《えい》を害《がい》して謙《けん》に福《さいわ》いし、人道《じんどう》は盈《えい》を悪《にく》みて謙《けん》を好《この》む。

謙《けん》は尊《とうと》くして光《ひか》り、卑《ひく》くして踰《こ》ゆ可《べ》からず。君子《くんし》の終《おわ》りなり。


*天道…九三の陽爻によっていう。

*下済…下って成ること。謙の意味。

*光明…光りかがやくこと。亨るの意味。

*地道…☷坤の卦によっていう。

*卑　…ひくい。謙の意味。

*上行…亨るをいう。

*流く…うつり及ぶ。

*踰ゆ可からず…及ぶことができない。

謙遜の徳があれば、物事はすらすらと運んでいくのである。

そもそも、天道は、陽気を下して地に施し、万物を成育して光り輝く。地道は、卑いところのものであるが、今その気は上昇して上にある。天の道は、日月の盈虚するように、満ちている物を欠き、足りないものを益す。地の道は、山河の地勢のように、高い所を変じて低い所へうつり及ぶ。鬼神は、満ちている者には禍いを降《くだ》し、謙する者には福を与える。人の道は、満ちることを憎んで、謙することを好む。

このように、謙の徳は尊くして光り輝き、卑い位の者でもこれを行なう時は、誰もこの人に及ぶことができない。君子が、終わりを全うして幸いを得ることができるのは、こういうわけである。


象曰、地中有山、謙。君子以裒多益寡、稱物平施。

象《しょう》に曰《いわ》く、地中《ちちゅう》に山《やま》有《あ》るは、謙《けん》なり。君子《くんし》以《もっ》て多《おお》きを裒《へ》らし寡《すく》なきを益《ま》し、物《もの》を称《はか》り施《ほどこ》しを平《たい》らかにす。

＊裒らす…多いものをへらすこと。

地の中に山があるのが、謙の卦である。

君子は、この卦象を観てこれを手本とし、多い者はこれを減らし、寡い者には増し与え、物の多寡を計って施しを平均にするのである。

初六、謙謙君子。用渉大川。吉。

初六《しょりく》、謙謙《けんけん》す、君子《くんし》なり。用《もっ》て大川《たいせん》を渉《わた》る。吉《きつ》なり。

＊謙謙…へりくだり、更にへりくだること。

初六は、陰柔であり、その性質は従順である。この爻は、卦の一番下にあり、へりくだる上にもへりくだっている。このような者は、まさに君子というべきである。

こうした態度で行動すれば、大きな川を渉るような険難なことも無事に行なうことができる。吉である。

象曰、謙謙君子、卑以自牧也。

象《しょう》に曰《いわ》く、「謙謙《けんけん》す、君子《くんし》なり」とは、卑《ひ》くして以《もっ》て自《みずか》ら牧《やしな》うなり。

＊卑…ひくくすること。最も下の位にいること。

＊牧…養うこと。

「謙謙す、君子なり」とあるのは、謙遜の上にも謙遜している君子は、自分を卑くして、もって自ら自分の徳を養うのである。

六二、鳴謙。貞吉。

六二《りくじ》、鳴謙《めいけん》す。貞《てい》にして吉《きつ》なり。

＊鳴謙…謙遜であるという評判が、世間に聞こえること。
＊貞…正しいことを固く守っていること。

六二は、柔順にして位が正しく、下の卦の中《ちゅう》を得ている。

この爻は、謙の徳が内に充満して外に現れ、謙遜であるという評判が、世間に鳴り渡っているのである。

このような人は、自ずから正しいことを固く守っており、吉である。

象曰、鳴謙貞吉、中心得也。

象《しょう》に曰《いわ》く、「鳴謙《めいけん》す、貞《てい》にして吉《きつ》」とは、中心《ちゅうしん》より得《う》ればなり。

＊中心…心の中から。心底。

「鳴謙す、貞にして吉」とあるのは、心の底から謙の徳を得ているからである。

九三、勞謙君子。有終吉。

九三《きゅうさん》、労謙《ろうけん》す、君子《くんし》なり。終《おわ》り有《あ》りて吉《きつ》なり。

＊労謙…苦労をし、大きな功績がありながらも、謙遜をしていること。

＊終り有り…終わりを全うすること。

九三は、この卦の成卦の主爻である。剛陽にして陽位に居り、位が正しい。この爻は、苦労をして大きな功績を得ながらも、それを誇らずに謙遜している君子である。このような君子であれば、よく終わりを全うして吉である。

象曰、勞謙君子、萬民服也。

象《しょう》に曰《いわ》く、「労謙《ろうけん》す、君子《くんし》なり」とは、万民服《ばんみんふく》するなり。

「労謙す、君子なり」とは、このような君子は、万民の敬服するところである。

六四、无不利撝謙。

六四《りくし》、謙《けん》を撝《ふる》うに利《よろ》しからざる无《な》し。

＊この爻辞の読み方には、二説ある。

程子は一句として「謙を撝うに利しからざる无し」と読む。

朱子は二句として「利しからざる无し、謙を撝う」と読む。

今は程子の説に従い、一句として読む。

＊撝…ふるう。発揮する意。
＊利しからざる无し…よろしくないことはない、つまり、よろしい、との意。

六四は、陰柔で陰位に居て、位が正しい。

この爻は、六五の謙徳ある君に近く、また、大きな功績がありながら謙遜している九三の上に居る。柔順であり位が正しいから、謙の道に背いてはいないが、しかし労謙する九三には及ばないのである。

故に、一層の謙徳を発揮して、事を行なうようにすべきであり、そのようであれば、万事によろしからぬことはない。


象曰、无不利撝謙、不違則也。

象《しょう》に曰《いわ》く、「謙《けん》を撝《ふる》うに利《よろ》しからざる无《な》し」とは、則《のり》に違《たが》わざればなり。
＊則…法則。
「謙を撝うに利しからざる无し」とは、六四の行いが、正しい道にかなっているからである。

六五、不富以其鄰。利用侵伐。无不利。

六五《りくご》、富《と》めりとせずして其《そ》の鄰《となり》と以《とも》にす。用《もっ》て侵伐《しんばつ》するに利《よろ》し。利《よろ》しからざる无《な》し。

*富めりとせず…富貴を意識しない。謙遜であること。陰爻の象。
*鄰…六四と上六を指す。
*以…ともにす、と読む。与の意。一緒に行なう意。
*侵伐…征伐すること。

六五は、柔順にして尊位に居り、中庸の徳を具《そな》えている。この爻は、天子の位に居て富貴の極みに在りながら、その富貴を意識せず、自分を偉いとも思わず、謙遜して、隣の六四と上六を引き連れて、九三を尊敬するのである。

このように謙遜していても、それでもなお服従しない者があるならば、こうした頑な者は、征伐するのがよろしい。

他のことにおいても、皆な利しくないことはない。

象曰、利用侵伐、征不服也。

象《しょう》に曰《いわ》く、「用《もっ》て侵伐《しんばつ》するに利《よろ》し」とは、服《ふく》せざるを征《せい》するなり。

「用て侵伐するに利し」とは、服従しない者を征伐することである。

上六、鳴謙。利用行師征邑國。

上六《じょうりく》、鳴謙《めいけん》す。用《もっ》て師《し》を行《や》り邑国《ゆうこく》を征《せい》するに利《よろ》し。

＊師を行る…軍隊を出動させる。

＊邑国…自分の領地。

上六は、陰柔をもって卦の終わりにおり、謙に極まった者である。

この爻は、謙遜であるという評判が、世間に聞こえている者である。しかし陰爻であるから柔弱であり、そして上爻に居て位無く、実権が無い。謙遜の徳においては充分であるが、才能や権力が足らないので、いまだその志を遂げることができないのである。

そこで、軍隊を出動させるにも、自分の領地の内を征伐する程度に止めるのがよろしい。

象曰、鳴謙、志未得也。可用行師、征邑國也。

象《しょう》に曰《いわ》く、「鳴謙《めいけん》す」とは、志《こころざし》未《いま》だ得《え》ざるなり。用《もっ》て師《いくさ》を行《や》り邑国《ゆうこく》を征《せい》す可《べ》きなり。

「鳴謙す」とあるのは、志が、充分に遂げられないということである。したがって軍隊を出動させるのも、自分の領地内を征伐する程度に、とどめるべきである。

16　豫《よ》（雷《らい》地《ち》豫《よ》）

䷏　坤下震上

「豫」とは、楽しむことである。この卦は、悦び楽しむことについての道を説いている。

この卦は、上の卦は☳震の雷であり、下の卦は☷坤の地である。地の下にあった雷が、地の上に現れ出た形象である。ちょうど春雷が奮い動いて寒気が去り、それによって草木も芽を出して、万物皆な喜び楽しむのである。このことから、この卦を「豫」と名付けた。一年の気の象においては、旧暦三月の「清明」（今の四月上旬）に配当する。

卦の性質・能力では、上の卦は☳震で動くという性質があり、下の卦は☷坤で順という性質がある。この卦は、「順にして動く」という能力がある。天の道や人の道、あるいは時勢に、順応して動く。だから行なうことがうまく運び、人々は皆な悦ぶのである。この「順にして動く」ということが、この卦の重要な点である。

序卦伝では、「謙」の次に「豫」の卦が置かれていることを、「その有することが大きく、そしてわが身を低くしてよく謙遜していれば、保有するものを失うことがなく安泰であって、必ず楽しむことができる。だから、謙の卦の次には、䷏豫の卦が置かれている」と説いている。

ところで、『易経』の中にある「豫」という字には、次の三種の用法がある。

（1）繋辞伝では「重門撃柝以て暴客を待つ、蓋し諸を豫に取る」とあり、あらかじめ具えること、とする。
（2）序卦伝では「喜びを以て人に随う者は、必ず事有り」とあり、悦び楽しむ、とする。
（3）雑卦伝では「豫は怠るなり」とあり、楽しみ怠る、とする。
この卦は、この三つの意味を合わせて読む必要がある。

豫、利建侯行師。

豫《よ》は、侯《きみ》を建《た》て師《いくさ》を行《や》るに利《よろ》し。

＊豫…卦名。和らぎ楽しむ意。
＊侯…領主。☳震の象。「侯を建てる」とは、領地を与えて諸侯に封ずること。
＊師…いくさの意。

豫は、喜び楽しむ意である。

この卦は、九四の一陽に上下の陰爻が和順し、悦び楽しんでいる。このようであるから、天子が領地を与えて諸侯に封じたり、あるいは暴虐な者を、軍隊を出動させて征伐するに、よろしいのである。

彖曰、豫、剛應而志行。順以動、豫。
豫順以動、故天地如之、而況建侯行師乎。
天地以順動、故日月不過、而四時不忒。
聖人以順動、則刑罰清而民服。
豫之時義、大矣哉。

彖《たん》に曰《いわ》く、豫《よ》は、剛応《ごうおう》ぜられて志《こころざし》行《おこな》わる。順《じゅん》にして以《もっ》て動《うご》くは、豫《よ》なり。
豫《よ》は順《じゅん》にして以《もっ》て動《うご》く、故《ゆえ》に天地《てんち》も之《かく》の如《ごと》し、而《しか》るを況《いわ》んや侯《きみ》を建《た》て師《いくさ》を行《や》るをや。
天地《てんち》は順《じゅん》を以《もっ》て動《うご》く、故《ゆえ》に日月《じつげつ》過《あやま》たずして、四時《しいじ》忒《たが》わず。
聖人《せいじん》は順《じゅん》を以《もっ》て動《うご》く、則《すなわ》ち刑罰《けいばつ》清《きよ》くして民《たみ》服《ふく》す。
豫《よ》の時義《じぎ》、大《おお》いなるかな。

＊剛…九四を指す。この卦の成卦の主爻である。
＊応ぜられ…九四の剛爻が、上下の五つの陰爻と相い和していることをいう。
＊志…九四の志。
＊順にして以て動く…正しい道理に順って動くこと。この辞はこの卦の要点。
＊四時…春夏秋冬の四つの時をいう。
＊忒…たがう。差。
＊豫の時義…豫の卦の時の指し示す意義。

豫の卦は、九四の剛が上下の陰爻と相い和しているので、九四の志が行なわれるのである。正しい道理に順って（☷）動く（☳）のが、豫である。

豫の卦は、正しい道理に順って動く、という意味であるが、天地もまたこのようである。ましてや、天子が諸侯を建て、あるいは軍隊を出動させるにおいては、なおさらのこと、正しい道理に順って行なわなければならないのである。

天地は、正しい道理に順って動く。そうであるから日月はその運行を誤ることなく、春夏秋冬はその推移を間違えることがない。

聖人は、正しい道理に順って物事を行なう。すなわち刑罰は公正に行なわれ、民もそれに喜んで服するのである。

豫の卦の時の意義は、なんと偉大なことであろうか！

象曰、雷出地奮、豫。先王以作樂崇德、殷薦之上帝以配祖考。

象《しょう》に曰《いわ》く、雷《らい》、地《ち》を出《い》でて奮《ふる》うは、豫《よ》なり。先王《せんのう》以《もっ》て楽《がく》を作《つく》り徳《とく》を崇《たっと》び、殷《さかん》に之《これ》を上帝《じょうてい》に薦《すす》め、以《もっ》て祖考《そこう》を配《はい》す。

＊先王…古代の聖天子をいう。
＊楽…音楽。☳震の象。
＊殷…盛んなること。

＊薦之…薦は献上すること。之は音楽を指す。
＊上帝…天帝。
＊祖考を配す…祖は祖先。考は亡くなった父。配は併せて祭ること。
祖先の霊を天帝と一緒に祀《まつ》ること。


雷が地上に出て奮い鳴っているのが、豫の卦の象である。

古の聖天子は、その象、すなわち春になって雷が地上に出て鳴り渡り、万物が悦び楽しむ形象を手本として、音楽を作って祖先の功徳を尊び賛嘆し、盛んにそれを演奏して天帝をお祭りしたのである。そして、あわせて祖先や亡父の神霊をも祀《まつ》られ、天下の万民と共に、それを楽しまれたのである。

初六、鳴豫。凶。

初六《しょりく》、鳴豫《めいよ》す。凶《きょう》なり。

＊鳴豫…「鳴」は声に発すること。悦び楽しんで声に発すること。

初六は、豫の卦の最も下に居り、陰柔であって、中《ちゅう》を得ておらず、位の正しくない小人である。

この爻は、九四の大臣と応じていて、その権勢を頼みにして悦び楽しんでいる。心が驕り高ぶっており、このようなことでは、凶であって災いを受ける。

象曰、初六鳴豫、志窮凶也。

象《しょう》に曰《いわ》く、初六《しょりく》の「鳴豫《めいよ》」は、志《こころざし》窮《きわ》まりて凶《きょう》なるなり。

＊窮…満ち極まること。むやみに進んで行って行き詰まること。

初六に「鳴豫す」とあるのは、その志が驕慢になり得意になっていて、むやみに進んで行って行き詰まってしまうので、凶となって災いを招くのである。

六二、介于石。不終日。貞吉。

六二《りくじ》、介《かた》きこと石《いし》の于《ごと》し。日《ひ》を終《お》えず。貞《てい》にして吉《きつ》なり。

＊介…守ることの固いこと。

＊石…動かすことのできないたとえ。

＊日を終えず…一日が終わらないうちに。機を見ることが速やかであること。

六二は、中《ちゅう》を得ており位も正しいが、しかし、応爻も無くまた比爻も無い。豫の悦び楽しむという時に当たって、この爻はただ独り、守るべき道を石のごとく固く守っている。

そして、ひとたび決断して行動する時は、その日のうちに実行するのである。正しい道を固く守っているので、吉を得られる。

象曰、不終日貞吉。以中正也。

象《しょう》に曰《いわ》く、「日《ひ》を終《お》えず、貞《てい》にして吉《きつ》」とは、中正《ちゅうせい》なるを以《もっ》てなり。

「日を終えず、貞にして吉」とあるのは、六二は中庸の徳があり、陰爻にして陰位に居り、正しい位を得ているからである。

六三、盱豫。悔。遅有悔。

六三《りくさん》、盱豫《くよ》す。悔《く》ゆ。遅《おそ》ければ悔有《くいあ》らん。

＊盱…上目使いに見ること。ここでは、九四を見上げること。
＊悔ゆ…悔い改めること。教戒の辞。
＊悔有り…悔吝の悔。占辞。

六三は、陰爻であり、不中・不正の小人である。

この爻は、すぐ上の九四の陽爻を上目遣いに見上げて、それに媚《こ》び諂《へつら》って楽しみに耽《ふけ》っているのである。悔いある所以である。このような態度を改めることが遅ければ、まさに後悔するような事態に陥るであろう。

象曰、盱豫有悔、位不當也。

象《しょう》に曰《いわ》く、「盱豫《くよ》す、悔有《くいあ》り」とは、位《くらい》、当《あ》たらざればなり。

「盱豫す、悔有り」とあるのは、その居る位が、正当でないからである。

九四、由豫。大有得。勿疑。朋盍簪。

九四《きゅうし》、由豫《ゆうよ》す。大《おお》いに得《う》ること有《あ》り。疑《うたが》う勿《なか》れ。朋《とも》盍《あ》い簪《あつ》まる。

＊由豫…由は、よって。
　五つの陰爻は、皆なこの爻によって、楽しみを得ることができることをいう。
＊大いに得ること有り…大いにその志を行なって、天下の人々を、楽しませることができる。
＊盍…合うこと。
＊簪…集まること。簪の字義は、かんざし。髪の毛を集めるということから、聚の義となる。

九四は、豫の卦のただ一つの陽爻である。この豫の卦の、成卦の主爻である。上下の五陰は、皆な九四に和している。天下の人々は、この爻の力によって、楽しんでいる。

九四は、大いにその志を行なって、天下の人々を楽しませることができるのである。

この爻は、剛強な徳をもって、柔順な君主に仕えており、しかも、下に同じ徳を持つ者の助けが無い。そして、天下の責務を一身に担っているので、思わぬ禍いの起こることを恐れるのである。しかし、疑い危ぶむことなく、誠意を尽くして信ずるところに向かって進むべきである。
そうすれば、同志の人々が合い集まってきて、助けてくれるようになるであろう。

象曰、由豫大有得、志大行也。

象《しょう》に曰《いわ》く、「由豫《ゆうよ》す、大《おお》いに得《う》ること有《あ》り」とは、志《こころざし》大《おお》いに行《おこな》わるるなり。

「由豫す、大いに得ること有り」というのは、天下の人々を悦び楽しませようとする志が、大いに行なわれることである。

六五、貞疾。恆不死。

六五《りくご》、貞《てい》なれども疾《しつ》あり。恒《ひさ》しくして死《し》せず。

＊貞…六五が尊位にあって、位が正しいことをいう。
＊疾…天下の実権は九四に集まっている。六五はその剛陽の九四の上に乗っており、九四に制せられていることをいう。三四五爻で☵坎ができる。☵坎は疾の象。
＊恒…久しいこと。

六五は、陰柔にして尊位に居り、中《ちゅう》を得ているところの、柔弱な君主である。

この爻は、柔弱であり、豫の時に当たって楽しみに溺れ、自ら立つことのできない者である。位は尊位にあって正しいが、実権は、皆な九四のもとに集まっているので、権を専らにする九四の制を受けている、という疾《やまい》がある。

しかし、中庸の徳を持っているので、この疾は長い間にわたっているにもかかわらず、それによって亡びてしまうようなことはない。すなわち、権勢は失っても、天子の位を失うことはないのである。

象曰、六五貞疾、乘剛也。恆不死、中未亡也。

象《しょう》に曰《いわ》く、六五《りくご》の「貞《てい》なれども疾《しつ》あり」とは、剛《ごう》に乗《じょう》ずればなり。「恒《ひさ》しくして死《し》せず」とは、中《ちゅう》未《いま》だ亡《ほろ》びざればなり。

＊中…中庸の徳をいう。

六五に「貞疾」とあるのは、九四の剛の上にあるからである。

「恒しくして死せず」とあるのは、六五は、上の卦の真ん中にあり、中庸の徳がいまだ亡びることがないからである。

上六、冥豫。成有渝、无咎。

上六《じょうりく》、冥豫《めいよ》す。成《な》れども渝《かわ》ること有《あ》れば、咎无《とがな》し。

＊冥豫…冥は昧の意。楽しみに耽って、心が真っ暗になっていること。
＊成…定まること。悦楽に耽《ふけ》ることができあがる意。
＊渝…変わること。これまでの行いを変える意。

上六は、陰柔にして、悦楽の卦の窮まりに居る。

この爻は、悦び楽みを極めて、それに耽溺しており、心の中が真っ暗になって先が見えなくなっている。

このように悦楽に耽って、物事が何も見えなくなっているが、ひとたび悟って、今までの行いを変えることがあれば、咎となるような災いを免れることができる。

象曰、冥豫在上、何可長也。

象《しょう》に曰《いわ》く、冥豫《めいよ》して上《かみ》に在《あ》り、何《なん》ぞ長《なが》かる可《べ》けんや。

心が暗くなって、物事が見えなくなるほど、上位にあって悦楽に耽っているのである。これでは、どうして長く無事であることができようか！

17 随《ずい》（沢雷随《たくらいずい》）

䷐ 震下 兌上

随は、従う意である。この卦は、人に従うことについての道を説いている。

卦の象においては、上の卦は☱兌の少女であり、下の卦は☳震の長男である。震の長男、年長の男が、兌の少女、年少の女に下っている形象である。そもそも、年長の者は先立ち、年少の者は後につき従うというのが常道である。しかしながら今は、年長が年少に従っている。それは従い難いことなのに、しかしながらよく従っている。故にこの卦を「随」と名付けた。

またこの卦は、☱兌の弱者に☳震の強者が従っている、と観ることもできる。また、内卦を我とし、外卦を先方とすれば、☳震の我は先方に従っているが、先方の☱兌は、口を外に向けていて我を顧みない状況である、と観ることもできる。

爻についていえば、この卦の成卦の主爻である初爻の陽爻は、二爻の陰爻の下にある。能力のしっかりした陽爻の初爻が、能力の多くない陰爻の下にあって、それに従っているのである。また、この卦を主宰している、主卦の主爻の五爻についていえば、この爻は能力の少ない陰爻の上爻の下にあって、それに下って従っている。これもまた、随の象である。

卦の性質からいえば、☳震は動くという性質があり、☱兌は悦ぶという性質がある。内卦の☳

震が動いて外卦の☱兌に従うので、☱兌の卦は大いに悦ぶのである。

序卦伝では、「豫」の次に「随」の卦があることについて、「悦び楽しめば、必ず多くの者がそれに付き従ってくる。だから、豫の卦の次には、䷐随の卦が置かれている」と説明している。

この卦の経文では、随うということを、主として人に随うこととして説いている。しかし従うということは、「人に従う」ことばかりではない。「時代に従う」ということもある。また、「世相に従う」ということもある。「物」に従うという場合もあり、「事」に従うということもある。その他にも、従うべきものはいろいろと考えることができる。何に従うべき時なのか、それを見極めることが大切である。

随、元亨、利貞。无咎。

随《ずい》は、元《おお》いに亨《とお》る、貞《ただ》しきに利《よろ》し。咎《とが》无《な》し。

＊随…卦名。従う意。

経文では、主として人に従うこととして、辞がかけられている。

随の卦は、従うという意である。自分を捨てて従えば、物事は大いに盛んになって、滞りなく運んでゆく。しかし、何でもただ従えばよいというものではない。従うところが正しいものでなければならないのであり、正しいことを固く守って、人に下り従っていくべきである。

そのようであれば、災いに遭うことはない。

彖曰、隨、剛來而下柔。動而說、隨。大亨貞、无咎、而天下隨時。隨時之義、大矣哉。

彖《たん》に曰《いわ》く、随《ずい》は、剛来《ごうきた》りて柔《じゅう》に下《くだ》る。動《うご》きて説《よろこ》ぶは、随《ずい》なり。大《おお》いに亨《とお》り貞《ただ》しくして、咎无《とがな》し、而《しか》して天下《てんか》、時《とき》に随《したが》う。時《とき》に随《したが》うの義《ぎ》、大《おお》いなるかな。

＊古本には、貞の字の上に「利」の字がある。すなわち「大亨利貞」として、「大いに亨り、貞しきに利し」と読む。
＊魏の王肅の本は「而天下随之。随之時義大矣哉」に作り、「而して天下これに随う。随の時義大いなるかな」と読む。朱子はこの説を取る。
＊剛来り…剛爻（䷋否の上九）が下の卦にくることをいう。
＊柔に下る…柔爻（䷋否の初六）に下ること。
＊時に随うの義…時の宜しきに従うことの意義。

随の卦は、䷋否の上九の剛爻が、内卦にきて初六の柔爻に下り、☳震となってできた卦である。卦の性質でいえば、動いて（☳震）説ぶ（☱兌）のが、随の意義である。

このようであるから、物事は大いに伸び盛んになり、正しいことを固く守っているので、咎められるような過失は無く、天下の人々は、皆な時の宜しきに従って行動するのである。

時の宜しきに従うことの意義は、なんと偉大なことであろうか！

象曰、澤中有雷、隨。君子以嚮晦入宴息。

象《しょう》に曰《いわ》く、沢中《たくちゅう》に雷《らい》有《あ》るは、随《ずい》なり。君子《くんし》以《もっ》て晦《くら》きに嚮《むか》いて入《い》りて宴息《えんそく》す。

＊嚮…向かうこと。晦きに嚮うとは、日暮れになること。
＊宴息…安らぎ憩うこと。休息の意。

沢の中に雷があるのが、随の卦の象である。

君子はこの卦象を手本とし、陽気である雷（☳震）が、秋（☱兌）には内に入って休息しているように、昼は外において活動し、夕暮れには内に入って安らぎ憩う。君子はこのように、全て時の宜しきに従って行動するのである。

初九、官有渝。貞吉。出門交有功。

初九《しょきゅう》、官《かん》、渝《かわ》ること有《あ》り。貞《てい》なれば吉《きつ》なり。門《もん》を出《い》でて交《まじ》われば功《こう》有《あ》り。

＊官…職分・職掌の意。初九は陽爻であるから、官という。
＊渝…変わる。
＊門を出でて交わる…私情にひかれて偏り、自分と縁故のある者とだけ交わるのではなく、広く天下の人々と交際すること。

＊功有り…成功する。

初九は、陽剛にして陽位におり、位は正しい。奮い動く☳震の卦の主であり、この卦の成卦の主爻である。上に正応が無く、すぐ上の六二と比している。

この爻は、随の卦の最も下に在り、そして☳震の主であって動く意があるから、他の人に従って変動する象である。随の時であるから、人に従って職掌が変わることがある。しかし変わっても、正しいことを固く守っていれば、吉にして幸いを得られよう。

人と交わる場合には、私情に引かれて偏ることなく、家の門を出て、公明正大に広く天下の人々と交際してそれに従うようにすれば、大いに成功することができる。

象曰、官有渝、従正吉也。出門交有功、不失也。

象《しょう》に曰《いわ》く、「官《かん》、渝《かわ》る有《あ》り」とは、正《せい》に従《したが》えば吉《きつ》なるなり。

「門《もん》を出《い》でて交《まじ》われば功《こう》有《あ》り」とは、失《うしな》わざるなり。

＊正に従う…六二に従うこと。「正」は六二を指す。

＊失わざる…随の道、つまり、従うについての正しい道を失わないこと。

「官、渝る有り」とは、六二のような中《ちゅう》を得て位の正しい人に従えば、吉を得られる、ということである。

「門を出でて交われば功有り」とは、私情を捨てて広く公正に人々と交わって、随の正しい道を失わない、ということである。

六二、係小子、失丈夫。

六二《りくじ》、小子《しょうし》に係《かか》れば、丈夫《じょうぶ》を失《うしな》う。

＊小子…初九を指す。
＊係る…関係する。つなぐ。
＊丈夫…九五を指す。なお小子・丈夫については、諸説がある。

六二は、陰柔にして陰位に在って位が正しく、中《ちゅう》を得ており、九五と正しく応じている。そして、下の初九とは相い比している。

この爻は、下にある陽剛の初九に、つい気が引かれるのである。そしてその結果、本来の配偶である正応の九五を失うことになる。

中《ちゅう》を得ており、位も正しいのであるが、何分にも陰柔であるがために、本来の従うべきものを守ることができない、という弱さがある。

である。

象曰、係小子、弗兼與也。

象《しょう》に曰《いわ》く、「小子《しょうし》に係《かか》る」とは、兼《か》ねて与《くみ》せざるなり。

＊兼ねて与せざる…両方に従うことはできない、という意。

「小子に係る」というのは、小子と丈夫と、双方に従うことはできない、ということである。

六三、係丈夫、失小子。随有求得。利居貞。

六三《りくさん》、丈夫《じょうぶ》に係《かか》れば、小子《しょうし》を失《うしな》う。随《したが》いて求《もと》むる有《あ》れば得《う》。貞《てい》に居《お》るに利《よろ》し。

＊丈夫…九四を指す。

＊小子…初九を指す。来知徳・『周易述義』などは、六二を指すとするが、採らない。

＊随…九四に従う意。

六三は、陰柔にして位が正しくなく、中《ちゅう》を過ぎている。そして上に正応が無く、すぐ上の九四と相い比している。

この爻は、陰柔であるから自立することができない。応爻《おうこう》の助けを得ようと思っても、上の上六とは応じていないので、すぐ近くにある九四の丈夫に従うのである。その結果、下にある陽爻の初九の小子を失うことになる。

このようにして、九四に従っていれば求めようとするものを得ることができるであろう。だが、九四も六三も共に位が正しくなく、正応でもない。したがって、必ず正しい道を固く守っていくことが利しいのである。

象曰、係丈夫、志舎下也。

象《しょう》に曰《いわ》く、「丈夫《じょうぶ》に係《かか》る」とは、志《こころざし》下《しも》を舎《す》つるなり。

*下を舎つる…下は初九を指す。舎は、捨てる意。

「丈夫に係る」というのは、その志は、初九の小子を捨てて、上の九四に従う、ということである。

九四、随有獲。貞凶。有孚在道以明、何咎。

九四《きゅうし》、随《したが》いて獲《う》ること有《あ》り。貞《てい》なれども凶《きょう》なり。孚《まこと》有《あ》り道《みち》に在《あ》りて以《もっ》て明《あき》らかならば、何《なん》の咎《とが》かあらん。

*随…上の九五の天子に従うこと。
*獲る有り…天下の人々が自分に随う、ということを得ること。
*道に在り…行なう事が道にはずれていないこと。

九四は、九五の天子の近くに在り、陽剛の徳があるのでその勢いは九五を凌ぐほどである。この爻は、九五に随いつつも、天下の人々が自分に随う、ということを得たのである。だが、正しいことを守っているとしても、こういう状態では嫌疑を招くことになり、禍いは免れないであろう。

もしこの九四が、心の中に真心が充実しており、行なうことが道にはずれておらず、物の道理を明らかに知っているのであれば、何の禍があるであろうか。

象曰、随有獲、其義凶也。有孚在道、明功也。

象《しょう》に曰《いわ》く、「随《したが》いて獲《う》る有《あ》り」とは、其《そ》の義《ぎ》凶《きょう》なるなり。
「孚《まこと》有《あ》り道《みち》に在《あ》り」とは、明《あき》らかなるの功《こう》なり。

＊明功…物の道理に明るい、ということの成果。

「随いて獲る有り」というのは、天下の人々が自分に随うという状態は、道理として禍いを招いて凶である、ということである。

「孚有り道に在り」というのは、聡明であって道理を明らかに知っている、ということの成果である。

九五、孚于嘉。吉。

九五《きゅうご》、嘉《か》に孚《まこと》あり。吉《きつ》なり。

＊嘉…善。六二の中・正を指す。

九五は、陽剛であり、中正の徳がある。

この爻は、真心をもって下の正応である六二の賢人に随うのである。吉である。

象曰、孚于嘉吉、位正中也。

象《しょう》に曰《いわ》く、「嘉《か》に孚《まこと》あり吉《きつ》」とは、位正中《くらいせいちゅう》なればなり。

「嘉に孚あり吉」とあるのは、九五は、位が正しく中《ちゅう》の徳を持っているからである。

上六、拘係之、乃従維之。王用亨于西山。

上六《じょうりく》、之《これ》を拘《とど》め係《つな》ぎ、乃《すなわ》ち従《したが》って之《これ》を維《つな》ぐ。王用《おうもっ》て西山《せいざん》に亨《きょう》す。

＊之れ…「之」が何を指すかについては、諸説がある。

一説には、前句の「之」は九五を、後句の「之」は上九を指す、とする。

＊拘係…とらえてつなぐこと。

＊乃ち…そのうえ。
＊従って…引き続いて。
＊維…大きな綱でつなぐこと。
＊王…周の文王を指す。
＊西山…岐山のこと。
＊亨…享に通ずる。お供えをしてお祭りすること。

上六は、随の道の終極であり、位正しい陰爻である。天下の人々は、皆なこの上六に従っている。それはちょうど、これを捕らえてつなぎ、その上引き続いて、大きな綱でつなぎ止めたようなものである。天下の人々の心を、このようにつなぎ止めるので、その誠は、昔、周の文王が岐山において神を祭られた時のように、神明に通ずるのである。

象曰、拘係之、上窮也。

象《しょう》に曰《いわ》く、「之《これ》を拘《とど》め係《つな》ぐ」とは、上《かみ》にして窮《きわ》まればなり。

＊上…上爻をいう。

「之を拘め係ぐ」とあるのは、上六は、卦の最も上であり、随の道が窮まったからである。

18 蠱《こ》（山風蠱《さんぷうこ》）

䷑ 巽下 艮上

「蠱」とは、壊乱すること、腐敗することである。

「蠱」の字は、皿の上の物に、たくさんの虫が付いている形。物が腐敗している状態である。

この卦は、上の卦は☶艮の山であり、下の卦は☴巽の風である。山の下で風が吹いている。風は山に囲まれて吹き荒れ、草木は吹き乱されている。蠱壊《こかい》の象である。

また、年上の女である☴巽女が、年下の男である☶艮男の下に下っている。年下の男が年上の女に惑っている形であり、蠱惑の象である。

また、卦の性質からみれば、上の卦の☶艮は「止」であり、上の君主、あるいは大臣は、現状に満足して止まっていて、何もしない。一方下の卦の☴巽は「巽順」であり、ひたすら柔順であり、媚び諂っていて、上の君主を諫めようとはしない。上も下も、ともに腐敗しきっているのである。

いかに立派な制度であっても、永い間を経れば、必ずいろいろな弊害が生じてくるものである。この卦は、そうした腐敗や弊害を刷新して、うまく処置する道を説いている。蠱敗が生じた時には、思いきった改革を行なって、大掃除をすべきである。

序卦伝では、「随」の次に「蠱」の卦が置かれていることについて、「喜び楽しんで人に従う時には、心持ちが安楽に流れ、その結果、必ずいろいろな出来事が起こるものである。だから、随の卦の次には、䷑蠱の卦が置かれている。蠱とは、いろいろな出来事ということである」と説明している。

この卦の爻の辞は、父あるいは母の行いから生じた弊害を、その子が正していく、という設定で辞が付けられている。先代の行いの弊害を、代替わりをした次代の者が刷新して、正していくのである。

易経の六十四卦の中には、改革を意味する卦が三つある。

（1）䷸巽……天下に号令をして改革する。（最も軽い）

（2）䷑蠱……先代の敗れを正す。

（3）䷰革……命を改める。革命。（最も激しい）

䷸巽は、命令・法令の象である。法律や規則を改め、それを発布して今までの弊害を改善する。そのようにしても改善が見られない時には、指導者を一新して改革に当たる。これが䷑蠱の段階である。天下においては、天子が代替わりをして、新しい天子の手によって、先代に生じた弊害を正すのである。これでもなお是正されない時には、ついに天命が改まる。これが䷰革である。

「蠱」の時には、指導者が交代するだけであって、その体制は継続されるのに対し、この「革」

は、体制が根本から改まるのである。今までの体制は全て破棄されるという、変革の最も激しい状態になる。

蠱、元亨。利渉大川。先甲三日、後甲三日。

蠱《こ》は、元《おお》いに亨《とお》る。大川《たいせん》を渉《わた》るに利《よろ》し。
甲《こう》に先《さき》立つこと三日《みっか》、甲《こう》に後《おく》るること三日《みっか》。

＊蠱…卦名。壊れる。破れる。壊乱。腐敗。
物事が永い期間を経ると、その内部が腐敗して、いろいろなよくないことが起こること。
＊先甲三日…辛《かのと》の日の意。辛《しん》は新に通ず。
＊後甲三日…丁《ひのと》の日の意。丁《てい》は丁寧の意。
「先甲三日」「後甲三日」には異説が多い。今は鄭玄・朱子の説に従う。

物事が腐敗して行き詰まれば、必ず変化して、大いに通ずるようになる。
大きな川を渉るような困難なことを乗り越えて、腐敗を刷新するのがよろしい。
そして、それを行なうには、今までの弊害を一新し（辛）、それを丁寧（丁）に実行することが肝要である。

彖曰、蠱、剛上而柔下。巽而止、蠱。

蠱、元亨、而天下治也。

利渉大川、往有事也。

先甲三日、後甲三日、終則有始、天行也。


彖《たん》に曰《いわ》く、蠱《こ》は、剛《ごう》上《のぼ》りて柔《じゅう》下《くだ》る。巽《そん》にして止《とど》まるは、蠱《こ》なり。

「蠱《こ》は、元《おお》いに亨《とお》り」て、天下《てんか》治《おさ》まるなり。

「大川《たいせん》を渉《わた》るに利《よろ》し」とは、往《ゆ》きて事《こと》有《あ》るなり。

「甲《こう》に先《さき》立つこと三日《みっか》、甲《こう》に後《おく》るること三日《みっか》」とは、終《お》われば則《すなわ》ち始《はじ》めあるは、天行《てんこう》なるなり。

＊剛…上九の陽爻をいう。
＊柔…初六の陰爻をいう。
＊巽にして止まる…この句の解釈には、二つの説がある。この句を「蠱敗に至る道」とする朱子・兪琰などの説と、「蠱敗を治める道」とする王弼・『周易正義』・程子などの説である。今は朱子の説に従った。
＊事…腐敗を改革すること。
＊天行…天の運行。

蠱の卦は、剛爻が上って上九となり、柔爻が下って初六となって、陰と陽とが相い交わらず、事が壊れ破れる象である。

また、下に居る人々は、上の者にただ巽順して、その機嫌を取って媚び諂っており、上の者は、現在の状態に満足して、ただ上に艮止《ごんし》している。このようにして、世の中が腐敗しているのが、蠱の象である。

「蠱は、元いに亨る」とは、腐敗し破壊した時には、これに適切な対策を施せば、必ず変化して大いに通ずるようになり、そして、天下はまた治まるようになる。

「大川を渉るに利し」とは、ただ情勢の変化するのを待っているのではなく、大きな川を渉るような苦労を乗り越えて、進んで行って世の中を救うべきである、ということである。

「甲に先立つこと三日、甲に後るること三日」すなわち、腐敗を刷新するには、従来の弊害を一新し、それを丁寧に実行するとは、物事は、全て終わればまたはじめがあるのであり、天の運行と同じ道理なのである。

象曰、山下有風、蠱。君子以振民育徳。

象《しょう》に曰《いわ》く、山《やま》の下《した》に風《かぜ》有《あ》るは、蠱《こ》なり。君子《くんし》以《もっ》て民《たみ》を振《すく》い徳《とく》を育《やしな》う。

＊民を振う…すくう。救。人々の元気を振るい起こすこと。☴巽の象。

＊徳を育う…やしなう。養。人々の徳を養い育てること。☶艮の象。

朱子・程子は、自分の徳を養うこととする。

山の下に風が吹いているのが、蠱の卦の象である。
君子はこの卦象を手本にして、人々の元気を振るい起こし、人々の道徳を養い育てるのである。

初六、幹父之蠱。有子、考无咎。厲終吉。

初六《しょりく》、父《ちち》の蠱《やぶれ》を幹《ただ》す。子有《こあ》れば、考《ちち》も咎无《とがな》し。厲《あやう》けれども終《つい》には吉《きつ》なり。

＊幹…木のみき。事を処理する場合に、その中心となってそれにあたること。
　ここでは、先代からの敗れを正してうまく処置することをいう。
＊子…初六を指す。
＊考…亡くなった父。

初六は、陰爻であって位が正しくなく、応じている爻も無い。蠱の卦のはじまりである。この爻は、父の時代からの弊害を、うまく処理するのである。このような立派な子があれば、父の過失も現れずにすむであろう。
しかし初六は、陰爻であって才能が乏しい。そのような危うい面があるけれど、終《つい》には吉を得られるのである。

象曰、幹父之蠱、意承考也。

象《しょう》に曰《いわ》く、「父《ちち》の蠱《やぶれ》を幹《ただ》す」とは、意《こころ》、考《ちち》に承《う》くるなり。

＊意…心の中。

「父の蠱を幹す」とあるのは、父の行なったことを改めるのであるから、父に背くように見えるけれども、その志は、父の意を承け継いだものなのである。

九二、幹母之蠱。不可貞。

九二《きゅうじ》、母《はは》の蠱《やぶれ》を幹《ただ》す。貞《てい》にす可《べ》からず。

＊母…六五を指す。

＊貞…堅固であること。

九二は、母による敗れを正すために、中心になって事に当たるのである。この爻は、剛の徳があるので、厳正に過ぎる恐れがある。だが、あまり堅固に、正道にこだわってはいけない。ゆったりと物柔らかに、徐々に正しい方向へ改めていくべきである。

象曰、幹母之蠱、得中道也。

象《しょう》に曰《いわ》く、「母《はは》の蠱《やぶれ》を幹《ただ》す」とは、中道《ちゅうどう》を得《う》るなり。

「母の蠱を幹す」というのは、九二は、剛に過ぎず、柔に過ぎず、中庸の徳を得ているので、母の敗れを正すことができるのである。

九三、幹父之蠱。小有悔、无大咎。
九三《きゅうさん》、父《ちち》の蠱《やぶれ》を幹《ただ》す。小《すこ》しく悔《く》い有《あ》れども、大《おお》いなる咎无《とがな》し。

九三は、中《ちゅう》を得ておらず、また剛に過ぎている。
この爻は、父の敗れを正すのに、事をやりすぎる嫌いがあるのである。
そこで、少し後悔することになるが、しかし、大きな災いを受けることはない。

象曰、幹父之蠱、終无咎也。
象《しょう》に曰《いわ》く、「父《ちち》の蠱《やぶれ》を幹《ただ》す」とは、終《つい》には咎无《とがな》きなり。

「父の蠱を幹す」とあるのは、少しばかり後悔することがあっても、最終的には、災いを受けることはないということである。

六四、裕父之蠱。往見吝。

六四《りくし》、父《ちち》の蠱《やぶれ》を裕《ゆる》やかにす。往《ゆ》けば吝《りん》を見《み》る。

＊裕…ゆっくりしていること。ゆるやか。

六四は、陰爻が陰位に居て、柔弱に過ぎている。この爻は、陰柔であるので才能が無く、また柔に過ぎているので、父の敗れを正すのに、ゆっくりとしていてなかなか改革が進まない。蠱敗を正すにあたって、その任に耐えられない者である。

進んで行けば、必ず恥ずかしい思いをするであろう。

象曰、裕父之蠱、往未得也。

象《しょう》に曰《いわ》く、「父《ちち》の蠱《やぶれ》を裕《ゆる》やかにす」とは、往《ゆ》くも未《いま》だ得《え》ざるなり。

「父の蠱を裕やかにす」いうのは、このようなやり方で進んで行ってみても、蠱敗を治めることはできないということである。

六五、幹父之蠱。用譽。
六五《りくご》、父《ちち》の蠱《やぶれ》を幹《ただ》す。用《もっ》て誉《ほま》れあり。


六五は、柔爻であり、上の卦の中《ちゅう》を得て、尊位にある。

この爻は、父の敗れを受け継ぎ、それを改革一新するために、中心となって活動するのである。

そして、よく父の時代の弊害を刷新することができ、そのことをもって天下に名声が上がったのである。


象曰、幹父用譽、承以德也。

象《しょう》に曰《いわ》く、「父《ちち》（の蠱《やぶれ》）を幹《ただ》す、用《もっ》て誉《ほま》れあり」とは、承《う》くるに徳《とく》を以《もっ》てするなり。

＊足利本には、「父」の下に「之蠱」の二字がある。
＊承…父の跡を受け継ぐこと。
＊徳…六五の、柔中の徳をいう。朱子は、九二のこととしている。

「父（の蠱）を幹す、用て誉れあり」というのは、六五は、父の跡を受け継ぎ、その敗れを一新するのに、柔にして中庸なる徳をもってするのである。

上九、不事王侯、高尚其事。

上九《じょうきゅう》、王侯《おうこう》に事《つか》えず、其《そ》の事《こと》を高尚《こうしょう》にす。

＊王侯…王と諸侯。

＊高尚…高潔にすること。

上九は、卦の一番上におり、世務にはかかわりがない。しかも、陰位に陽で居てその位を得ておらず、また下に応爻が無く自分を知る者がいないので事を為すことができない。そこでこの爻は、王や諸侯には仕えず、自分の徳を養ってその行いを高潔にしているのである。

象曰、不事王侯、志可則也。

象《しょう》に曰《いわ》く、「王侯《おうこう》に事《つか》えず」とは、志《こころざし》、則《のっと》る可《べ》きなり。

＊則る…模範とする。手本とする。

「王侯に事えず」とあるのは、その志は、後の人の手本とするに足るものである。

19 臨《りん》（地《ち》沢臨《たくりん》）

䷒ 兌下坤上

「臨」とは、のぞむこと。高い所から低い所を見下ろすことをいう。

この卦は、上の卦は☷坤の地であり、下の卦は☱兌の沢である。一段高い所にある☷坤の地から、低い所の☱兌の沢を見下ろしている形である。ここから、この卦を「臨」と名付けた。

序卦伝では、「蠱」の次に「臨」の卦があることを、「いろいろな出来事があり、それをうまく処置することができて、その後に、はじめて大きくなることができる。だから、蠱の卦の次には、䷒臨の卦が置かれている。臨とは、大きいということである」と述べている。ここでは、この卦を「大きいということ」と解している。臨の卦は、高い所から低い所に臨んでいるのだから、すなわち「大きい」のである。

ところで、この高い所と低い所の上下を定めるには、二つの見方がある。その一つは、位《くらい》によって上下をいう場合である。この場合には、四陰が「上」で二陽が「下」となる。三・四・五・上爻の四陰は、位によって初爻・二爻の二陽に臨んでいる。

もう一つは、徳によって上下をいう場合である。この時には、二陽が「上」で四陰が「下」となる。初爻・二爻の二陽は、徳をもって三・四・五・上爻の四陰に臨んでいる。

また、二陽が長じ進んで、四陰に迫る象がある。この象を観て朱子は、「臨は、進んで行って、物を凌ごうとしてこれに迫ることである」と言っている。

一年の陰陽の気の盛衰では、この卦は旧暦十二月（今の一月）に当たる。

䷁坤　旧暦十月（今の十一月）から、

䷗復　旧暦十一月（今の十二月）冬至の「一陽来復」を経て、

䷒臨　旧暦十二月（今の一月）になったのである。

これを人の一生に配当すれば、陽爻が二つになった䷒臨の卦は、青年期に当たる。盛んに伸びようとする時期であり、陽の気の実質は少ないものの、勢いの盛んな時である。

臨、元亨。利貞。至于八月有凶。

臨《りん》は、元《おお》いに亨《とお》る。貞《ただ》しきに利《よろ》し。八月《はちがつ》に至《いた》りて凶《きょう》有《あ》り。

*臨…卦名。のぞむ。上から下を見る義。地が下の沢を見下ろしている象。

*元亨利貞…「元亨」は占辞。「利貞」は戒辞。

*八月…この「八月」については、三つの説がある。

（1）䷠遯とする説→虞翻《ぐほん》・朱子・程子などの説。八月を周正《しゅうせい》八月と解する。
周の暦は、建子《けんし》䷗復を正月とするから、八月は建未《けんび》䷠遯に当たる。

（2）䷓観とする説→荀爽らの説。八月を夏正《かせい》八月と解する。
夏の暦では建寅《けんいん》が正月であるから、八月は建酉《けんゆう》䷓観に当たる。

（3）䷋否とする説→『周易正義』などの説。八月を「八カ月目」と解する。
夏の暦は、建寅䷊泰を正月とするから、䷒臨は十二月に当たる。臨の十二月より数えて八カ月目が建申《けんしん》䷋否に当たる。

実際、夏正を用いたのか、周正を用いたのかは、今となっては検証することは難しい。

ここでは、周正八月と解して、䷠遯とする朱子等の説に従う。


臨は、陽の気が伸び長じてゆく卦であるので、物事は大いに盛んになって通達する。

しかし、その行なうところの事は、正しい道にかなっていることが必要である。

今は陽気が伸び長じていく時であり、吉ではあるけれど、八月、䷠遯の卦に至れば、陽気が衰えて陰気が盛んになるので、災いが起こる。充分に警戒する必要があろう。


彖曰、臨、剛浸而長、説而順、剛中而應。

大亨以正、天之道也。

至于八月有凶、消不久也。


彖《たん》に曰《いわ》く、臨《りん》は、剛浸《ごうようや》くにして長《ちょう》じ、説《よろこ》びて順《したが》い、剛中《ごうちゅう》にして応《おう》ず。

大《おお》いに亨《とお》りて以《もっ》て正《ただ》しきは、天《てん》の道《みち》なり。

「八月《はちがつ》に至《いた》りて凶《きょう》有《あ》り」とは、消《しょう》すること久《ひさ》しからざるなり。

＊剛…初九・九二の陽爻をいう。
＊浸…ようやく。漸進。徐々に。
＊剛中…九二をいう。「応」は六五に応じていることをいう。
＊天の道…天の法則。
＊消…陽の気が減っていくこと。

臨は、剛陽が徐々に盛んになってゆく象であり、説びて（☱兌）順い（☷坤）、そして九二の剛陽が、中庸の徳をもって六五に応じている。

このようであるから、物事は大いに通達して、また正しい道にかなうのであり、これは、天の法則に合致しているものである。

「八月に至りて凶有り」というのは、陽の気が減っていくことは、それほど遠い先のことではない、ということである。

象曰、澤上有地、臨。君子以教思无窮、容保民无疆。

象《しょう》に曰《いわ》く、沢《たく》の上《うえ》に地《ち》有《あ》るは、臨《りん》なり。君子《くんし》以《もっ》て教《おし》え思《おも》うこと窮《きわ》まり无《な》く、民《たみ》を容《い》れ保《やす》んずること疆《かぎ》り无《な》し。

＊容れ保んずる…包容して安んずること。
＊疆り…かぎり。限。

＊「教思无窮」は☱兌の象。「容保民无疆」は☷坤の象。

沢の上に地があるのが、臨の卦の象である。上がよく下に臨み、地がよく含み容れる象である。君子は、この象を観てこれを手本として、ちょうど沢が地を常に潤しているように、人々を教え導いて尽きることなく、地が全ての物を載せているように、民を包容して安らかにさせることの際限がないよう、心がけるのである。

初九、咸臨。貞吉。

初九《しょきゅう》、咸《かん》じて臨《のぞ》む。貞《てい》にして吉《きつ》なり。

＊咸…感に通ず。感応すること。ここでは、初九が六四に感じ、六四が初九に応じることをいう。陽は感をつかさどり、陰は応をつかさどる。

＊咸臨…剛をもって柔に臨むこと。ここでは、初九が六四に臨むことをいう。

初九は、陽気が長じようとする臨の卦のはじめにあって、陽剛にして位正しく、六四と正しく応じている。

この爻は、一番下にあって地位は低いけれど、六四の大臣に感じ、六四もそれに応じて初九を信任し、互いに感応するのである。

そして、正しい道を固く守っているので、吉にして幸いを得られる。

象曰、咸臨貞吉、志行正也。

象《しょう》に曰《いわ》く、「咸《かん》じて臨《のぞ》む、貞《てい》にして吉《きっ》」とは、志《こころざし》、正《ただ》しきを行《おこな》うなり。

「咸じて臨む、貞にして吉」というのは、初九の志が、正しい道を行なおうとするからである。

九二、咸臨。吉无不利。

九二《きゅうじ》、咸《かん》じて臨《のぞ》む。吉《きっ》にして利《よろ》しからざる无《な》し。

＊咸臨…九二が六五に臨むことをいう。

九二は、陽剛にして下の卦の中《ちゅう》を得ており六五と応じている。この卦の成卦の主爻である。この爻は、六五の天子に感じ、六五は九二に応じて、深くそれを信任している。吉であって、ことごとくよろしい。

象曰、咸臨、吉无不利、未順命也。

象《しょう》に曰《いわ》く、「咸《かん》じて臨《のぞ》む、吉《きっ》にして利《よろ》しからざる无《な》し」とは、未《いま》だ命《めい》に順《したが》わざるなり。

＊未順命也…この句の解釈には諸説があって一定していない。

孔穎達《くようだつ》は、「未だ必ずしも命に順わず」の意味に解釈する。今はこれに従う。なお朱子は「未詳」としている。

程子は、未を「不」と同じである、とする。

胡安定・馮厚斎らは、「未」を余分な字として「順命也」として解する。
＊命…君主の命令。ここでは六五の命令をいう。
「咸じて臨む、吉にして利しからざる无し」とあるのは、九二は、いかなる場合にも、ただ君の命令に従うというのではなく、君の命令によくないところがあれば、それをお諌めするからである。

六三、甘臨。无攸利。既憂之、无咎。

六三《りくさん》、甘《あま》くして臨《のぞ》む。利《よろ》しき攸《ところ》无《な》し。既《すで》に之《これ》を憂《うれ》うれば、咎《とが》无《な》し。
＊甘…甘い言葉をもって人に臨むこと。
六三は、位が正しくなく中《ちゅう》を過ぎており、その上陰爻であって才能の少ない小人である。この爻は、口先だけの甘い言葉や、媚諂いの態度をもって、人に臨むのである。このような態度であるから、何事もうまくいかない。

しかし、よく憂えてこれを改めるならば、災いに遭うことはないであろう。

象曰、甘臨、位不當也。既憂之、咎不長也。


象《しょう》に曰《いわ》く、「甘《あま》くして臨《のぞ》む」とは、位《くらい》、当《あ》たらざるなり。

「既《すで》に之《これ》を憂《うれ》う」とは、咎《とが》の長《なが》からざるなり。


「甘くして臨む」とあるのは、陰爻をもって陽位に居て、位が不当であるからである。

「既に之を憂う」とあるは、よく憂えてこれを改めるならば、その災いは長くは続かない、ということである。

六四、至臨。无咎。

六四《りくし》、至《いた》りて臨《のぞ》む。咎《とが》无《な》し。

＊至…臨むことの至極である意。

六四は、陰柔であって才能は少ないが、陰柔をもって陰位に居て位が正しいので、その心は正しいのである。

この爻は、大臣の地位にあるけれども、応爻である初九の賢人に下り、下と最もよく親しんでいる。

下に臨む態度の最高のものであるから、災いは無いのである。

象曰、至臨无咎、位當也。

象《しょう》に曰《いわ》く、「至《いた》りて臨《のぞ》む、咎无《とがな》し」とは、位《くらい》当《あ》たればなり。

爻の辞に「至りて臨む、咎无し」とあるのは、六四はその居る位が正当であるからである。

六五、知臨。大君之宜。吉。

六五《りくご》、知《ち》にして臨《のぞ》む。大君《たいくん》の宜《よろ》しきなり。吉《きつ》なり。

＊知…明知のこと。知恵のあること。

＊大君の宜しき…「大君」は天子。天子としての、よろしく取るべき態度。

六五は、柔順な天子であり、下の九二の陽剛と応じている。

この爻は、下の九二を深く信任して高く用い、そして自分の知恵を用いずに、この九二の知恵をもって天下に臨むのである。

これは、大君、つまり天子にしてはじめてできる態度である。吉にして幸いを得る。

象曰、大君之宜、行中之謂也。

象《しょう》に曰《いわ》く、「大君《たいくん》の宜《よろ》しき」とは、中《ちゅう》を行《おこな》うの謂《いい》なり。

「大君の宜しき」というは、六五は、中《ちゅう》の道を実行するという意味である。

上六、敦臨。吉无咎。

上六《じょうりく》、敦《あつ》く臨《のぞ》む。吉《きっ》にして咎《とが》无《な》し。

＊敦…あつい。手厚い意。
＊臨む…下の初九・九二の二陽に臨むこと。

上六は、臨の卦の終わりであり、上の卦の☷坤の極まりである。

この爻は、柔順であるので、下の初九・九二の陽爻に従う志は深く、したがって手厚く、これに臨むのである。

吉であって、災いに遇うことはない。

象曰、敦臨之吉、志在内也。

象《しょう》に曰《いわ》く、「敦《あつ》く臨《のぞ》むの吉《きっ》」は、志《こころざし》、内《うち》に在《あ》ればなり。

＊志…上六のこころざし。
＊内…内卦のこと。初九・九二を指す。
「敦く臨むの吉」とは、この爻の志は内卦の初九・九二の賢人に従うことにあるからである。

20　観《かん》（風《ふう》地《ち》観《かん》）

䷓　坤下 巽上

「観」とは、観るということである。物事をよく観察するという意である。

この卦は、上の卦は☴巽の風であり、下の卦は☷坤の地である。地の上を風が吹いている形である。風がよく地の上を吹き行くように、四方をすみずみまでよく観察する。そこから、この卦を「観」と名付けた。

また、☴巽は樹木である。この卦は、地（☷坤）の上に高い木（☴巽）が生えている形である。その木を、下から仰ぎ観る。そこで、仰ぎ観る、という意味にもなる。

序卦伝では、「臨」の次に「観」の卦があることについて「物は大きくなって、その後にはじめて仰ぎ観ることができる。だから、臨の卦の次には、䷓観の卦が置かれている」と説いている。

朱子の説によれば、「観」の字には、去声《きょしょう》と平声《ひょうしょう》による発音の声調の違いによって二義がある。去声の観は、上より下を観ること、つまり「示す」の義。平声の観は、下より上を観ること、「視る」の義とする。

朱子の『周易本義』では、卦辞の「観」、彖伝の「大観」「以観」の観、大象の「観」の字は去声の観であり、「示す」義であるとする。そして、象伝の「下観」「観天」、大象の「観民」の観、六爻の「観」の字は皆な平声《ひょうしょう》の観であり、「視る」義であるとしている。今はこれに従う。

さて、一年の陰陽の気の盛衰では、この「観」の卦は旧暦の八月（今の九月）に当たる。

䷋否　旧暦七月（今の八月）
䷓観　旧暦八月（今の九月）
䷖剝　旧暦九月（今の十月）
䷁坤　旧暦十月（今の十一月）

人の世の状況では、観は二陽四陰であり、次の剝では一陽五陰となって、陰爻の小人の勢いは益々盛んになり、陽爻の君子の勢いはいよいよ衰えていく。そして、坤の卦の時に至れば、ついに君子は一人も居なくなって、陰の小人ばかりになってしまうのである。

觀、盥而不薦、有孚顒若。

観《かん》は、盥《てあら》いして薦《すす》めず、孚《まこと》有《あ》りて顒若《ぎょうじゃく》たり。

＊観…諦視の意、じっと見守る意が原義。
＊観、盥而不薦…この「観」は示すの意。
＊盥…てあらい。祭りをはじめるに際して、手を洗って清めること。

＊薦…すすめる。祭りの犠牲を神にお供えすること。
「薦めず」とは、いまだお供えをせず、これからそれを行なおうとする、その時をいう。
＊顒若…仰ぎ敬うさま。厳粛なるさま。

観の卦は、上が下に示す意であり、また下にとっては、上を仰ぎ見ることになる、神様をお祭りするに際し、手を洗い清めて、いまだお供えをせず、これからそれを行なおうとするその時は、真心が充実していて厳粛を極めている。

ちょうどこのお祭りの時のように、観の卦の九五は、陽剛をもって陽位におり、また中《ちゅう》の徳を具え、内に真心が充実していて極めて厳粛であるので、天下の人々は皆なこの九五の天子を仰ぎ観て、心服するのである。

象曰、大觀在上、順而巽、中正以觀天下。
觀、盥而不薦、有孚顒若、下觀而化也。
觀天之神道、而四時不忒。聖人以神道設教、而天下服矣。

象《たん》に曰《いわ》く、大観上《だいかんかみ》に在《あ》り、順《じゅん》にして巽《そん》、中正《ちゅうせい》にして以《もっ》て天下《てんか》に観《しめ》すなり。
「観《かん》は、盥《てあらい》して薦《すす》めず、孚有《まことあ》りて顒若《ぎょうじゃく》たり」とは、下観《しもみ》て化《か》するなり。
天《てん》の神道《しんどう》を観《み》るに、四時《しいじ》忒《たが》わず。聖人《せいじん》は神道《しんどう》を以《もっ》て教《おし》えを設《もう》けて、天下服《てんかふく》す。

＊大観…九五・上九を指す。主として九五をいう。
＊中正…九五についていう。
＊神道…人知では図り知ることのできない天地のはたらきをいう。
「天の神道は、只是れ自然に運行する底の道理……」（『朱子語類』）。

観の卦の二陽爻、すなわち九五・上九は上にあって、下の四陰がこれを仰ぎ観ている。下の卦は柔順（☷）にして天の道に従い、上の卦は巽順（☴）にして人にへりくだっている。そして九五は、中《ちゅう》・正の徳をもって、天下に示しているのである。
「観は、盥して薦めず、孚有りて顒若たり」というのは、下の人民がこれを仰ぎ観て、その徳に感化されるということである。
人の図り知ることのできない天のはたらきを観るに、春夏秋冬の四時は、いささかの狂いもなく循環して万物を化育している。聖人は、この天に則って、図り知ることのできない天地の道理に従って教えを設けて導くので、天下の人々は皆な、これに心服するのである。

象曰、風行地上、觀。先王以省方觀民設教。

象《しょう》に曰《いわ》く、風《かぜ》、地《ち》の上《うえ》を行《ゆ》くは、観《かん》なり。先王《せんのう》以《もっ》て方《ほう》を省《かえり》み民《たみ》を観《み》て教《おし》えを設《もう》く。
＊方を省み…四方を巡察すること。
＊民を観て…人々の風俗を観察して。

風が、地の上をどこまでも吹いてゆくのが、観の卦の象である。

古代の先王は、この象を観て四方を巡察し、人々の風俗を観察して、それぞれに適当な政教を設けたのである。


初六、童觀。小人无咎。君子吝。

初六《しょりく》、童観《どうかん》す。小人《しょうじん》は咎《とが》无《な》し。君子《くんし》は吝《りん》なり。

＊童観…子供が物を見るように、浅く卑近なものだけを見る。
＊小人…つまらない人。
＊君子…学識のある人。

初六は、陰柔にして位が正しくなく、また観の卦の最も下にある。

この爻は、陰柔であり、九五の天子から遠く離れているので、充分に九五の徳を仰ぎ見ることができないのである。それはちょうど子供が物を見るようなもので、卑近な物を見ることだけに止まっている。

小人であれば咎められることもなかろうが、しかし、学識があり責任ある立場の者であれば、恥をかくことになるであろう。

象曰、初六童觀、小人道也。

象《しょう》に曰《いわ》く、初六《しょりく》の「童観《どうかん》す」とは、小人《しょうじん》の道《みち》なり。

初六の「童観す」とは、小人の物を見る見方である。

六二、闚觀。利女貞。

六二《りくじ》、闚《うかが》い観《み》る。女の貞《じょ》に利《てい》し《よろ》。

＊闚い観る…隙間からそっとのぞくような見方。全体を見ることはできない。

＊女の貞…女としての従順な正しい道をいう。

六二は、陰柔であり、下の卦の中《ちゅう》を得て、上の九五に応じている。この爻は、九五から遠く離れているので、九五の徳の全体を観ることはできない。それはちょうど家の内に居て、戸の隙間からそっとのぞくような見方であって、一部分を窺うにすぎないのである。

このような者は、家の中に居る女子の場合のように、柔順にして正しい道を守っていることがよろしい。そうであれば、全体を観ることはできなくても、中《ちゅう》・正の徳を失うことなく、利しきを得ることができよう。

象曰、闚觀、女貞、亦可醜也。

象《しょう》に曰《いわ》く、「闚《うかが》い観《み》る、女《じょ》の貞《てい》」とは、亦《また》醜《は》づ可《べ》きなり。

＊足利本は、「女」の前に「利」の字があり「利女貞」に作る。これに従う。

「闚い観る、女の貞（に利し）」とあるのは、このような物の見方では、家の中に居る女子の場合ならば利しいが、君子としては、また恥とすべきことである。

六三、觀我生進退。

六三《りくさん》、我《わ》が生《せい》を観《み》て進退《しんたい》す。

＊我が生…自分がした行為、およびそれによって生じた結果。

「我」とは、六三自身を指す。

九五を指すとする荀爽などの説もあるが、採らない。

六三は、陰柔にして位が正しくなく、下の坤の卦の最も上にある。

この爻は、まだ充分に九五を観ることができないので、自分がした行為、そしてそれによって生じたいろいろな結果を観察して、進むべき時には進み、退くべき時には退くのであり、そのようにして、自分の身の進退を決めるのである。

象曰、觀我生進退、未失道也。

象《しょう》に曰《いわ》く、「我《わ》が生《せい》を観《み》て進退《しんたい》す」とは、未《いま》だ道《みち》を失《うしな》わざるなり。

＊道…出処進退の道。

「我が生を観て進退す」というは、いまだ出処進退の道を誤ってはいない、ということである。

六四、觀國之光。利用賓于王。

六四《りくし》、国《くに》の光《ひか》りを観《み》る。用《もっ》て王《おう》に賓《ひん》たるに利《よろ》し。

＊国の光り…国の政治・制度・礼楽・などが立派であること。
＊王に賓たり…朝廷に仕えること。王は九五を指す。

六四は、陰柔にして位が正しく、九五の最も近くに居て、それを仰ぎ観ることのできる者である。

この爻は、九五の天子のすぐ近くに居るので、九五の徳の全体を仰ぎ観ることができ、その反映である国の政治や制度・礼楽などの立派な様子を、しっかりと観ることができるのである。

されば、朝廷に仕えて、九五の天子を補佐し、その道を行なうのがよろしい。

象曰、觀國之光、尙賓也。

象《しょう》に曰《いわ》く、「国《くに》の光《ひか》りを観《み》る」とは、賓《ひん》たらんことを尚《こいねが》うなり。

＊尚…こいねがう意。

「国の光りを観る」というは、天子を補佐して、その道を行ないたいと、希《こいねが》うことをいうのである。

九五、觀我生。君子无咎。

九五《きゅうご》、我《わ》が生《せい》を観《み》る。君子《くんし》なれば咎《とが》無《な》し。

＊我…九五を指す。

九五は、陽剛にして中《ちゅう》・正の徳があり、万民によって仰ぎ観られる天子である。王者の行為は、万民の風俗に影響を与えるものである。そこで九五は、自分のした行為とその行いによって生じた結果を観察するのである。

それが、君子として恥ずかしくないものであれば、災いは無い。

象曰、観我生、観民也。

象《しょう》に曰《いわ》く、「我《わ》が生《せい》を観《み》る」とは、民《たみ》を観《み》るなり。


「我が生を観る」というのは、民の風俗のよいか悪いかを観察する、ということである。自分の行いがよかったか悪かったかは、民の風俗の良否によって、知ることができるからである。


上九、観其生。君子无咎。

上《じょう》九《きゅう》、其《そ》の生《せい》を観《み》る。君子《くんし》なれば咎《とが》无《な》し。

＊其の…上九を指す。
九五を指すとする『周易折中』『周易述義』・元の王申子等の説もあるが、ここでは採らない。


上九は、卦の終わりに居り、無位の賢者である。実際の任にはたずさわっていないが、下の四陰から仰ぎ観られている者である。

この爻は、自ら自分がした行為、それによって生じたいろいろな結果を観察するのである。

そしてそれが、君子として恥ずかしくないようであれば、禍いは無い。

象曰、觀其生、志未平也。

象《しょう》に曰《いわ》く、「其《そ》の生《せい》を観《み》る」とは、志《こころざし》未《いま》だ平《たい》らかならざるなり。

＊志未だ平らかならず…心が安寧でないこと。

「其の生を観る」というは、上九は下の四陰に仰ぎ観られているので、常に戒めを忘れることができない、ということをいうのである。

21 噬嗑《ぜいこう》（火雷噬嗑《からいぜいこう》）

䷔ 震下 離上

「噬」とは、嚙むことであり、「嗑」とは、合うこと、合同することをいう。「噬嗑」とは、上下の歯を嚙み合わせることである。

この卦は、上爻の陽爻を上顎とし、初爻の陽爻を下顎とし、その中間の二爻から五爻までを口の中とする。その口の中に四爻の陽爻があって、上下が合うのを妨げている。そこで、この妨げになっているものを嚙み砕いて、上下が合うのである。このことから、この卦を「噬嗑」と名付けた。

この妨害となるものが何であるかを、考えてみることが重要である。それは、必ずしも形のある物とは限らない。人間関係における、ある特定の人物、という場合もある。あるいは、自分自身の心の中のあるもの、たとえば、自分がこだわっているある事柄、という場合もあるであろう。いずれにせよ、こちらと向こうの間に、あるものが在って、それが妨げとなって事がうまく運ばないのである。この卦は、その障害を嚙み砕いて、上下が合うことについて、説くのである。

上の卦と下の卦の象においては、上の卦は☲離の明察であり、下の卦は☳震の奮動・威力である。妨害となっているものを除くには、自ら大いに奮い動いて、それを嗑み砕かなくてはならない。しかしそれは、明らかな智恵を持った活動でなくてはならない。この動く（☳震）ことと明らかなる（☲離）ことが重要である。この卦は、果断なる威力（☳震）と聡明なる智恵（☲離）とを具えているので、噬嗑の道がうまく行なわれるのである。

序卦伝では、「観」の次に「噬嗑」の卦が置かれていることを「仰ぎ観ることができて、その後にはじめて一緒になろうとするようになる。だから、観の卦の次には、䷔噬嗑の卦が置かれている。嗑とは、合一するということである」と説明している。

経文での各爻の辞は、刑罰を用いて罪人を懲らしめる意味に解している。初爻の陽爻を罪の軽い罪人とし、上爻の陽爻を罪の重い罪人とし、二爻から五爻までの陰爻を罪人を裁く獄吏というように設定して、各爻の辞を付けている。

噬嗑、亨。利用獄。

噬嗑《ぜいこう》は、亨《とお》る。獄《ごく》を用《もち》うるに利《よろ》し。

＊噬嗑…卦名。かみ合わせること。噬は、物をかむこと。嗑は、合うこと。䷔頤の口の中にある一陽爻を噛み砕いて、上顎と下顎とが合うことをいう。

＊獄…罪状を判決すること。また罪人を拘束する牢獄の意。

噬嗑は、ちょうど口の中にある物を噛み砕いて、上顎と下顎が合うように、世の中の障害となる者を噬み砕いて除き、上と下とが和合する。故に、物事はすらすらと運び、伸び栄えるのである。

頤《おとがい》の中の一陽を噛み砕くように、罪人に対してその罪状を判決して、刑罰を実施するによろしい。


象曰、頤中有物、曰噬嗑。噬嗑而亨。

剛柔分、動而明、雷電合而章。

柔得中而上行、雖不當位、利用獄也。


象《たん》に曰《いわ》く、頤中《いちゅう》に物有《ものあ》るを、噬嗑《ぜいこう》と曰《い》う。噬《か》み嗑《あわ》せて亨《とお》る。

剛柔《ごうじゅう》分《わ》かれ、動《うご》いて明《あき》らかに、雷電合《らいでんがっ》して章《あきら》かなり。

柔《じゅう》、中《ちゅう》を得《え》て上行《じょうこう》し、位《くらい》に当《あ》たらずと雖《いえど》も、獄《ごく》を用《もち》うるに利《よろ》しきなり。


*頤中に物有る…䷔噬嗑の卦は、䷚頤《い》の口の中に物がある象。九四の一陽を、口の中にある邪魔な物に象《かたど》る。

*剛・動・雷…☳震の卦を指す。

*柔・明・電…☲離の卦を指す。

*章…あきらか。明。

*柔…六五を指す。

*上行…上の卦に上り行くこと。

頤の中に、物のある形を噬嗑という。上顎と下顎を噛み合わせて邪魔者を取り除くので、物事は大いに伸び盛んになるのである。

剛の卦の☳震は下に、柔の卦の☲離は上にあって剛柔分かれており、動いて盛んに活動し（☳）、物事を充分に観察する知恵（☲）を持っている。そして、この雷（☳）の威力と電（☲）の明らかな知恵によって、獄を用いる道が明らかになる。

柔すなわち六五は、中《ちゅう》を得て上の卦に上り進んでいる。陰をもって陽位に居るので位は正しくないが、中庸の徳を具えているので、裁判をし、刑罰を実施するのに利しいのである。

象曰、雷電、噬嗑。先王以明罰勅法。

象《しょう》に曰《いわ》く、雷電《らいでん》は、噬嗑《ぜいこう》なり。先王《せんのう》以《もっ》て罰《ばつ》を明《あき》らかにして法《ほう》を勅《ととの》う。

＊雷電…朱子の『周易本義』は、「雷電」は「電雷」に作るべきであるとしているが、今は本文のままに読む。
「雷」は雷鳴であり、威を示す。☳震の象。
「電」は電光であり、明を示す。☲離の象。

＊先王…古の王を指す。

＊罰を明らかに…刑罰の軽重を明らかにすること。

＊法を勅う…法令を正しく整えること。

雷が鳴り、稲妻が光っているのが、噬嗑の卦である。

古の王は、この卦の象を観て、電光の明（☲）を手本として刑罰を明らかにし、雷鳴の威（☳）を手本として法を正しく整えたのである。

初九、屨校滅趾。无咎。

初九《しょきゅう》、校《あしかせ》を屨《は》いて趾《あし》を滅《やぶ》る。咎无《とがな》し。

○初九と上九とは、刑罰を受ける人とする。
＊校…ここでは足かせの意。
＊屨…はく。足かせを足にかけていること。
＊趾を滅る…足を傷つける。初爻は☳震の下爻であり、足の象。
「滅」は初九・六二・上九に見えるが、これを解して、虞翻・孔穎達は「没する」の義とし、程子・朱子は「傷つく」と解する。今は、程子・朱子の説に従う。


初九は、卦のはじめであって、まだ罪は軽く、その過ちも小さいものである。

この爻は、まだ微罪であるから、ちょうど足かせを履かされて、歩行の自由を束縛された程度の、軽い刑である。

これに懲りて、悪の初期において止めるので、災いに遭うことはない。

象曰、屨校滅趾、不行也。

象《しょう》に曰《いわ》く、「校《あしかせ》を履《は》いて趾《あし》を滅《やぶ》る」とは、行《ゆ》かざるなり。

＊行かざる…悪事に進んで行かないこと。

「校を履いて趾を滅る」とあるのは、足かせの刑に懲りて、それ以上の悪事に進んで行かない、ということである。

六二、噬膚滅鼻。无咎。

六二《りくじ》、膚《ふ》を噬《か》みて鼻《はな》を滅《やぶ》る。咎《とが》无《な》し。

〇二三四五爻は、刑罰を行なう者とする。

＊膚…豚の下腹部の軟らかい肉。

＊鼻を滅る…鼻を傷つけること。

六二は、刑罰を司《つかさど》る官吏。中《ちゅう》を得て位正しい陰爻である。

この爻は、柔順にして中《ちゅう》・正の徳を具えているので、罪人はその徳に感じて、すらすらと自供するのである。それはちょうど、豚の肉の軟らかいところを噛むように容易なことであったが、しかし、はなはだ容易ではあるといっても、陰爻の身で陽爻の初九の上に乗じているので、鼻を傷つけてしまうのである。

だが、もともとが中《ちゅう》・正であるのだから、災禍を免れる。

象曰、噬膚滅鼻、乗剛也。

象《しょう》に曰《いわ》く、「膚《ふ》を噬《か》みて鼻《はな》を滅《やぶ》る」とは、剛《ごう》に乗《じょう》ずればなり。

＊剛に乗ずる…六二の柔爻が初九の陽剛の上に乗っていることをいう。「乗剛」は、他の卦の場合は危険であるとするが、この卦の場合は悪を噛むのだから、「咎无し」と言っている。

「膚を噬みて鼻を滅る」とあるのは、六二は、陰爻の身で初九の剛の上に乗っているからである。

六三、噬腊肉、遇毒。小吝、无咎。

六三《りくさん》、腊肉《せきにく》を噬《か》み、毒《どく》に遇《あ》う。小《すこ》しく吝《りん》なれども、咎无《とがな》し。

＊腊肉…乾した肉。固くて噛み切れない。容易に白状しない罪人にたとえた。
＊毒に遇う…毒に当たること。三四五爻で☵坎ができる。☵坎は毒の象。

六三は、陰柔にして陽位におり、位が正しくない。刑罰を司る官吏である。この爻は、位が不正であるので、刑罰を行なおうとしても、人は心服せず、罪人は、なかなか白状しないのである。それは、ちょうど乾した固い腊肉を噛み、容易に噛み切れず、そのうえ毒に当たってしまったようなもの。

少々苦労をするけれども、結局は、咎められるような過失はない。

象曰、遇毒、位不當也。

象《しょう》に曰《いわ》く、「毒《どく》に遇《あ》う」とは、位《くらい》、当《あ》たらざればなり。

「毒に遇う」とあるのは、六三は陰柔にして陽位に居るので、その位が正当でないからである。

九四、噬乾胏、得金矢。利艱貞。吉。

九四《きゅうし》、乾胏《かんし》を噬《か》みて、金矢《きんし》を得《え》たり。艱貞《かんてい》に利《よろ》し。吉《きつ》なり。

＊乾胏…乾した骨付の肉。大変固い。
＊金矢…矢じり。「金」は剛、「矢」は直の意にとる。☵坎の象。
＊艱貞…努力し苦労して、正しい道を守る。

九四は、陽剛をもって陰の位に居る。刑罰を司る大臣である。

この爻は、罪人を取り調べて苦労をするけれど、ついにその事情を明らかにすることができたのである。それはちょうど、大変に固い乾した骨付の乾胏を噛んで、その中にあった矢じりを得たようなもの。
しかし、油断することは禁物である。努力し苦労して、正しい道を固く守るのがよろしい。そうすれば吉である。

象曰、利艱貞吉、未光也。

象《しょう》に曰《いわ》く、「艱貞《かんてい》に利《よろ》し、吉《きつ》」とは、未《いま》だ光《おお》いならざるなり。

＊光…おおい。大。

「艱貞に利し、吉」とあるのは、九四は陰位に陽で居て位が正しくなく、また中《ちゅう》を得ていないので、その徳がいまだ光大ではないからである。

六五、噬乾肉、得黄金。貞厲、无咎。

六五《りくご》、乾肉《かんにく》を噬《か》みて、黄金《おうごん》を得《え》たり。貞《てい》にして厲《あやぶ》めば、咎《とが》无《な》し。

＊乾肉…日干しにした肉。腊肉よりも固く、骨が付いていないので、乾胏よりは噛みやすい。
＊黄金…矢じり。金矢と同じ。「黄」は中《ちゅう》の色。六五が中《ちゅう》を得ていることをいう。
＊貞厲…正しいことを堅く守って戒め恐れること。

六五は、自ら獄を用いる天子である。柔順にして中《ちゅう》を得ているので、人は皆な心服する。

この爻は、自ら裁判をするのだが、それは容易ではなく、たとえば乾肉を噛むようである。しかし、罪人は、天子が柔順であり、そのうえ中庸の徳を具えていることに心服して、すらすらと白状するので、天子は、その事の本当の事情を知ることができたのである。それはちょうど乾肉を噛んで、その中にあった矢じりを得たようなものである。

刑罰を用いるについては、正しいことを固く守り、危ぶみて恐れ戒める。そのようであれば、災いに遭うことはない。

象曰、貞厲无咎、得當也。

象《しょう》に曰《いわ》く、「貞《てい》にして厲《あやぶ》めば、咎《とが》无《な》し」とは、当《とう》を得《う》ればなり。

＊当を得る…事のよろしきを得ること。

「貞にして厲めば、咎无し」とあるのは、六五の裁判が、まさに理にかなったものであるからである。

上九、何校滅耳。凶。

上九《じょうきゅう》、校《くびかせ》を何《にな》いて耳《みみ》を滅《やぶ》る。凶《きょう》なり。

＊校…木でつくったかせ。ここでは首枷《くびかせ》の意。

＊何…になう。負うこと。
＊耳を滅る…耳を傷つけること。

上九は、卦の終わりにあり、刑罰を受ける者に当たる。卦の極まりに居るので、悪が重なって罪の重い者である。

この爻は、何度も何度も罪を犯し、それでも悔い改めようとはしない、頑固な悪人である。そのために、今は首枷をかけられて、耳が傷つけられてしまった。

こんな状態では、凶であることは当然である。

象曰、何校滅耳、聰不明也。

象《しょう》に曰《いわ》く、「校《くびかせ》を何《にな》いて耳《みみ》を滅《やぶ》る」とは、聴《き》くこと明《あき》らかならざればなり。

＊聴…さといこと。聞くことが審《つまび》らかであること。
＊不明…聡明さがないこと。

「校を何いて耳を滅る」というのは、正しい道理をよく聴いて、行いを改めるという聡明さがないからである。

22　賁《ひ》（山《さん》火《か》賁《ひ》）

䷕ 離下 艮上

「賁」とは、飾ることである。この卦は、飾ることについての道を説いている。

卦の象は、下の卦は☲離の火であり、上の卦は☶艮の山である。山のふもとで火が燃えており、それが美しく照り映えている情景である。

そもそも文飾とは、陰と陽・柔と剛とが交わることをいう。理想的な飾は、陰と陽とが程よく調和している状態である。それが、陰ばかりでも美しくないし、また陽ばかりでも美しくない。陰陽が、うまく調和していることが必要なのだ。

この卦では、内卦の☲離は、二本の陽爻の間に一本の陰爻が入っている。陽爻の素朴な実質があって、それに文飾を加えたのである。

外卦の☶艮は、二本の陰爻の文飾の上に一本の陽爻の実質がある。美しい文飾があって、それに素朴な実質を加えたのである。

序卦伝では、「噬嗑」の次に「賁」の卦があることを、「物事は、ただ単に合同するということだけですむものではない。必ず飾りたてて美しく調える、ということが必要である。だから、噬嗑の卦の次には、䷕賁の卦が置かれている。賁とは、飾るということである」と説明している。

この「飾る」ということには、二種類の形がある。

実質がないのに、上辺だけを飾る。これを「虚飾」「虚礼」という。表面だけを取り繕っても、その実質は何もない。

きちっとした実質があって、それを引き立てるために飾る。これが、本来の「飾」の意義である。実質があくまでも本《もと》であって、飾ることはその末《すえ》なのである。本末を違えてしまっては、何にもならないのである。

賁、亨。小利有攸往。

賁《ひ》は、亨《とお》る。小《すこ》しく往《ゆ》く攸《ところ》有《あ》るに利《よろ》し。

＊賁…卦名。飾る意。剛と柔とが相い交わって文飾すること。

賁とは、飾ることである。物事は、ほどよく修飾が加えられていることによって、すらすらと運ぶのである。

しかし、修飾は、実質の飾りにすぎないのであるから、それには限度がある。大きなことは、やはりそれだけではうまくいかない。故に、修飾を用いるのは、小《すこ》しく進んで行く場合に、よろしいのである。

彖曰、賁、亨。柔來而文剛、故亨。

分剛上而文柔、故小利有攸往。

天文也。文明以止、人文也。

觀乎天文以察時變、觀乎人文以化成天下。


彖《たん》に曰《いわ》く、賁《ひ》は亨《とお》る。柔来《じゅうきた》りて剛《ごう》を文《かざ》る、故《ゆえ》に「亨《とお》る」なり。

剛《ごう》を分《わ》かち上《のぼ》りて柔《じゅう》を文《かざ》る、故《ゆえ》に「小《すこ》しく往《ゆ》く攸《ところ》有《あ》るに利《よろ》しき」なり。

〔剛柔交錯《ごうじゅうこうさく》するは〕天文《てんもん》なり。文明《ぶんめい》にして以《もっ》て止《とど》まるは、人文《じんぶん》なり。

天文《てんもん》を観《み》ては、以《もっ》て時変《じへん》を察《さっ》し、人文《じんぶん》を観《み》ては、以《もっ》て天下《てんか》を化成《かせい》す。


*賁、亨…朱子は、「亨」の字は衍字《えんじ》（間違って入った不要な字）としている。

*剛を文る…文は、かざると読む。

*天文…天文とは、日月星辰《じつげつせいしん》などの自然現象の理法をいう。天道の理法。

朱子は、天文の上に「剛柔交錯」の四字があるべきだとし、「剛柔交錯するは、天文なり」と読む。このように読めば、文義はよく通ずる。

*人文…人道の秩序をいう。君臣・父子・兄弟・夫婦の人倫秩序。

*時変…春夏秋冬の移り変わり。

*化成…教化して育成すること。


賁の卦は、もと☰乾であったところへ柔爻が下り来て中爻を得て六二となり、剛を飾る。実質が、文飾を得たのである。故に「亨る」という。

もと☷坤であったところへ剛爻が上り来て上九となり、柔を飾る。これは文飾が実質を得たのである。故に「小しく往く攸有るに利し」というのである。

剛柔が交錯することによって、寒暑陰陽の移り変わりが起こるのは、天文すなわち天道の理法であり、これが自然界の文飾である。

文明（☲）にして、各々が安んじてその分に止まる（☶）のは、人文すなわち人道の秩序である。そしてこれが人間界の美しい文飾である。

こうして、聖人は、賁の道を手本として、天道の理法を観察して春夏秋冬の移り変わりを知り、また人道の秩序を観察して、天下の人々を教化育成するのである。


象曰、山下有火、賁。君子以明庶政无敢折獄。

象《しょう》に曰《いわ》く、山《やま》の下《した》に火《ひ》あるは、賁《ひ》なり。君子《くんし》以《もっ》て庶政《しょせい》を明《あき》らかにし、敢《あ》えて獄《ごく》を折《さだ》むる无《な》し。

＊庶政を明らかにし…もろもろの政事を明らかにして、処理すること。これは小さな政事であり、下の卦の☲離についていう。

＊獄を折む…訴訟の判決をすること。これは重大な政事であり、上の卦の☶艮についていう。

山の下に火があるのが、賁の卦の象である。

君子はこの、☲離の明るさが☶艮にさえぎられて遠くへは及ばない卦象を見て、小さい政事を明らかにしてそれを処理することに専念し、あえて訴訟の判決をするというような、重大な政事はしないのである。

初九、賁其趾。舎車而徒。

初九《しょきゅう》、其《そ》の趾《あし》を賁《かざ》る。車《くるま》を舎《す》てて徒《かち》す。


*趾…足首。卦の最も下にあるから、足首の象。

*車…くるま。六二を指す。

*舎…すてる。捨。

*徒…かち。乗り物に乗らないで歩いて行くこと。


初九は、剛陽をもって陽位に居て位が正しく、卦の最下に居る者である。

この爻は、低い地位に居るけれどもその分に安んじ、自分の行いを正して、立派に身を修めるのである。それは、ちょうど自分の足首を飾るようなもの。

初九は、六二とは比しているが、正しく応じているのは六四であるので、道義上、六二の車には乗らずに、歩いて行くのである。

象曰、舎車而徒、義弗乗也。

象《しょう》に曰《いわ》く、「車《くるま》を舎てて徒《かち》す」とは、義《ぎ》として乗《の》らざるなり。

＊義として乗らず…道義上、不義の車には乗らないこと。

「車を舎てて徒す」というのは、初九は、不義の車には乗らないのである。

六二、賁其須。

六二《りくじ》、其《そ》の須《ひげ》を賁《かざ》る。

＊須…あごひげ。あごひげは、顎に従って動き、自分の意志はない。

六二は、陰柔にして位が正しく、下の卦の中《ちゅう》を得ている。この卦の成卦の主爻である。この爻は、正応が無いので、比爻である九三の剛陽に従って動く。それは、ちょうど顎に従って動く、あごひげのようなものである。

象曰、賁其須、與上興也。

象《しょう》に曰《いわ》く、「其《そ》の須《ひげ》を賁《かざ》る」とは、上《かみ》と与《とも》に興《おこ》るなり。

＊上…九三を指す。

＊与…ともに。一緒に。

＊興る…動くこと。

「其の須を賁る」とあるのは、上の九三と一緒に動く、ということである。

九三、賁如濡如。永貞吉。

九三《きゅうさん》、賁如《ひじょ》たり濡如《じゅじょ》たり。永貞《えいてい》なれば吉《きつ》なり。

＊賁如…飾ることの盛んな形容。
＊濡如…美しくみずみずしいことの形容。
＊永貞…永く正しい道を守って変わらないこと。

九三は、陽剛をもって陽位に居て位が正しく、☲離の卦の一番上に在り、また六二・六四の二陰にはさまれて、その飾《しょく》が最も盛んである。

この爻は、その文飾の美を極めており、みずみずしく潤いがあって美しい。

しかし、九三は飾に過ぎる恐れがある。また文飾は、永く保ち続け難いものである。だから、飾に溺れることなく、永く正しい道を固く守って変わらなければ、幸いを得ることができるであろう。

象曰、永貞之吉、終莫之陵也。

象《しょう》に曰《いわ》く、「永貞《えいてい》の吉《きつ》」とは、終《つい》に之《これ》を陵《しの》ぐもの莫《な》きなり。

＊終に…最後まで。
＊陵ぐ…しのぐ。凌。犯す義。

「永貞の吉」とは、いつまでも変わることなく、正しい事を固く守っていれば、最後までこれを凌ぎ犯す者はない、ということである。

六四、賁如、皤如。白馬翰如。匪寇婚媾。

六四《りくし》、賁如《ひじょ》たり、皤如《はじょ》たり。白馬翰如《はくばかんじょ》たり。寇《あだ》するに匪《あら》ず婚媾《こんこう》せんとするなり。

＊賁如…装飾の盛んなこと。
＊皤如…色の白いこと。
＊白馬…三四五爻で☳震の卦ができる。説卦伝では、☳震を額の白い馬とする。
　六四は、この☳震の主爻の上に乗っている。
＊翰如…白い色の形容。
　程子の『易伝』は、飛ぶことの疾《はや》いさま、としているが、採らない。
＊寇…あだ。危害を加えること。
　一説に、白馬も寇も、初九を指すとする。初九が白馬に乗って馳つける、とする。
＊婚媾…結婚すること。

六四は、陰柔にして位が正しく、九三の上に乗じ、下の初九と正しく応じている。そして、艮の卦のはじめに入るので、文飾の盛んな状態が極まって質素に返ろうとする時に当たる。

この爻は、賁の時であるから文飾を用いるけれど、しかしそれは、けばけばしい装飾をするのではなく、白い色を用いて飾るのである。そして白い馬に乗り、正応である初九のもとへ行く。だがそれは、初九に危害を加えるためではない。初九と結婚して、その助力を得ようとするがためである。

文飾に過ぎている世の中の状況を憂えて、この状態を是正しようと思うのだが、志は正しくても陰柔の身であっては、その能力の足らざることは否めないのである。そこで、正応である初九の助力を得ようとするのである。


象曰、六四當位疑也。匪寇婚媾、終无尤也。


象《しょう》に曰《いわ》く、六四《りくし》は、位《くらい》に当《あ》たりて疑《うたが》わるるなり。

「寇《あだ》するに匪《あら》ず婚媾《こんこう》せんとするなり」とは、終《つい》に尤《とがめ》无《な》きなり。

＊位に当たる…陰にして陰の位に居て、位が正しいことをいう。
＊疑…正応の初九から疑われること。

六四は、陰をもって陰の位に居て位の正しい爻であるが、九三の陽剛の上に乗じており、そのため、正応の初九から寇するのでは、と疑われるのである。

「寇するに匪ず婚媾せんとするなり」というのは、初九と結婚して、共に世の中を是正しようとするのであって、終には災咎はないのである。

六五、賁于丘園。束帛戔戔。吝、終吉。

六五《りくご》、丘園《きゅうえん》に賁《かざ》る。束帛戔戔《そくはくせんせん》たり。吝《りん》なれども、終《つい》には吉《きつ》なり。

＊丘園…丘の畑。『周易正義』に「ただ草木のみ生ずるところ、これ質素のところにして華美のところにあらず」とある。
＊束帛…人に贈る絹の織物。
＊戔戔…少ないこと。
＊吝…恥じる。悔やむ。

六五は、柔にして上の卦の中《ちゅう》を得ており、この卦の主《しゅ》である。正応は無く、上にある上九の陽爻と比している。

六五の天子は、文飾の時代において、あまりにも世の中が華美に流れることを憂えて、その弊害を救うために、丘の畑に賁ること、つまり農業を務めることを奨励するのである。

また人に贈り物をする時も、その絹の織物はわずかなものであって、専ら質素に倹約を努めている。

そのため、人からはケチであるといわれて恥ずかしい思いをすることもあるが、しかしこれによって人々が豊かになるので、終には吉を得るのである。

象曰、六五之吉、有喜也。

象《しょう》に曰《いわ》く、六五《りくご》の吉《きっ》は、喜《よろこ》び有《あ》るなり。

六五に「終には吉なり」とあるのは、一時は非難されることがあっても、結局は人々の生活が豊かになって、大いに喜びがあることをいう。

上九、白賁。无咎。

上　九《じょうきゅう》、白《しろ》く賁《かざ》る。咎《とが》无《な》し。

＊白賁…修飾をすべて取り去った、自然のままの美。生地のままの美。

上九は、卦の終わり、修飾の極まりである。

この爻は、一切の修飾を去ってしまって、自然のまま、生地のままの美に帰るのである。修飾の弊害からは離れているので、禍いを免れることができる。

象曰、白賁无咎、上得志也。

象《しょう》に曰《いわ》く、「白《しろ》く賁《かざ》る、咎《とが》无《な》し」とは、上《かみ》にして志《こころざし》を得《う》るなり。

＊上…上に居ること。『周易正義』に「上に居りて志を得るを言う」とある。

＊志を得る…文飾を捨てて、悠然と自得すること。

「白く賁る、咎无し」とあるのは、上九は上に居て、一切の修飾を去ってしまって、自然のままの本質に帰り、悠然と自得しているからである。

23 剥《はく》（山《さん》地《ち》剥《はく》）

䷖ 坤下 艮上

「剥」とは、剥ぎ落とすことをいう。陰爻が陽爻を剥ぎ落とすのである。

この卦は、上の卦は☶艮の山であり、下の卦は☷坤の地である。山が地に付いているのだが、その山もやがては崩れ落ちて、平地になろうとしているのである。

また、卦全体の形からすれば、一番上に陽爻がわずかに一つ残っているだけである。初爻から五爻までは全て陰爻であって、やがてはただ一つ残っている陽爻をも剥ぎ落とそうとする勢いである。そこで、この卦を「剥」と名付けた。

序卦伝では、「賁」の次に「剥」の卦が置かれていることを説明して、「充分に飾りを整えて、その後に事がうまく行なわれるようになるのだが、どこまでも伸びていく時には、必ず尽きてしまうものである。だから、賁の卦の次には、䷖剥の卦が置かれている。剥とは、剥ぎ落とされることである」と言っている。

経文では、陽爻の君子の勢いが衰えて、陰爻の小人の勢いが盛んになる、という方面から、卦・爻の辞が付けられている。

一年の陰陽の気の盛衰においては、この剥の卦は、旧暦の九月（今の十月）に当たる。

䷓観　旧暦八月（今の九月）
䷖剥　旧暦九月（今の十月）
䷁坤　旧暦十月（今の十一月）
䷗復　旧暦十一月（今の十二月）

剥、不利有攸往。

剥《はく》は、往《ゆ》く攸《ところ》有《あ》るに利《よろ》しからず。

＊剥…卦名。剥ぎ落とすこと。削り減らす。

剥は、五陰が下にあってその勢いがますます盛んになり、上にある一陽は、五陰の勢いに剥ぎ落とされようとしている卦である。小人の道が盛んであり、君子の道は衰えている。

こうした状況では、進んで行って事を行なうにはよろしくない。君子は、軽々しく事を行なわずに、止《とど》まって、時勢の変わるのを待つべきである。

象曰、剥、剥也。柔變剛也。
不利有攸往、小人長也。
順而止之、觀象也。
君子尙消息盈虚、天行也。

彖《たん》に曰《いわ》く、剝《はく》は剝《は》ぐなり。柔《じゅう》、剛《ごう》を変《へん》ぜんとするなり。
「往《ゆ》く攸《ところ》有《あ》るに利《よろ》しからず」とは、小人長《しょうじんちょう》ずればなり。
順《じゅん》にして之《これ》に止《どど》まるは、象《しょう》を観《み》るなり。
君子《くんし》の消息盈虚《しょうそくえいきょ》を尚《たっと》ぶは、天行《てんこう》なればなり。

＊柔・剛…柔は五陰をいう。剛は上九の一陽をいう。
＊小人…陰をいう。
＊象を観る…剝の卦の象を観ることをいう。
＊消息…消は、勢いが衰えること。息は、勢いが盛んになること。
＊盈虚…盈は勢いの充実すること。虚は勢いの虚しくなること。
＊天行…天（自然界）の運行をいう。

剝とは、剝ぎ落とす意である。下の五陰が上の一陽を剝落して、陰に変えようとする時である。「往く攸有るに利しからず」とあるのは、小人の道が、盛んになっていく時であるからである。

順（☷坤）にしてこれに止まる（☶艮）とは、すなわち天の理法・時代の情勢に順ってそこに止まり、むやみに進んでは行かないのであり、それは、剝の卦の象を観たからである。

君子は、陽の気の消息盈虚することを知り、それを重んじ、これを手本として行動する。物事が盛んになったり衰えたりすることは、天の法則であるからである。

象曰、山附於地、剝。上以厚下安宅。

象《しょう》に曰《いわ》く、山《やま》、地《ち》に附《つ》くは剝《はく》なり。上《かみ》以《もっ》て下《しも》を厚《あつ》くして宅《たく》を安《やす》んず。

＊上…上にいる者。人君を指す。
＊下を厚くす…☷坤の象。地の厚いところからいう。下は人民を指す。
＊宅を安んず…☶艮の象。止まって動かないところからいう。宅は、ここでは居るところの地位をいう。

高い山が崩れて地に付いてしまったのが、剝の卦の象である。人君はこの卦の象を手本として下の人民を厚く養い、自分の居るところの地位を安泰にするように、心掛けるのである。

初六、剝牀以足。蔑貞凶。

初六《しょりく》、牀《しょう》を剝《はく》するに足《あし》を以《もっ》てす。貞《てい》を蔑《ほろ》ぼす、凶《きょう》なり。

＊牀…寝台。
＊足…寝台の足。
＊貞を蔑ぼす…貞は、正しい道のこと。上九を指す。蔑は、ほろぼすこと。

初六は、卦の最も下にあり、陰が陽を剝ぎ落すことのはじめである。

たとえて言えば、寝台の足より剝ぎ落す象。小人が君子を剝ぎ落すには、まずは君子の身から離れた、遠い所からはじめるのである。
正しい道を滅ぼそうとするのであるから、その行為は凶である。

象曰、剝牀以足、以滅下也。

象《しょう》に曰《いわ》く、「牀《しょう》を剝《はく》するに足《あし》を以《もっ》てす」とは、以《もっ》て下《しも》を滅《ほろ》ぼすなり。

＊下…寝台の足をいう。

「牀を剝するに足を以てす」というのは、寝台の足、つまり君子の身から離れた遠いところから、侵《おか》し滅ぼしていくことをいうのである。

六二、剝牀以辨。蔑貞凶。

六二《りくじ》、牀《しょう》を剝《はく》するに弁《べん》を以《もっ》てす。貞《てい》を蔑《ほろ》ぼす、凶《きょう》なり。

＊弁…寝台の足の上の部分。

六二は、陽を剝ぎ落とすことが進んで、寝台の足の上の部分にまで達したのである。正しい道を滅ぼそうとするのであるから、当然それは凶である。

象曰、剝牀以辨、未有與也。

象《しょう》に曰《いわ》く、「牀《しょう》を剝《はく》するに弁《べん》を以《もっ》てす」とは、未《いま》だ与《くみ》するもの有《あ》らざればなり。

＊与…応ずるところの自分の仲間をいう。五爻の正応を指す。

「牀を剝するに弁を以てす」とあるのは、六二は、よく指導しくれる陽剛の応爻が無いので、陽を剝ぎ落とすような行動をするのである。

六三、剝之、无咎。

六三《りくさん》、之《これ》を剝《はく》するに、咎《とが》无《な》し。

＊之…陽を指していう。

六三は、小人の中の君子。剝の時に当たって、ただ独り上九の陽爻の正応がある。この爻は、陽を剝ぎ落すべき位置にあるけれど、陽を害する気持が無いのである。応爻である上九に従い、君子の味方をするので、禍いを免れる。

象曰、剝之无咎、失上下也。

象《しょう》に曰《いわ》く、「之《これ》を剝《はく》するに、咎《とが》无《な》し」とは、上下《じょうげ》を失《うしな》えばなり。

＊上下…上下の陰爻、すなわち六五・六四・六二・初六を指す。
＊失う…四陰爻と離れること。

「之を剝するに、咎无し」とあるのは、六三は、応爻である上九の味方をするのであり、そのために、六五・六四・六二・初六の四つの陰爻から離れるからである。

六四、剝牀以膚。凶。

六四《りくし》、牀《しょう》を剝《はく》するに膚《はだえ》を以《もっ》てす。凶《きょう》なり。

＊膚…寝台の上の人の皮膚。

六四は、陽を剝ぎ落とすことが更に進んで、寝台の上の人の皮膚にまで及んだ。ここまで来てしまえば、もはや回復することは困難であり、凶にして災いを受ける。

象曰、剝牀以膚、切近災也。

象《しょう》に曰《いわ》く、「牀《しょう》を剝《はく》するに膚《はだえ》を以《もっ》てす」とは、災《わざわ》いに切近《せっきん》すればなり。

＊切近…迫り近づく。

「牀を剝するに膚を以てす」とあるのは、災いがいよいよ迫り近づいたのである。

六五、貫魚以宮人寵。无不利。

六五《りくご》、魚《うお》を貫《つらぬ》くがごとく、宮人《きゅうじん》を以《ひき》いて寵《ちょう》せらる。利《よろ》しからざる无《な》し。

〇六五は、陰の勢力が下から進み長じて、陽を剝ぎ落とすことが、ここにおいて一層深まったのである。凶であることはいうまでもないが、ここでは視点を変えて、小人を善に導くという方面から述べている。

＊魚を貫く…小魚を刺し通すこと。下の陰爻を魚に譬えた。

＊以…ひきいる。率。

＊宮人…宮中の女官。

この卦は、上九の一陽を、五陰の上に居る君主とする。衆陰を女官とすれば、六五はこれらの女官を率いる王后にあたる。

六五の陰爻は、中《ちゅう》にして柔順の徳を具えており、また尊位に居るので王后である。そこでこの爻は、たとえていえば、小魚の頭をそろえて刺し通したように、たくさんの宮中の女官を率いて、上九の陽爻の寵愛を受けさせるのである。

このように、ひたすら上九の陽爻に柔順に従うのであれば、凶を免れて、何事もよろしくないことはないのである。

象曰、以宮人寵、終无尤也。

象《しょう》に曰《いわ》く、「宮人《きゅうじん》を以《ひき》いて寵《ちょう》せらる」とは、終《つい》に尤《とがめ》无《な》きなり。

＊尤…咎と同じ。

「宮人を以いて寵せらる」というのは、最後には、咎められるような過失は無い、ということである。

上九、碩果不食。君子得輿、小人剝廬。

上九《じょうきゅう》、碩果《せきか》食《く》らわれず。君子《くんし》は輿《よ》を得《え》たり、小人《しょうじん》は廬《ろ》を剝《はく》す。

＊碩果…大きな果実。☶艮の象。

＊輿を得…輿は車。人に推戴《すいたい》されることをたとえた。

＊廬を剝す…廬は小さい家。安んずるところを失ってしまう意。

上九は、卦《か》の中の、ただ一つ剝ぎ落とされずに残った陽爻である。

この爻は、ちょうど高い木の上に、ただ一つ食われずに残っている、大きな果実のようなものである。

その徳が君子のようであれば、輿を得てそれに乗ることができるように、人々に推戴されるであろう。小人であれば、小さな家の屋根を剝がされてしまうように、自分の安んずるところを失って、自ら窮してしまうであろう。

象曰、君子得輿、民所載也。小人剝廬、終不可用也。

象《しょう》に曰《いわ》く、「君子《くんし》は輿《よ》を得《え》たり」とは、民《たみ》の載《の》する所《ところ》なればなり。

「小人《しょうじん》は廬《ろ》を剝《はく》す」とは、終《つい》に用《もち》う可《べ》からざるなり。

＊民の載する所…民に推戴されること。

＊終に…結局。しょせん。

＊用う可からざる…任用してはならない者である、との意。

「君子は輿を得たり」というのは、民に推戴されることをいうのである。

「小人は廬を剝す」というのは、自分の安んずる所のない者であり、結局のところ、任用することのできない者である。

24　復《ふく》（地雷復《ちらいふく》）

䷗　震下
　　坤上

「復」とは、陽が復《かえ》ってくることをいう。

卦の象は、上の卦の☷坤は地であり、下の卦の☳震は雷である。雷が地の下に潜んでいるのである。陽の気は、まだ地上には現れていない。地の下に潜んでいる微弱な陽の気である。

一年の陰陽の気の盛衰でいえば、この卦は、旧暦十一月（今の十二月、子《ね》月）の冬至の時に当たる。䷖剝の上爻の陽爻が剝ぎ落とされて、陽爻は一つも無くなり、䷁坤の全陰の卦になってしまうと、間髪を入れず、一陽が再び下に復帰してくるのである。これが、䷗復の卦である。

䷖剝の上爻の陽爻が復ってきて、この䷗復の初爻の陽爻になったのである。

冬至になって、陽の気が復ってきたとはいっても、すぐに気候が温かくなるのではない。その陽の気は、極めて微弱なものである。実際には冬至の後に、最も寒い「小寒」「大寒」がある。

物事の状況が変わる微かな兆し（䷗復）が見えた後も、実はしばらくの間は、今までの弊害が続くのである。むしろそれは、今までよりも一層強く現れる。この、微弱な兆しと目の前に現れている実際の現象とのズレを、しっかりと知っておくことが重要である。

序卦伝では、「剝」の次に「復」の卦が置かれていることについて、「物事は、尽きて終わってしまうことはできない。剝ぎ尽くされることが最上部まで窮まれば、必ず一番下において一陽が生ずるのである。だから、剝の卦の次には䷗復の卦が置かれている」と説いている。

ところで、䷖剝の卦において、まず下の部分の困窮がはじまり、やがてそれが中流に波及し、ついには上層部にまで困窮が及び、世の中全体が、ちょうど山が崩れて平地になってしまったように大いに乱れると、社会の下層の中から新しい秩序を作り出す動きが生まれてくる。中流や上層部からは、新しい力は生まれてはこない。それは、必ず下層の中からはじまるのである。これが、「一陽来復」の意義である。

さて、地の下で鬱屈していた雷が、地の上に現れ出ると、卦は䷗復から䷏豫となる。雷が地上に飛び出て、盛んに奮い動いている形である。ちょうど春雷が奮って寒気を吹き飛ばし、それによって草木も芽を出して、皆な喜び楽しむ候であり、旧暦三月の清明（今の四月上旬）の頃に当たる。

復、亨。出入无疾、朋來无咎。反復其道、七日來復。利有攸往。

復《ふく》は、亨《とお》る。出入《しゅつにゅう》に疾《やまい》無《な》く、朋来《ともきた》りて咎《とが》无《な》し。其《そ》の道《みち》を反復《はんぷく》し、七日《なのか》にして来《きた》り復《かえ》る。往《ゆ》く攸《ところ》有《あ》るに利《よろ》し。

＊復…卦名。かえる意。

＊出…潜んでいた陽が外に現れること。
＊入…陽が純陰の中に潜み隠れていること。
＊疾…傷つけ害すること。
＊朋…陽の仲間を指す。
＊反復…何度も繰り返すこと。
＊其道…陽気が、盛んになったり衰えたりするところの道。陽気消息の道。
＊七日来復…諸説がある。
　一説に、一爻を一日とみて、䷀乾の初爻が削られて䷫姤になり、続いて䷠遯・䷋否・䷓観・䷖剥・䷁坤となり、七日目に䷗復となって一陽が復って来ることをいう。

復は、陽の気が下に復ってきて、次第に長じていく卦であるので、物事は思い通りに通ずるのである。

純陰の中に潜み隠れていた陽気が、外に現れて長ずるのを、傷つけ害するものは何も無く、そして陽の仲間が続いて集まって来るので、何の災いも無いのである。

陽気が、盛んになったり衰えたりするところの道を反復して、七日を経てまた復って来る。
これから陽気が次第に長じていく時であるから、進んで行って事を行なうによろしい。

彖曰、復、亨、剛反。
動而以順行、是以出入无疾、朋來无咎。

反復其道、七日來復、天行也。
利有攸往、剛長也。
復其見天地之心乎。

彖《たん》に曰《いわ》く、「復《ふく》は亨《とお》る」とは、剛反《ごうかえ》ればなり。動《うご》いて順《じゅん》を以《もっ》て行《ゆ》く、是《ここ》を以《もっ》て「出入《しゅつにゅう》に疾無《やまいな》く、朋来《ともきた》りて咎無《とがな》し」と。「其《そ》の道《みち》を反復《はんぷく》し、七日《なのか》にして来《きた》り復《かえ》る」とは、天行《てんこう》なり。「行《ゆ》く攸《ところ》有《あ》るに利《よろ》し」とは、剛長《ごうちょう》ずればなり。復《ふく》に其《そ》れ天地《てんち》の心《こころ》を見《み》るか。

＊天行…陰陽の消息盈虚《えいきょ》する道。天道。
＊天地の心…天地が、休むことなく万物を生成化育することを指す。

卦の辞に「復は亨る」というのは、陽剛が下に反《かえ》ってきたからである。陽気が下において奮い動き、天道に順って上り進む。そこで、卦の辞に「出入に疾無く、朋来りて咎無し」というのである。

また卦の辞に「其の道を反復し、七日にして来り復る」というのは、それが陰陽の消息盈虚する道であるからである。

「行く攸有るに利し」とは、微かな陽気がこれより次第に長じていくからである。この一陽の来復する「復」の卦において、休むことなく万物を生成化育する天地の心を見ることができると言えようか！

象曰、雷在地中、復。先王以至日閉關、商旅不行、后不省方。

象《しょう》に曰《いわ》く、雷《らい》、地中《ちちゅう》に在《あ》るは、復《ふく》なり。先王《せんのう》以《もっ》て至日《しじつ》に関《せき》を閉《と》ざし、商旅《しょうりょ》は行《ゆ》かしめず、后《きみ》も方《ほう》を省《み》ず。

＊至日…冬至の日。
＊商旅…商人と旅人。
＊后…天子のこと。
＊方を省る…天子が四方の地を巡視すること。

雷が地中にあるのが、復の卦である。まだ陽気が萌したばかりで、微弱であるこの卦の象を手本として、古《いにしえ》の聖王《せいおう》は、冬至の日には関所を閉ざして商人や旅人を停めて休養させた。また後の天子も、この日には四方の地を巡視することを止めて、静かに休養された。天道に順《したが》い専ら安静にして、微弱である陽気を養い育てるためであった。

初九、不遠復。无祇悔。元吉。

初九《しょきゅう》、遠《とお》からずして復《かえ》る。悔《く》いに祇《いた》ること无《な》し。元《おお》いに吉《きっ》なり。

＊遠からず…遠くまで行かないこと。

＊祇…いたる。至。

＊元…おおいに。

初九は、この卦の唯一つの陽爻であり、この卦の成卦の主爻である。

この爻は、自分の過ちを知ったならば、まだ遠くまで行かないうちに、それを改めて正しい道に復って来るのである。

このようであるから、悔いるような過失に至ることはない。大いに吉である。

象曰、不遠之復、以脩身也。

象《しょう》に曰《いわ》く、「遠《とお》からざるの復《ふく》」とは、以《もっ》て身《み》を脩《おさ》むるなり。

「遠からずして復る」とあるのは、身を修めて、過ちがあれば速やかにそれを改め、善に復ることをいうのである。

六二、休復。吉。

六二《りくじ》、休《よ》く復《かえ》る。吉《きっ》なり。

＊休…よい。うるわしい。立派なさま。美。

六二は、陰柔にして順《じゅん》の徳があり、中《ちゅう》を得、位が正しい。この爻は、自らは充分な才能は無いけれど、初九の陽爻と比しており、初九の指導に従って正しい道に立ち返る。よく善に復る者であるから、吉である。

象曰、休復之吉、以下仁也。

象《しょう》に曰《いわ》く、「休《よ》く復《かえ》るの吉《きっ》」とは、以《もっ》て仁《じん》に下《くだ》ればなり。

＊仁…仁者。ここでは初九を指す。

「休く復る、吉」とあるのは、初九に下ってそれに従うからである。

六三、頻復。厲无咎。

六三《りくさん》、頻《しき》りに復《かえ》る。厲《あやう》けれども咎无《とがな》し。

＊頻…しきりに。しばしば繰り返すこと。

六三は、陰柔にして中《ちゅう》を得ておらず、位も正しくない。また内卦の☳震の卦の極にいるので、軽挙妄動するのである。

この爻は、復の時に当たり、しばしば妄動して過ちを犯し、またしばしば反省して正しい道に立ち返る。

このようなことを繰り返しているので、危うい状態ではあるけれど、善に復るという気持は忘れていないから、咎められるような災いに遭うことはないのである。

象曰、頻復之厲、義无咎也。

象《しょう》に曰《いわ》く、「頻《しき》りに復《かえ》るの厲《あやう》し」とは、義《ぎ》において咎《とが》无《な》きなり。

＊義…道義上。人として踏み行なうべき正しい道をいう。

「頻りに復る、厲し」とあるのは、そのたびごとに正しい道に立ち返るので、道義として咎められることはない、ということである。

六四、中行獨復。

六四《りくし》、中行《ちゅうこう》して独《ひと》り復《かえ》る。

＊中行…中道をもって行くこと。

一卦全体から見れば、三・四爻を中《ちゅう》とする。六四はこの「中《ちゅう》」に当たる。
中行を、「途中」と解する説もあるが、採らない。

六四は、陰爻をもって陰位に居て位が正しい。また、一卦全体から見れば、卦の真ん中であるので、中庸の徳をもって行く者である。

この爻は、多くの陰爻の中で、ただ独り成卦の主爻である初九と応じている。そのために初九の指導を受けることができるので、陰爻の仲間から離れて、ただ独り正しい道に復るのである。

象曰、中行獨復、以従道也。

象《しょう》に曰《いわ》く、「中行《ちゅうこう》して独《ひと》り復《かえ》る」とは、以《もっ》て道《みち》に従《したが》うなり。

＊道…初九の指導するところの道を指す。

「中行して独り復る」とあるのは、初九の指導するところに従って、正しい道に復るからである。

六五、敦復。无悔。

六五《りくご》、復《かえ》るに敦《あつ》し。悔《く》い无《な》し。

＊敦…道に復ることが手厚い。☷坤の卦の象。

六五は、応爻も無く、比爻も無い。

この爻は、指導してくれる者はないけれど、柔順であり、また上の卦の中《ちゅう》を得ているので、正しい道に復ることはまことに手厚いのである。したがって悔いるような過失は無い。

象曰、敦復无悔、中以自考也。

象《しょう》に曰《いわ》く、「復《かえ》るに敦《あつ》し、悔《く》い无《な》し」とは、中《ちゅう》にして以《もっ》て自《みずか》ら考《な》せばなり。

＊考…なす。成。

「復るに敦し、悔い无し」とあるのは、六五は、位は正しくないけれど、柔順にして中《ちゅう》の徳を持っているので、人の指導を待つことなく、自分から正しい道に復ることができるからである。

上六、迷復。凶。有災眚。用行師、終有大敗、以其國君凶。至于十年不克征。

上六《じょうりく》、復《かえ》るに迷《まよ》う。凶《きょう》なり。災眚《さいせい》有《あ》り。用《もっ》て師《いくさ》を行《や》れば、終《つい》に大敗《たいはい》有《あ》りて、其《そ》の国君《こくくん》に以《およ》ぶ、凶《きょう》なり。十年《じゅうねん》に至《いた》るも征《せい》すること克《あた》わず。

＊災…外から来るわざわい。
＊眚…自分から招いたわざわい。
＊用…以て。
＊師…いくさ。軍隊。
＊以…及ぶ。

＊十年…いつまでも。
＊征…征伐の意。
＊克わず…不能。できないという意。

上九は、復の卦の極に居る。陰柔であり暗愚な者である。この爻は、応爻も無く、比爻も無い。また初九の陽爻とも遠く離れているので、どのようにして復ったらよいのか、迷っているのである。このようでは当然凶であり、災いを受ける。こういう状況で軍隊を起こせば、終には大敗してその災いは国君にまで及び、凶である。十年の歳月がたっても、敵国を征伐することはできないであろう。

象曰、迷復之凶、反君道也。

象《しょう》に曰《いわ》く、「復《かえ》るに迷《まよ》うの凶《きょう》」とは、君道《くんどう》に反《そむ》けばなり。

＊君道に反けば…陽をもって君道とする。この卦の唯一つの陽爻であり、また主爻である初九に「遠からずして復る」とあり、上六の「迷復」は、これと全く相い反している。故に「君道に反けばなり」という。

「復るに迷う、凶なり」とあるは、君としての道に反くからである。

25 无妄《むぼう》（天雷无妄《てんらいむぼう》）

䷘ 震下 乾上

「无妄」とは、真実至誠であること、真実で偽りが無いことをいう。妄は、でたらめ、いつわりの意。无は、無《む》の意である。

この卦は、上の卦は☰乾で天であり、下の卦は☳震で動くという性質がある。これは、「動くに天を以てする」「天の理に則って動く」ということである。そこには、少しも「私の心」が無い。これが无妄の象である。

人欲によって動くと妄になる。何かを期待して行動するのではない。ただ自分の為すべきことを行なうだけである。そこには、少しの私心も無いのである。程子は「動くに天を以てするを无妄と為す。動くに人欲を以てすれば則ち妄なり」と述べている。

序卦伝では、「復」の次に「无妄」の卦があることを、「根本の所に立ち返る時には、皆な正しい理に合致して真実でないことはない。だから、復の卦の次には、䷘无妄の卦が置かれている」と説明している。

雑卦伝では、「无妄は災いなり」と言っている。この卦は、天の理に則って動くのだから、そこには、一点の私心も無いのである。そうであれば、災難に遭うはずはないと思われるが、しかし実際には、思いもかけない災いに遭遇することがあるのだ。

䷘无妄の卦は、天の下で雷が轟《とどろ》いている形である。雷は、人に害を与えようとして鳴っているのではない。そこには何の意図もなく、ただ天の理に則っているだけである。だが、人がそれに遭遇すれば、それは、人にとっては大いなる災難でしかない。

自分には何の落ち度もないのに、思いもかけない災いに遭うことがある。これを「无妄の災」という。この卦は、はからずも、思いがけない災難を受ける場合があることをいうのである。


无妄、元亨利貞。其匪正有眚。不利有攸往。


无妄《むぼう》は、元《おお》いに亨《とお》る、貞《ただ》しきに利《よろ》し。

其《そ》れ正《ただ》しきに匪《あら》ざれば眚《わざわ》い有《あ》り。往《ゆ》く攸《ところ》有《あ》るに利《よろ》しからず。

＊无妄…卦名。
「妄」は、みだり、いつわり。道理に暗い意。

「无妄」は、妄でないこと。すなわち真実至誠の意。

天道に従って行動すれば、无妄となる。

人欲に従って行動すれば、妄である。
＊眚…自分から招いた禍い。自分の行為が、无妄でないために起こる。

无妄は、少しの偽りもなく、天の道に従って動くのであるから、大いに伸び盛んになる。そして、正しい道を固く守っていくのがよろしい。

しかし、その行いが、正しい道にかなっていなければ、必ず禍いに遭うものである。したがって、進ん行って事を為すことは、よろしくない。

彖曰、无妄、剛自外來而爲主於内。動而健。剛中而應。大亨以正、天之命也。其匪正有眚、不利有攸往、无妄之往、何之矣。天命不祐、行矣哉。

彖《たん》に曰《いわ》く、无妄《むぼう》は、剛《ごう》、外《そと》より来《きた》りて、内《うち》に主《しゅ》と為《な》る。動《うご》いて健《けん》なり。剛中《ごうちゅう》にして応《おう》ず。大《おお》いに亨《とお》りて以《もっ》て正《ただ》しきは、天《てん》の命《めい》なり。「其《そ》れ正《ただ》しきに匪《あら》ざれば眚《わざわ》い有《あ》り、往《ゆ》く攸《ところ》有《あ》るに利《よろ》しからず」とは、无妄《むぼう》の往《ゆ》くは何《いづく》にか之《ゆ》かん。天命祐《てんめいたす》けず、行《ゆ》かれんや。

＊剛、外より来たり…卦変の説によって、卦名を解釈している。朱子の卦変説《かへんせつ》では、䷅訟の九二が来たりて䷘无妄の初九になったとする。

＊天の命…天道をいう。无妄のこと。

无妄の卦は、陽爻が外より来て、内卦の初九となり、成卦の主爻となってできたものである。内卦の☳震の性質は動であり、外卦の☰乾の性質は健である。また、九五は陽剛であり、上の卦の中《ちゅう》を得て六二と応じている。このようなすばらしい徳があるので、大いに伸びて盛んになり、その行いは正しい道にかなうのであるが、これは天道、すなわち真実无妄であるからである。

卦の辞に、「其れ正しきに匪ざれば眚い有り。往く攸有るに利しからず」とあるのは、无妄の時に当たり、正しい道によらずして、いったいどこへ行こうとするのであろうか。天道に逆らえば、天命はこれを助けないのだ。どうして行くことができるだろうか！

象曰、天下雷行物與、无妄。先王以茂對時育萬物。

象《しょう》に曰《いわ》く、天《てん》の下《した》に雷行《らいゆ》きて物与《ものお》ずるは、无妄《むぼう》なり。先王《せんのう》以《もっ》て茂《さか》んに時《とき》に対して万物《ばんぶつ》を育《やしな》う。

＊与…くみする、応ずる意。
王弼は「皆」の意とし、朱子は「あたう」と読むが採らない。
＊先王…天子をいう。
＊茂…盛んの意。
＊時に対す…天の時に順い合すること。

天の下に雷が奮い動き、これに応じて万物が発生するのが、无妄である。

古の天子は、この卦象を手本として、盛んに天の時に順い合わせ、それぞれにそのよろしきところを得さしめて、万物を養育するのである。

初九、无妄。往吉。

初九《しょきゅう》、无妄《むぼう》なり。往《ゆ》きて吉《きつ》なり。

初九は、☳震の主爻であって陽剛の徳があり、また、位が正しい。この爻は、无妄、すなわち天の道に従って動き、天の理に則って事を行なうのである。このようであれば、進んで行って吉である。

象曰、无妄之往、得志也。

象《しょう》に曰《いわ》く、「无妄《むぼう》の往《ゆ》く」は、志《こころざし》を得《う》るなり。

＊志を得る…心の欲するままに行なわれること。

「无妄なり、往きて吉」とあるのは、少しの虚妄もなく、天の道に従って動き、天の理を手本として事を行なえば、志すところは成就する、ということである。

六二、不耕穫、不菑畬、則利有攸往。

六二《りくじ》、耕穫《こうかく》せず、菑畬《しよ》せざれば、則《すなわ》ち往《ゆ》く攸《ところ》有《あ》るに利《よろ》し。

＊耕穫…「耕」は、春に耕すこと。「穫」は、秋に穀物を収穫すること。

「耕穫せず」とは、耕して秋の収穫を期待しないこと。
＊菑畬…菑は、開墾して一年目の田。畬は、開墾して三年目の田。
菑畬せずとは、開墾をするに、三年後には良田になるであろう、などと期待しないこと。

六二は、柔順にして、下の卦の中《ちゅう》を得ており、上の卦の☰乾の中爻、すなわち九五の剛陽と応じている。

この爻は、事を行なうに当たっては、ただ天の理（☰乾）に従って行なうのであり、その効果を期待する心は、少しも無いのである。たとえば、秋に穀物を収穫することを期待して耕作するのではなく、ただ自分の務めだと思って、田畑を耕す。

また田を開墾するのに、三年もすれば良田になるだろう、と期待してそれを行なうのではなく、ただ自分の務めであると考えて、開墾をする。

このように、結果や報酬を期待することなく、自分の務めを、務めとして行なっているのであるから、進んで行って事を行なうによろしいのである。

象曰、不耕穫、未富也。

象《しょう》に曰《いわ》く、「耕穫《こうかく》せず」とは、未《いま》だ富《と》まんとせざるなり。

「耕穫せず」とあるのは、富もうとする心は無いということである。

六三、无妄之災。或繫之牛。行人之得、邑人之災。
六三《りくさん》、无妄《むぼう》の災《わざわ》いあり。或《あ》るいは之《これ》が牛《うし》を繫《つな》ぐ。行人《こうじん》の得《う》るは、邑人《ゆうじん》の災《わざわ》いなり。

＊无妄の災…思いがけない災難。
＊行人…旅人。九四を指す。
＊得る…牛を得ること。
＊邑人…その土地に住んでいる人。六三を指す。

六三は、陰柔にして、中《ちゅう》を過ぎており、位も正しくない。

この爻は、无妄の卦の一爻であるから、至誠にして少しの虚偽も無いけれど、居るべき位置が悪いので、思いもかけない災難に遇うのである。

たとえば、ある人が、村の中に牛を繫いでおいた時、行きずりの旅人がそれを連れ去ってしまった。そのためにその村の人々は、何の関わりもないのに牛を盗んだ嫌疑をかけられて、思わぬ災難を受けるようなものである。


象曰、行人得牛、邑人之災也。

象《しょう》に曰《いわ》く、行人《こうじん》の牛《うし》を得《う》るは、邑人《ゆうじん》の災《わざわ》いなるなり。

旅人が牛を得ることは、村人が災難を被ることである。

九四、可貞。无咎。

九四《きゅうし》、貞《てい》にす可《べ》し。咎无《とがな》し。

＊貞…固く守ること。

胡炳文は、貞には「正」と「固」との義があるが、「利貞」の場合は正にして固の義を兼ねる。「可貞」の場合は専ら固の義で、正の義を兼ねない、と説いている。

九四は、无妄の卦の一爻ではあるが、陽剛をもって陰位に居て位が正しくなく、また下に応ずる爻も無い。そして君に近い位置に居るので、妄動しやすいのである。

この爻は、したがって、无妄の道を固く守って居るべきである。そのようであれば、咎められるような過失は免れる。

象曰、可貞无咎、固有之也。

象《しょう》に曰《いわ》く、「貞《てい》にす可《べ》し、咎无《とがな》し」とは、固《かた》く之《これ》を有《たも》つなり。

＊有…たもつ。守る意。

＊之…无妄を指す。

「貞にす可し、咎无し」とは、无妄の道を、固く守って失わないことである。

九五、无妄之疾。勿藥有喜。

九五《きゅうご》、无妄《むぼう》の疾《やまい》あり。薬《くすり》すること勿《なか》れ、喜《よろこ》び有《あ》り。

＊喜び有り…疾が自然に治ってしまうことをいう。

九五は、陽剛をもって尊位におり、位正しく中庸の徳を得て、下の六二と正しく応じている。无妄の卦において、理想的な爻である。

この九五も、思わぬ疾を得ることがある。そんな時、あわてて薬を服用してはならない。これは本当の病気ではなく、ただそのように見えるだけである。そのまま自然にまかせておけば、その疾は治ってしまうであろう。

象曰、无妄之藥、不可試也。

象《しょう》に曰《いわ》く、无妄《むぼう》の薬《くすり》は、試《こころ》む可《べ》からざるなり。

＊試む…こころむ。少し嘗めてみること。

无妄の時の疾には、薬を服用してはならない。无妄の時の疾は、无妄によって治すのが一番よいのである。

上九、无妄。行有眚。无攸利。

上九《じょうきゅう》、无妄《むぼう》なり。行《ゆ》けば眚《わざわ》い有《あ》り。利《よろ》しき攸《ところ》无《な》し。

＊行けば眚い有り…蔡清は、次のように説いている。

「上九は、妄があるのではない。ただその窮極であるから、行くべきではない、というだけのことである。その時の極に処ることをいっているだけであって、その无妄の極を言っているのではない。无妄の極は、則ち至誠である、また何の眚があるであろうか！」

上九は、卦の終わりにおり、无妄の時の窮まる時に当たっている。この爻は、无妄の道を体得している者である。しかし、これ以上更に進んで行こうとすれば、自ら禍いを招くことになる。少しもよいことはない。

象曰、无妄之行、窮之災也。

象《しょう》に曰《いわ》く、「无妄《むぼう》の行《ゆ》く」は、窮《きわ》まるの災《わざわ》いあるなり。

无妄の卦の終わりにあって、更になお進んで行くことは、无妄の時が窮まることによる災いを、受けるのである。

26 大畜《たいちく》（山天大畜《さんてんたいちく》）

䷙ 乾下艮上

「大畜」とは、大なる者が止める、大なる者が蓄える、大なる者が養う、という意である。ところで、六十四卦の中で大の付く卦は四つある。「大有」「大畜」「大過」「大壮」である。これらの卦においては、「大」とは、大なるもの、すなわち陽のことである。「畜」は、とどめる、たくわえる、やしなう、という三つの意味を兼ねて読む。

卦の象は、上の卦は☶艮の山であり、止めるという性質がある。下の卦は☰乾であり、天の気である。陽の卦の☶艮の山が、陽の卦の☰乾の天、すなわち天の気を止めている。大きい山が天の元気をたくさん止め蓄えているので、山の草木が成長することができるのである。このようなことから、この卦を「大畜」と名付けた。

またこの卦は、上爻の陽爻が、下の卦の三陽爻を止め蓄えている。陽爻が陽爻を止め蓄えているのだから、大いに蓄えることができるのである。

この卦と似た卦に、䷈小畜がある。小畜では、☴巽の陰の卦が☰乾の陽の卦を止め蓄えている。また、四爻の陰爻が下の卦の三陽爻を止め蓄えているのであるから、それは「蓄えることが小さい」のであって、「大いに」という訳にはいかないのである。

序卦伝では、「无妄《むぼう》」の次に「大畜」の卦が置かれていることについて、「妄念妄想がなく、至誠の徳があって、その後に大いに蓄えることができる。だから、无妄の卦の次には、䷙大畜の卦が置かれている」と言っている。

つまり、妄念や妄見、邪念などがない「天の理に従って動く」という行動の結果が、大なるものを蓄えることができる、ということにつながっていくことを述べている。大畜は、无妄の徳の結果なのである。

大畜、利貞。不家食、吉。利渉大川。

大畜《たいちく》は、貞《ただ》しきに利《よろ》し。家食《かしょく》せずして、吉《きつ》なり。大川《たいせん》を渉《わた》るに利《よろ》し。

*大畜…卦名。大なるものをもって大なるものを止め蓄える意。

*家食…仕えずに家にいること。
家食せずとは、二三四爻で☱兌ができ、口の象とする。兌の主爻が四爻目の外卦にある。外で食事をする象にとる。

*大川を渉るに利し…二三四爻で☱兌ができ、これを大きな川とする。三四五爻で☳震ができ、これを舟とする。川の上を舟で渉る象にとる。

大畜は、大なるものをもって、大なるものを止《とど》め蓄えることである。君子は、大なる道徳や才能を、自分の身に止め蓄えるのであるが、それは、正しい道にかなったものでなければならない。

そして、このような大なる道徳や才能を止め蓄えたならば、進んで世の中へ出て、それを活かし用いるべきであり、そうすれば吉にして幸いを得る。
大きな川を渉るような、大事を決行するによろしい。

彖曰、大畜、剛健篤實輝光、日新其德。剛上而尚賢、能止健。大正也。不家食吉、養賢也。利渉大川、應乎天也。

彖《たん》に曰《いわ》く、大畜《たいちく》は、剛健篤実《ごうけんとくじつ》にして輝光《きこう》あり、日々《ひび》に其《そ》の徳《とく》を新《あら》たにす。剛上《ごうのぼ》りて賢《けん》を尚《たっと》び、能《よ》く健《けん》を止《とど》むるは、大《おお》いに正《ただ》しきなり。「家食《かしょく》せず、吉《きっ》なり」とは、賢《けん》を養《やしな》えばなり。「大川《たいせん》を渉《わた》るに利《よろ》し」とは、天《てん》に応《おう》ずればなり。

＊「剛健篤実輝光、日新其徳」の句読には、二つの説がある。
（1）王弼・『周易正義』は「剛健篤実輝光、日新其徳。」とする。今はこれに従う。
（2）鄭玄・虞翻は「剛健篤実、輝光日新、其徳剛上而尚賢、」とし、「剛健篤実にして、輝光日々に新たなり。其の徳、剛上りて賢を尚び……」と読む。

＊剛健…☰乾の徳をいう。
＊篤実…☶艮の徳をいう。
＊輝光…光り輝く。
＊其の徳…大畜の徳。
＊賢を尚ぶ…賢は上九を指す。六五の君が、上九の陽爻を尊ぶことをいう。
＊能止健…虞翻は「能健止」とし「能く健にして止まる」と読む。
＊賢を養う…賢は下の三陽を指す。養う者は、六五の君である。
＊天に応ずる…「天は」下卦の☰乾をいう。「応ずる」は、六五が下の☰乾の中爻である九二と応じていることをいう。

大畜の卦は、その徳は剛健・篤実であり、それが内に蓄えられて光り輝いている。そして、日々にその大畜の徳を新たにするのである。

陽剛が上って上九となり、六五の君はこの上九の賢人を尊敬して、その下に在る。そして、上九が下の健（☰乾）をよく止めることができるのは、大いに正しい道にかなっているからである。卦の辞に「家食せず、吉」とあるのは、六五の君がよく賢人を尊んでこれを養えば、賢人は出でて仕え、その禄を食むようになるからである。

「大川を渉るに利し」というのは、六五の君が、よく下の卦の☰乾の九二と応じているからである。

象曰、天在山中、大畜。君子以多識前言往行、以畜其德。

象《しょう》に曰《いわ》く、天《てん》、山《やま》の中《なか》に在《あ》るは、大畜《たいちく》なり。君子《くんし》以《もっ》て多《おお》く前言往行《ぜんげんおうこう》を識《しる》して、以《もっ》て其《そ》の徳《とく》を畜《たくわ》う。

＊識…記憶すること。

＊前言…古の聖賢の言ったことば。

＊往行…古の聖賢の行い。

＊畜…たくわえる。つむ。蓄積する。

天の元気が、山の中に蓄えられて在るのが、大畜の卦の象である。君子はこの卦象を手本として、古の聖賢の言ったことばや、行なったことをたくさん記憶し、そのことによって自分の徳を蓄え養うのである。

初九、有厲。利已。

初九《しょきゅう》、厲《あやう》きこと有《あ》り。已《や》むに利《よろ》し。

＊已…やめる。止。

初九は、陽剛にして位が正しく、六四と応じている。この爻は、☰乾の卦の一爻であるので、剛健にして上り進もうとする性質がある。しかし、卦のはじめであり、まだ未熟な状態である。そのうえ六四と正しく応じていて、これに止められている。進んで行くには大変危うい。
もし、無理にでも上り進むならば、それは危険を犯すことになる。やめて止まるのがよろしい。

象曰、有厲利已、不犯災也。
象《しょう》に曰《いわ》く、「厲《あやう》きこと有《あ》り、已《や》むに利《よろ》し」とは、災《わざわ》いを犯《おか》さざるなり。

「厲きこと有り、已むに利し」とあるのは、無理に進んで行って、災いを犯すようなことはしない、ということである。

九二、輿説輹。
九二《きゅうじ》、輿《くるま》、輹《とこしばり》を説《と》く。

＊輿…くるま。
＊輹…とこしばり。車の車体を輪の心棒に連結するもの。
＊説く…はずすこと。

九二は、六五に止められるが、陽剛であって下の卦の中《ちゅう》を得ているので、六五の畜止《ちくし》を待つことなく、自ら止まるのである。

それはちょうど、輿の輹を自分ではずしてしまったようなもの。

象曰、輿説輹、中无尤也。

象《しょう》に曰《いわ》く、「輿《くるま》、輹《とこしばり》を説《と》く」とは、中《ちゅう》にして尤《とが》め无《な》きなり。

「輿、輹を説く」というは、下の卦の中を得ており、自ら止《とど》まるので咎められるような過失はないのである。

九三、良馬逐。利艱貞。曰閑輿衛、利有攸往。

九三《きゅうさん》、良馬《りょうば》逐《お》う。艱《くるし》みて貞《てい》なるに利《よろ》し。日《ひび》に輿衛《よえい》を閑《なら》えば、往《ゆ》く攸《ところ》有《あ》るに利《よろ》し。

＊逐…競い走ること。
＊艱みて貞…苦しんで正しい道を堅く守ること。
＊曰…朱子は「曰はまさに日月の日となすべし」とする。今はこれに従う。
　「日」は、日々にと読む。毎日毎日の意。
＊閑…習う。
＊輿衛…輿は、馬車を御する術。衛は、自分の身を防ぎ守ること。

九三は☰乾の一番上の爻である。また応爻であるべき上九も同じ陽爻であるので、九三を止めない。だから、良馬が競い走るように、共に進んで行く。
しかし、それだけに注意も必要である。苦しんで正しい道を固く守っていくべきである。
そして日々に馬車を御する術や、身を護り防ぐ術を習うようであれば、進んで行って事を行なってもよろしい。

象曰、利有攸往、上合志也。

象《しょう》に曰《いわ》く、「往《ゆ》く攸《ところ》有《あ》るに利《よろ》し」とは、上《かみ》と志《こころざし》を合《あ》わすればなり。

＊上…上九を指す。

「往く攸有るに利し」とあるのは、上の上九と志を合わせるからである。

六四、童牛之牿。元吉。

六四《りくし》、童牛《どうぎゅう》の牿《こく》なり。元《おお》いに吉《きつ》なり。

＊童牛…初九を指す。
＊牿…角よけ。牛の角に横木を付けて、人を突かないようにさせる。

六四は、上の☶艮の卦のはじめであり、また陰柔にして位が正しく、下の初九と正しく応じている。

この爻は、初九を止めるのである。初九は、進むことのはじめであり、その力はまだ微弱であるので止めやすい。このことを「童牛の角よけ」にたとえた。まだ角の生《は》えきらない子牛に「角よけ」をつけて、突きかかることを未然に防ぐのである。

このように、災難を未然に防ぐ手段を講ずるので、元いに吉である。

象曰、六四元吉、有喜也。

象《しょう》に曰《いわ》く、六四《りくし》の「元《おお》いに吉《きつ》なり」とは、喜《よろこ》び有《あ》るなり。

＊喜び有る…陰と陽とが相い応ずることをいう。六四と初九とについていう。

六四に「元いに吉なり」とあるのは、六四と初九とが相い応ずるという喜びがあるからである。

六五、豶豕之牙。吉。

六五《りくご》、豶豕《ふんし》の牙《が》なり。吉《きつ》なり。

＊豶豕…去勢された豕《いのこ》（豚）の意。

六五は、陰柔であって中《ちゅう》を得、五爻の尊位に居る。

この爻は、九二を止めるのであるが、九二は牙のある豕であって、初九の童牛のようにはいかないので、機会を見て去勢してしまうのである。

そうすれば家もおとなしくなり、人を傷つけることもなく、よく止めることができる。吉である。

象曰、六五之吉、有慶也。

象《しょう》に曰《いわ》く、六五《りくご》の「吉《きつ》」なるは、慶《よろこ》び有《あ》るなり。

＊慶び有る…陰と陽とが相い応じて、互いに得ることをもっていう。

六五の爻辞に「吉」とあるのは、六五が九二を止めて、陰陽応じて相い得るからである。

上九、何天之衢。亨。

上《じょう》九《きゅう》、天《てん》の衢《ちまた》を何《にな》う。亨《とお》る。

＊何…荷。になうと読む。朱子は、感嘆の辞とするが、採らない。

＊衢…ちまた。四方に通じた大きな道路の意。

上九は、この卦の成卦の主爻である。大畜の終わりであり、止め蓄えることが極まって、大畜の道は成就したのである。

この爻は、九三の上り進むのを止めず、共に進んで行く。それはちょうど、天上の四方に通じた大きな道路を、肩の上に荷なっているようなもの。

四方に通じて、何の障害もないので、万事において滞ることなく、うまく行なわれるのである。

象曰、何天之衢、道大行也。

象《しょう》に曰《いわ》く、「天《てん》の衢《ちまた》を何《にな》う」とは、道大《みちおお》いに行《おこな》わるるなり。

「天の衢を何う」とあるのは、大畜の時が極まって、道が大いに行なわれるということである。

27　頤《い》（山雷頤《さんらいい》）

䷚　震下　艮上

「頤」とは、おとがい。あごのこと。転じて「養う」意とする。

上の卦は☶艮であり、山の卦であるから止まって動かない。下の卦は☳震であり、雷の卦であるから動く性質がある。上が止まって動かず下が動くので、これを上顎と下顎に象《かたど》るのである。このように、䷚はあごの象であるので、「頤」と名付けた。

ここから養うという意味が出る。この卦は、養うについての道を説いている。自分の徳を養うこと、他者を養うこと、肉体を養うこと、精神を養うこと、天子が天下の民を養うこと、この卦は、そういういろいろな養いの道について説くのである。

卦の性質からみれば、上は止って動かず（☶艮）、下は盛んに奮い動いている（☳震）。根本のところには、じっと動かないものがあり、その一方では、盛んに活動するものがある。この二つの相反するはたらきがよく調和して、養いの道がうまくゆくのである。全部が動きだしてしまっては、何のはたらきもできない。

六爻を見ると、上爻と初爻が陽爻であり、充実している。その他の中間の二三四五爻は陰爻であり、空虚である。経文では、この二つの陽爻が養いを与える立場、四つの陰爻が、養いを求める立場として、爻の辞が付けられている。

序卦伝では、「物が充分に蓄えられて、その後に養うことができるようになる。だから、大畜の卦の次には、䷚頤の卦が置かれている。頤とは、養うことである」と説明している。

この卦は、大きく口を開けている形であるが、その口の中には、何も物が入っていない。この、内部が空虚である、ということが重要なのだ。中に物が入っていれば、新たに取り入れることができない。新たな養いを受け付けないのである。たとえよいものでも、入っていくことができないのである。

中が空虚であるということは、心の中に私心・私利・私欲などが全く無い、ということである。何も無い、ということが、大切な点である。


頤、貞吉。觀頤、自求口實。

頤《い》は、貞《ただ》しければ吉《きつ》なり。頤《い》を観《み》て、自《みずか》ら口実《こうじつ》を求《もと》む。

＊頤…卦名。おとがい、あごの意。☶艮を上あごとし、☳震を下あごとする。
　ここでは、養いの義にとる。
＊頤を観る…自分が養おうとすることが、どういうものであるかを考えること。
＊口実…口の中に入れるもの。食物。

頤とは、養うということである。

さて、頤の道が正しい道にかなっており、それを固く守る時は、吉である。

自分が養おうとすることが、いったいどういうものであるのかをよく観察し、よく考え、それにかなった口実、すなわち栄養物を、自分自身で求めるべきである。

彖曰、頤、貞吉、養正則吉也。
観頤、観其所養也。自求口實、観其自養也。
天地養萬物、聖人養賢以及萬民。
頤之時大矣哉。

彖《たん》に曰《いわ》く、「頤《い》は貞《ただ》しければ吉《きっ》なり」とは、養《やしな》うこと正《ただ》しければ則《すなわ》ち吉《きっ》なるなり。
「頤《い》を観《み》る」とは、其《そ》の養《やしな》う所《ところ》を観《み》るなり。
「自《みずか》ら口実《こうじつ》を求《もと》む」とは、其《そ》の自《みずか》ら養《やしな》うところを観《み》るなり。
天地《てんち》は万物《ばんぶつ》を養《やしな》い、聖人《せいじん》は賢《けん》を養《やしな》いて、以《もっ》て万民《ばんみん》に及《およ》ぼす。
頤《い》の時大《ときおお》いなるかな。

＊頤の時大いなるかな…頤養の道は、時の宜しきを得ることが大切である。天地と聖人とが時の宜しきを得て、万物を養い賢人を養育する、その頤養の時の意義を「大いなる」と賛嘆

した辞である。

卦の辞に、「頤は貞しければ吉」というのは、養うことが正しければ吉であって幸いを得る、ということである。

「頤を観る」というのは、その養うところ、すなわちその人が何を養おうとするのかを観察することである。

「自ら口実を求む」とは、自ら、自分自身を養う方法が正しいものであるのかどうかをよく観ることである。

養いの道は、自分自身を養うことに限らない。天地は、春夏秋冬の時の宜しきを得て万物を養い育て、聖人は、時の宜しきを得て賢人を養い育てて、その恩沢を万民に及ぼすのである。

このようにして見れば、頤の時の意義は、なんと広大なことであろうか！

天地が万物を生養《せいよう》するにも、聖人が賢人を養育するにも、全て物を養うには、まことに時のよろしきを得ることが重要なのである。

象曰、山下有雷、頤。君子以慎言語、節飲食。

象《しょう》に曰《いわ》く、山《やま》の下《した》に雷《らい》有《あ》るは、頤《い》なり。君子《くんし》以《もっ》て言語《げんご》を慎《つつし》み、飲食《いんしょく》を節《せっ》す。

＊言語を慎む…言語は口より出づ。徳を養うことをいう。

＊飲食を節す…飲食は口より入る。身を養うことをいう。

山の下に陽気が奮い動いているのが、頤の卦の象である。山の上の草木は、この山の下で雷動している陽気の養育によって成長し繁茂するのであり、この陽気は、まだ山上には出ずに止《とど》まっている。

君子は、この卦の象を手本として、口より出づるところの言語を慎むことによって徳を養い、口より入る飲食を節することによって、身を養うのである。

初九、舍爾靈龜、觀我朶頤。凶。

初九《しょきゅう》、爾《なんじ》の霊亀《れいき》を舎《す》てて、我《われ》を観《み》て頤《おとがい》を朶《た》る。凶《きょう》なり。

＊舍…捨てるということ。
＊爾…なんじ。初九を指す。
＊霊亀…霊妙な徳のある亀。亀は幾日も食物を取らずに生きているとされることから、養いを外に求めずして明智ある者を亀にたとえた。ここでは、初九のもともと持っているところのすぐれた才能にたとえた。
＊我…正応の六四を指す。
＊頤を朶る…口を開けて物欲しそうによだれを垂らす。

初九は、陽爻で陽位に居て位正しく、六四の陰爻と応じている。

この爻は、自らを養うに充分な能力を持っている。しかしその居る位置が低いために、持っている力を充分に発揮することができない。そこで上の応爻である六四を観て羨ましく思い、口を開けて物欲しそうによだれを垂らして、その養いを求めるのである。こういうことでは、当然凶である。

象曰、觀我朶頤、亦不足貴也。

象《しょう》に曰《いわ》く、「我《われ》を観《み》て頤《おとがい》を朶《た》る」とは、亦《また》、貴《たっと》ぶに足《た》らざるなり。

「我を観て頤を朶る」とあるのは、もともとは優れた才能を持っているにもかかわらず、それを捨てて、他の者を観て物欲しそうにするようでは、もはや貴ぶには足らないのである。

六二、顚頤。拂經。于丘頤、征凶。

六二《りくじ》、顚《さかしま》に頤《やしな》わる。経《つね》に払《もと》れり。丘《おか》に于《おい》て頤《やしな》われんとして、征《ゆ》けば凶《きょう》なり。

＊顚に頤わる…初九の養いを受けること。
＊経に払る…常道に反すること。「経」は常の意。「払」はそむく、反する。
＊丘…上九を指す。上の卦の☶艮を丘とする。

六二は、下の卦の中《ちゅう》を得ている。また位は正しいが、陰爻であるので自ら養うことができず、他の者の養いを受ける者である。

この爻は、初九と比しており、その養いを受けるのである。しかしこれは、上の者が下の者の養いを受けることになって、常の道に違うことになる。

そこで六二が、初九の位置の低いことを嫌って、位の高い上九の養いを受けようとして進んで行けば、もともと上九とは何の縁故もないので、必ず凶になるであろう。

象曰、六二征凶、行失類也。

象《しょう》に曰《いわ》く、六二《りくじ》の「征《ゆ》けば凶《きょう》」とは、行《ゆ》けば類《るい》を失《うしな》えばなり。

＊類…同類。下の卦の同類の初九を指す。

六二の卦の辞に「征けば凶」とあるのは、上九に養われようと進んで行けば、下の卦の同類の初九を失うことになるからである。

六三、拂頤。貞凶。十年勿用。无攸利。

六三《りくさん》、頤《い》に払《もと》る。貞《ただ》しけれども凶《きょう》なり。十年用《じゅうねんもち》うること勿《なか》れ。利《よろ》しき攸《ところ》无《な》し。

＊程子は「拂頤貞凶」の句を、「頤の貞に払る、凶」と読む。

＊払る…もとる。養いの正道に反する。
＊十年…長い間の意。永久に。
＊用うる勿れ…妄動をしてはならない。施行してはならない。

六三は、陰柔にして陽位に居り、位が正しくない。すなわち志がよくないのである。

この爻は、☳震の卦の一番上に居るので、軽挙妄動して応爻である上九に媚び諂ってその養いを求めるのであり、このような態度は養いの正道に反するものである。

たとえ、それが正応の上九に対してであって、その限りにおいては正しくても、凶にして災いを受けるのである。

このような状態にあっては、永久に行動を起こしてはならない。それは、少しもよろしいところがないであろう。

象曰、十年勿用、道大悖也。

象《しょう》に曰《いわ》く、「十年用《じゅうねんもち》うること勿《なか》れ」とは、道大《みちおお》いに悖《もと》ればなり。
＊悖…もとる。払に同じ。養いの正道に反する意。
＊道…六三の仕方。六三のよるべき道。

「十年用うること勿れ」とあるのは、六三の仕方は、大いに間違っているからである。

六四、顚頤。吉。虎視眈眈、其欲逐逐。无咎。

六四《りくし》、顚《さかしま》に頤《やしな》わる。吉《きつ》なり。虎視眈眈《こしたんたん》たり、其《そ》の欲逐逐《よくちくちく》たり。咎无《とがな》し。

＊顚に頤わる…下の初九に養われること。ここでは指導を受け補佐を得るをいう。
＊虎視眈眈…眈眈は、虎がじっと下を視るさま。ここでは六四が正応である初九をじっと見つめること。
＊其欲逐逐…その欲とは、初九の指導を受けることを望むことをいう。逐逐とは、求めてやまないさま。

六四は、下の初九と正しく応じており、また陰柔で陰位に居るので位の正しい大臣である。この爻は、柔順に初九に従い、その指導を受け補佐を得る。そしてその結果、自分の職責を果たすことができるので吉である。
六四が初九を求めることは、ちょうど虎が下をじっと視《み》つめるようであり、初九の指導を望むことはどこまでも求めてやまない。このようであれば、過失を犯すことはないのである。

象曰、顚頤之吉、上施光也。

象《しょう》に曰《いわ》く、「顚《さかしま》に頤《やしな》わるの吉《きつ》」なるは、上《かみ》の施《ほどこ》し光《おお》いなればなり。

＊上…六四を指す。
＊光…大いなる。光大。

「頼に頤わる、吉」とあるのは、六四は、初九の指導補佐を得ることによって、恩沢を広く天下に施すことができるからである。

六五、拂經。居貞吉。不可渉大川。

六五《りくご》、経《つね》に払《もと》る。貞《てい》に居《お》れば吉《きつ》なり。大川《たいせん》を渉《わた》る可《べ》からず。

＊経に払る…「経」はつね。常道。「払」はもとる。反すること。ここでは上九に養われることをいう。

＊貞に居る…上九の指導に従い、正しい道を固く守っていること。

六五は、天下を養うべき天子である。

この爻は、陰柔にして尊位に居り、位が正しくないので人を養うだけの力が無い。そこで無位の上九の賢人の指導・補佐を受けるのである。

これは頤養の常の道には反していることであるが、しかしながら、上九の指導に従い正しい道を固く守っていれば、吉にして幸いを得る。

だが、六五は柔弱であるので、大きな川を渉るような困難な大事を決行することはできない。

象曰、居貞之吉、順以従上也。

象《しょう》に曰《いわ》く、「貞《てい》に居《お》るの吉《きつ》」なるは、順《じゅん》にして以《もっ》て上《かみ》に従《したが》えばなり。

＊上…上九を指す。

「貞に居れば吉」とあるのは、六五は、柔順に上九の指導に従うからである。

上九、由頤。厲吉。利渉大川。

上九《じょうきゅう》、由《よ》りて頤《やしな》わる。厲《あやう》けれども吉《きつ》なり。大川《たいせん》を渉《わた》るに利《よろ》し。

＊由りて頤わる…自分（上九）によって養われるの意。

＊厲けれども吉…常に危惧の思いを懐いて、これに対処するならば吉である、という意。

＊大川を渉るに利し…大川を渉るような危険を犯しても、天下の艱難を救うのがよろしいとの意。

上九は、この卦の成卦の主爻である。天下は、皆なこの上九によって養われている。

この爻は、陽剛であって才能があるので、よく万民を養うことができる。

その任務は、このように大変重いけれど、常に危惧の思いを懐いてこれに対処するならば、吉にして幸いを得ることができる。

大川を渉るような危険を犯しても、天下のために、その艱難を救うのがよろしいのである。

象曰、由頤厲吉、大有慶也。

象《しょう》に曰《いわ》く、「由《よ》りて頤《やしな》わる、厲《あやう》けれども吉《きっ》なり」とは、大《おお》いに慶《よろこ》び有《あ》るなり。

「由りて頤わる、厲けれども吉なり」とあるのは、天下の人々は皆な上九の恩沢を被り、大いに喜びを得るからである。

28 大過《たいか》（沢風大過《たくふうたいか》）

巽下
兌上

「大過」とは、大なるもの、つまり陽が盛んに過ぎること。そこから、物事が大いに過ぎる、という意にもなる。

経文では、過ぎるということを「棟橈《むねたわ》む」という辞で表現している。卦の六爻の全体を、一本の棟木《むなぎ》とみる。その初爻と上爻を棟木の両端とし、二三四五爻を中の部分とする。今この棟木は、その両端が陰爻で弱く、中の部分が陽爻で重いのである。これを棟木が橈んでいる象とする。

もう一つの見方は、二三四五爻を棟木とみて、初爻と上爻の陰爻を、それを支える梁や柱と見る。四つの陽爻の棟木を、初爻・上爻の陰爻では支えることができない。そこで、棟木が橈む象とする。

この卦は、中間の部分があまりにも充実していて、上部と下部とが、極端に貧弱である。人間の社会について考えれば、中間の階級が大変盛んであり、それに対して上層階級や下層階級に力がない。このように上下が貧弱になれば、結局のところ、真ん中の中間階級も困窮に陥って滅びてしまうのである。この卦は、そうした場合にどのように対処するのがよいかを説くのである。

序卦伝では、「頤」の次に「大過」の卦があることを、「養わなければ、動くことができない。充分に養う時には、大いに人に過ぎたる事を行なうことができるのである。だから、頤の卦の次には、䷛大過の卦が置かれている」と説いている。

卦の象は、上の卦は☱沢の水であり、下の卦は☴巽の木である。沢水が増水して巽木《そんもく》がそれに没してしまっている。木が育つには水が必要であるといっても、木を覆ってしまうほどの水はかえって木を滅ぼしてしまう。必要なものでも、あまりに過ぎればかえって害となってしまうのである。

そもそも、世の中に害をなすのは、なにも悪いものばかりとは限らない。よいものであり、必要なものであっても、それがあまりにも盛んに過ぎる場合には、かえってそのことが災いを引き起すことになるのである。

大過、棟橈。利有攸往。亨。

大過《たいか》は、棟橈《むなぎたわ》む。往《ゆ》く攸《ところ》有《あ》るに利《よろ》し。亨《とお》る。

＊大過…大なる者、つまり陽が盛んに過ぎること。
ここから転じて、大いに過ぎる、という意味にもなる。

＊棟橈む…二三四五爻の、卦の中部があまりにも盛んで、上下の二陰が貧弱であることを、棟木が橈んでしまうことに喩えた。

＊往く攸有るに利し…進んで行って、適切な処置をすることをいう。

大過とは、大なる者（陽）が盛んに過ぎる、ということである。

この卦は、二三四五爻の中部の陽爻が盛んに過ぎて、初爻と上爻の陰爻がこれを支えきれない形である。それはちょうど棟木が橈んでしまったようなもの。まことに危険な状態である。このままでは家は倒壊してしまう。

このような時には、進んで行って適切な処置をするのがよい。そうすれば、家の倒壊を防ぐことができるように、いろいろなことにおいても思い通りに運ぶであろう。

彖曰、大過、大者過也。棟橈、本末弱也。剛過而中、巽而說行。利有攸往、乃亨。大過之時大矣哉。

彖《たん》に曰《いわ》く、大過《たいか》は、大《だい》なる者《もの》過《す》ぐるなり。「棟《むなぎ》橈《たわ》む」とは、本末《ほんまつ》弱《よわ》ければなり。剛《ごう》過《す》ぎたれども中《ちゅう》し、巽《したが》いて説《よろこ》び行《ゆ》く。往《ゆ》く攸《ところ》有《あ》るに利《よろ》しく、乃《すなわ》ち亨《とお》る。

大過《たいか》の時《とき》大《おお》いなるかな。

＊本末…本は初六を指し、末は上六を指す。
＊中《ちゅう》…九二と九五が、それぞれ「中《ちゅう》」を得ていることをいう。
＊乃ち…そこで。

大過とは、大なる者が盛んに過ぎる、ということである。「棟橈む」とあるのは、初六と上六の二つの陰爻が弱いので、二三四五爻の陽爻を支えきれないということである。

この卦は、剛が盛んに過ぎているけれど、二と五はそれぞれに中《ちゅう》を得ている。また下の卦は☴巽であって、したがうという性質があり、上の卦は☱兌であって、よろこぶという性質がある。巽順であり和悦をもって行動するので、「往く攸有るに利し」といい、進んで行って難局を救うによろしいのであり、そのようにしてはじめて事が通達するのである。

大過の時には、常の時とは違って、その時にかなった処置をしなければならない。なんと重大な時であろうか！

象曰、澤滅木、大過。君子以獨立不懼、遯世无悶。

象《しょう》に曰《いわ》く、沢《さわ》、木《き》を滅《めっ》するは、大過《たいか》なり。君子《くんし》以《もっ》て独立《どくりつ》して懼《おそ》れず、世《よ》を遯《のが》れて悶《もだ》ゆる无《な》し。

＊木を滅する…沢の水が多いので、☴巽木が水中に没してしまった。
＊独立不懼…☴巽の木が、しっかりと根を張っていて、沢の水に流されない象。
＊遯世无悶…☱兌の卦の和悦の象。

沢の水が多すぎて、木が水中に没してしまっているのが、大過の卦の象である。

君子はこの卦象を観、それを手本として、行動するように心掛ける。

位に在る時は、世の中から非難されることがあっても、しっかりと根を張っていて沢の水に流されない木のように、自分の志を固く守っているのであり、どのような場合にも懼れることがない。

また位に居ない時は、世の中に知られることなく隠遁していても、常に和悦して道を楽しんでおり、憂えることはないのである。

初六、藉用白茅。无咎。

初六《しょりく》、藉《し》くに白茅《はくほう》を用《もち》う。咎《とが》无《な》し。
＊藉く…しく。敷。
＊白茅…白い清潔なちがや。祭祀の時に地面に敷き、その上に神を降ろした。

初六は、陰爻であり、また☴巽の卦の一番下の爻であって巽順の主であるから、敬い慎む心が厚いのである。

たとえば、祭祀の時に、白い茅を地の上に敷いて、その上に祭器を置くようなもの。このように事を為すに当たって、慎重に畏れ慎めば、大過の時のような非常な場合であっても、咎を受け、災いに遭うようなことはない。

象曰、藉用白茅、柔在下也。

象《しょう》に曰《いわ》く、「藉《し》くに白茅《はくほう》を用《もち》う」とは、柔《じゅう》にして下《しも》に在《あ》ればなり。

＊柔…初六を指す。

「藉くに白茅を用う」とあるのは、初六が卦の最下にあって、巽順であって畏れ慎んでいることをいうのである。

九二、枯楊生稊。老夫得其女妻。无不利。

九二《きゅうじ》、枯楊《こよう》、稊《ひこばえ》を生《しょう》ず。老夫《ろうふ》にして其《そ》の女妻《じょさい》を得《え》たり。利《よろ》しからざる无《な》し。

＊楊…やなぎ。沢（☱兌）の近くに生えている木（☴巽）であるから楊という。

＊稊…ひこばえ。古い根から生じた新芽。

＊老夫…九二をいう。

＊女妻…初六をいう。

九二は、下にある初六の陰爻と比している。

それは、枯れかかった楊に新芽が生じたように、年取った男が年の若い妻を娶ったのである。

常の状態を過ぎてはいるけれど、なお陰陽が和合することによって子孫を生育することができる。

大過の時、すなわち剛に過ぎる時にあたり、柔をもって剛を和らげるのであるから、いかなる場合にも、うまくいかないということはない。


象曰、老夫女妻、過以相與也。

象《しょう》に曰《いわ》く、「老夫《ろうふ》にして女妻《じょさい》」とは、過《す》ぎて以《もっ》て相《あ》い与《くみ》するなり。

＊過ぎて…分に過ぎる。ここでは、年の差が甚だ過ぎていることをいう。
＊相い与する…陰陽の相い和すること。夫婦となることをいう。

九二の爻辞に「老夫にして其の女妻を得たり」とあるのは、年の差が甚だ過ぎてはいるけれど、陰陽が相い和して夫婦となって、子孫を生育することができるのである。

九三、棟橈。凶。

九三《きゅうさん》、棟《むなぎ》橈《たわ》む。凶《きょう》なり。

＊棟…三四爻は卦の真ん中にあるので、棟木の象である。

＊橈む…九三は陽剛をもって陽位におり、剛に過ぎる者である。本末が弱く、その重さに耐えきれないので、棟木が橈む象となる。

九三は、剛陽で陽位に居り、剛強に過ぎる者である。それはちょうど棟木が橈んでしまったようなもの。まことに危険であり、当然凶である。

象曰、棟橈之凶、不可以有輔也。

象《しょう》に曰《いわ》く、「棟橈《むなぎたわ》むの凶《きょう》」なるは、以《もっ》て輔《たす》くること有《あ》る可《べ》からざればなり。

「棟橈む、凶なり」とあるのは、誰もこれを助けることができないからである。九三は上六と相い応じてはいるけれど、上六はあまりにも柔弱であって九三を助ける力は無いのである。

九四、棟隆。吉。有它吝。

九四《きゅうし》、棟隆《むなぎたか》し。吉《きっ》なり。它《たあ》有れば吝《りん》なり。

＊它…他の古字。九三を指す。ここでは、九三の仲間になって剛強に過ぎることをいう。

一説に、応爻を指すとする説があるが、採らない。

＊吝…はじる。羞。

九四は、陽爻ではあるけれど、陰の位に居るので陰陽相い救うことになり、剛に過ぎるとはみない。そして下の陰爻である初六と応じている。

この爻は、剛強である性質がありながらしかも柔順に人の意見をよく聞き、なお援助してくれる応爻があるので、大過の時に当たってその任を充分に果たすことができるのである。ちょうど、棟木がいよいよ高くなったようなものであり、吉にして幸いを得ることができる。

しかし、九三の仲間になって剛強に過ぎることがあれば、後で恥ずかしい思いをして、後悔するようなことになるであろう。

象曰、棟隆之吉、不橈乎下也。

象《しょう》に曰《いわ》く、「棟《むなぎ》隆《たか》きの吉《きつ》」なるは、下《しも》に橈《たわ》まざればなり。

＊下に橈まず…下の九三の仲間にならないことをいう。

「棟隆し、吉なり」とあるのは、九四は陰位に居て剛強に過ぎることがなく、下の九三に仲間入りしないからである。

九五、枯楊生華。老婦得其士夫。无咎无譽。

九五《きゅうご》、枯楊《こよう》、華《はな》を生《しょう》ず。老婦《ろうふ》にして其《そ》の士夫《しふ》を得《え》たり。咎《とが》も无《な》く誉《ほま》れも无《な》し。

＊枯楊…九五を指す。
＊華…上六を指す。
＊老婦…上六を指す。
＊士夫…九五を指す。

九五は、上六と相い比している。

それはちょうど、枯れかかった楊《やなぎ》に花が咲いたようなもの、また老婦が若い夫を得たようなもの。

枯れかかった楊に花が咲くのは、わずかに残った生気を発散させてしまい、枯れることを反って促進させてしまう。

また、老婦が若い夫と夫婦になっても、子孫を生育することはできず、なんの益もない。

特に咎があるというわけではないが、かといって誉められたことでもない。

象曰、枯楊生華、何可久也。老婦士夫、亦可醜也。

象《しょう》に曰《いわ》く、「枯楊《こよう》、華《はな》を生《しょう》ず」とは、何《なん》ぞ久《ひさ》しかる可《べ》けんや。

「老婦《ろうふ》にして士夫《しふ》」とは、亦《また》醜《は》ず可《べ》きなり。

＊久し…長く生きること。
＊醜ず…心に恥ずる。また醜い意。

「枯楊、華を生ず」とは、枯れかかった楊が花を付けるのは、生気を消耗してしまうので、どうして長く生きることができようか。

「老婦にして其の士夫を得たり」とあるのは、老婦との結婚は、やはり恥ずかしいことである。

上六、過渉滅頂。凶、无咎。

上六《じょうりく》、過《す》ぎて渉《わた》りて頂《いただ》きを滅《めっ》す。凶《きょう》なれども、咎《とが》无《な》し。

＊頂きを滅す…三四五爻で☰乾。乾を首とする。
☰乾の「首」が☱沢の水に覆われている。
＊咎无し…その義においては咎はない、ということ。

上六は、陰爻が陰の位に居るので、柔弱な者である。

この爻は、力が弱いにもかかわらず、大過の時に当たって、この状態を救済しようと進んで行くのである。そして身の危険もかえりみずに河を徒歩で渉ろうとし、その結果、頭の頂きが水中に没してしまったのだ。

凶ではあるけれど、しかし、大過の時に際して、この険難を救済しようという志においては、咎められることはないのである。

象曰、過渉之凶、不可咎也。

象《しょう》に曰《いわ》く、「過《す》ぎて渉《わた》るの凶《きょう》」なるは、咎《とが》む可《べ》からざるなり。

「過ぎて渉りて頂きを滅す、凶なり」とあるのは、上六の、険難を救おうという志においては咎めるべきではない、ということである。

29　習坎《しゅうかん》（坎為水《かんいすい》）

䷜ 坎下 坎上

「習坎」とは、坎が重なっていることをいう。

☵坎は、水であり、河である。習坎とは、☵坎の河を苦労して渡っても、先にもう一つ河がある。困難なことが一つでは済まないのである。この卦は、二重の艱難に陥ってしまい、どうにもならなくなってしまった場合に処する道を説くのである。

卦の象は、上の卦は☵坎の水であり、河であり、危険な穴である。下の卦もまた☵坎であり、水であり、穴であり、艱難である。上下の二重の艱難に陥ってしまって、動くことができない。これは、悪い面から見た、この卦の状況である。

序卦伝では、「大過」の次に「習坎」の卦があることについて、「物事は、いつまでも大いに過ぎていることはできない。過ぎることが長く続く時には、必ず困窮して困難な状況に陥るものである。だから、大過の卦の次には、䷜坎の卦が置かれている。坎とは、艱難に陥るということである」と説明している。

この卦を、よい方面から見ることもできる。☵坎の卦は、真ん中に陽爻があって、中が充実している。心の中に誠が充実している象である。この真ん中の陽爻の充実した誠と、何者にも屈しない剛強な性質と、中庸の徳とによって、この困難な状態に対処していくのである。

習坎、有孚。維心亨。行有尙。

習坎《しゅうかん》は、孚《まこと》有《あ》り。維《こ》れ心亨《こころとお》る。行《ゆ》けば尙《たっと》ばるること有《あ》り。

＊習坎…卦名。重坎の意。習は、かさねること。
＊維れ…これ。発語の辞。
「維」を「つなぐ・繫」と解釈する説もある。何楷・『周易述義』など。
＊「孚」「心」…二爻と五爻が、剛にして中《ちゅう》を得ていることによっていう。
＊心亨る…志が貫徹すること。
＊尙…尊ばれること。「たすく・助」の義とする説があるが、採らない。

習坎は、坎難《かんなん》が重なっている卦である。

この卦の二爻と五爻は、それぞれに剛の徳を持っており、上の卦と下の卦の中《ちゅう》を得ている。誠の心が充実している象である。

坎難の中にあっても、誠信を失うことがなければ、その志は、貫通することができるのである。

このようにして、剛の徳をもって中《ちゅう》の道を行なうのであるから、進んで行って功があり、人から尊ばれることがあるであろう。

彖曰、習坎、重險也。水流而不盈、行險而不失其信。

維心亨、乃以剛中也。行有尚、往有功也。

天險不可升也。地險山川丘陵也。王公設險、以守其國。

險之時用大矣哉。


彖《たん》に曰《いわ》く、習坎《しゅうかん》は、重険《ちょうけん》なり。水《みず》は流《なが》れて盈《み》たず、険《けん》を行《ゆ》きて其《そ》の信《しん》を失《うしな》わず。

「維《こ》れ心亨《こころとお》る」とは、乃《すなわ》ち剛中《ごうちゅう》なるを以《もっ》てなり。

「行《ゆ》けば尚《たっと》ばるること有《あ》り」とは、往《ゆ》きて功有《こうあ》るなり。

天険《てんけん》は升《のぼ》る可《べ》からざるなり。地険《ちけん》は山川丘陵《さんせんきゅうりょう》なり。王公《おうこう》は険《けん》を設《もう》けて、以《もっ》て其《そ》の国《くに》を守《まも》る。

険《けん》の時用大《じようおお》いなるかな。

＊盈たず…常に流れて、停滞して止まることがないことをいう。
＊其の信…水は常に高い所より低い方へ流れて行き、止まることがないという水の真実をいう。
＊険を設ける…城郭などの要害を設ける。
＊時用…その時にあたって適切な方法を用いること。用とは功用の意。
王弼は「用の常にはあらず、用に時あるなり」といっており、常に用いるものではなく、特殊な時に用いる。

「習坎」とは、険難が重なっていることである。水は常に流れていて、止まることがなく、険阻な所を流れて行って、しかもその流水の真実を失わない。

「維れ心亨る」とは、二爻と五爻が、剛であって中《ちゅう》の徳を具えており、そのことによってよく坎難を通過するからである。

「行けば尚ばるること有り」とは、進んで行って功績がある、ということである。

天の険阻とは、天は極めて高いので登ることができないことである。地の険阻とは、山川丘陵である。王公は、天の険阻・地の険阻を見て、城郭等の険を設けて外敵に具え、その国を守る。こうしてみれば、険を必要とする時における険の功用とは、実に偉大なものであるといえようか！

象曰、水洊至、習坎。君子以常徳行、習教事。

象《しょう》に曰《いわ》く、水《みず》、洊《しきり》に至《いた》るは、習坎《しゅうかん》なり。君子《くんし》以《もっ》て徳行《とくこう》を常《つね》にし、教事《きょうじ》を習《かさ》ぬ。

＊洊に…しきりに。再三の意。
＊徳行…徳の行い。己を治めるについていう。
＊教事…教えの事。人を治めるについていう。
＊習…熟習する。重ねて習う。

水が流れ、また後から流れてきて、絶えることのないのが習坎の象である。

君子は、この卦象を見てこれを手本とし、自分に対しては徳をみがくことを常とし、民に対しては教え示すことを繰り返し熟習させるのである。

初六、習坎、入于坎窞。凶。

初六《しょりく》、坎《かん》を習《かさ》ねて、坎窞《かんたん》に入《い》る。凶《きょう》なり。

＊坎窞…坎はあな。窞は、穴の中に更に小さい穴があること。
説文解字には「窞は、坎中更に坎有るなり」とある。

初六は、陰柔で陽位にあり、位が正しくなく、また応じている爻も無い。

この爻は、卦の一番下に居る。それは、穴の最も深い所である。困難な上にも困難な状態に陥ってしまった象である。

こういう状況では、当然のこと、凶である。

象曰、習坎入坎、失道凶也。

象《しょう》に曰《いわ》く、「坎《かん》を習《かさ》ねて坎《あな》に入《い》る」とは、道《みち》を失《うしな》いて凶《きょう》なるなり。

＊道を失う…艱難から脱出する道を失うこと。

「坎を習ねて、坎窞に入る」とあるのは、艱難から抜け出る道を失ってしまったので、凶である、ということである。

九二、坎有險。求小得。

九二《きゅうじ》、坎《かん》にして険有《けんあ》り。求《もと》めば小《すこ》しく得《う》。

＊求めば…自ら求めること。

九二は、陰位に陽剛で居て位は不正、下の卦の中《ちゅう》を得ているが正応は無い。この爻は、上下の二陰の中《なか》に陥っており、険難の中《なか》にある。更にその上、前方にはもう一つの険難が控えているから、なかなか険の中《なか》から抜け出ることができない。だが、そうした険の中《なか》にあっても、剛であり中庸の徳を持っているので、自分から求めて行けば、少しは得ることができるであろう。

象曰、求小得、未出中也。

象《しょう》に曰《いわ》く、「求《もと》めば小《すこ》しく得《う》」とは、未《いま》だ中《なか》より出《い》でざればなり。

＊中…険難のなかの意であり、中庸の中《ちゅう》の意ではない。

「求めば小しく得」とあるのは、まだ険難の中《なか》より出ることができずにいるからである。

六三、來之坎坎。險且枕、入于坎窞。勿用。

六三《りくさん》、来《きた》るも之《ゆ》くも坎坎《かんかん》たり。険《けん》にして且《か》つ枕《ふか》し、坎窞《かんたん》に入《い》る。用《もち》うること勿《なか》れ。

＊之…ゆく。往。
＊坎坎…労するさま。説卦伝で、坎を労卦としていることによる。
＊枕…ふかし（深）と訓ずる。古文は「枕」を「沈」に作る。
＊用うること勿れ…事を行なってはならない。

六三は、柔弱であり、中《ちゅう》を得ておらず位も正しくない。そのために、艱難の時をうまく処置することができないのである。

この爻は、上下の坎の間にあって、下に来ても艱難、上に進んで行っても艱難であり、進退共に労苦するのである。それは、険阻であってその上に深く、坎の最も奥に陥ってしまったからである。

このような時には、事を行なってはならない。動けばますます深みにはまってしまうから、じっと時の至るのを待つのがよろしい。

象曰、來之坎坎、終无功也。

象《しょう》に曰《いわ》く、「来《きた》るも之《ゆ》くも坎坎《かんかん》たり」とは、終《つい》に功《こう》无《な》きなり。

＊終に…結局。
＊功无し…効果がないこと。

「来るも之くも坎坎たり」とあるのは、艱難から脱出しようと努力してみても、結局のところ何の効果も得られない、ということである。

六四、樽酒簋、貳用缶。納約自牖。終无咎。

六四《りくし》、樽酒《そんしゅ》に簋《き》あり、貳《そ》うるに缶《ほとぎ》を用《もち》う。約《やく》を納《い》るるに牖《まど》よりす。終《つい》に咎《とが》无《な》し。

＊この爻辞の句読には、二つの説がある。
（1）「樽酒簋貳。用缶」と読んで、簋貳を二つの簋とする説。王弼・程子等。
（2）「樽酒簋、貳用缶」と読んで、貳を、益す・副《そ》えるの義とする『周易本義』の説。
今はこれに従う。

＊樽酒…一樽の酒。（☵坎の象）
＊簋…黍稷の飯を盛る器。
＊貳…そえる（副）の義。
＊缶…ほとぎ。すやきの瓦器。質素であることを意味する。
＊約…約束。
＊牖…まど。明かり窓。正式な門戸ではない。

六四は、柔順で位正しい大臣である。そして、九五の君と親しく比している。しかし、柔弱であるから、自身に険難を救済する能力は無く、また下に応じている爻も無い。
この爻は、険阻艱難の時に当たっては、一樽の酒と一簋の飯、それに素焼きの缶を添えただけの質素な食事で、君をおもてなしするのである。そして君との誓い事にしても、正式な門戸によらずに、明かり窓よりする。
このように、虚飾を捨てて真実な真心をもってすれば、はじめには険難であっても、終わりには咎められるような過失はないのである。

象曰、樽酒簋貳、剛柔際也。

象《しょう》に曰《いわ》く、「樽酒《そんしゅ》に簋《き》あり（貳）」とは、剛柔際《ごうじゅうまじ》わるなり。

＊貳…朱子は「貳」の字は衍字（間違って混入した不要な字）とする。今はこれに従う。
＊剛柔…剛は九五、柔は六四を指す。
＊際…交わり親しむこと。

「樽酒に簋あり」とあるのは、九五と六四が、質素な中にも真心をもって交わり親しむので、艱難を救うことができるのである。

九五、坎不盈。祇既平、无咎。

九五《きゅうご》、坎《あな》、盈《み》たず。既《すで》に平《たい》らかなるに祇《いた》らば、咎无《とがな》からん。

＊坎不盈…諸説がある。程子・王弼などは、坎を「あな」とし坎険の意味であるとして、「坎に陥っている」象とする。今はこれに従う。何楷などは、象伝の「水流不盈」と同じとするが、採らない。

＊祇…いたるの義。

九五は、陽剛であって中《ちゅう》・正を得、君位に居る。険難を救う責任のある天子である。この爻は、今は穴の中がいっぱいになっておらず、したがって険阻艱難の中に陥っていて、充分にその力を発揮することができない状態である。

しかしながら、剛であって中《ちゅう》の徳を具えているので、穴の中に水が満ち満ちていっぱいになり、すでに穴の縁と同じく平らかになれば、穴から外に出て、終には険難から脱出することができるであろう。

そうなれば、咎められるような過失は免れる。

象曰、坎不盈、中未大也。

象《しょう》に曰《いわ》く、「坎《あな》、盈《み》たず」とは、中《ちゅう》未《いま》だ大《おお》いならざればなり。

＊中…九五の剛・中《ちゅう》の徳を指す。

「坎、盈たず」とあるのは、九五の剛・中《ちゅう》の徳が、まだ広く行き渡らないからである。

上六、係用徽纆、寘于叢棘。三歳不得。凶。

上《じょう》六《りく》、係《つな》ぐに徽纆《きぼく》を用《もち》いて、叢棘《そうきょく》に寘《お》く。三歳《さんさい》まで得《え》ず。凶《きょう》なり。

＊係ぐ…つなぐ。繋ぐ。
＊徽纆…罪人を繋ぐ黒い縄。
＊叢棘…いばらが群がって生えているところ。牢獄をいう。牢獄の周りにいばらを植えて、逃亡を防いだ。
＊寘く…おく。留置すること。
＊得ず…過ちを改める道を得ないこと。

上六は、陰柔であって坎の卦の極にいる。険難に陥ることの深い者である。たとえていえば、罪人を繋いでおくための黒い縄で固く繋がれ、牢獄に留置されているようなもの。

三年の間、過ちを改めることができないというのでは、凶である。

象曰、上六失道、凶三歳也。

象《しょう》に曰《いわ》く、上六《じょうりく》の道《みち》を失《うしな》うは、凶《きょう》なること三歳《さんさい》なるなり。

＊道…険難の中から抜け出る道。

上六は、険難の中から抜け出る道を失っているので、凶であることが三年も続くのである。

30 離《り》（離為火《りいか》）

䷝ 離下 離上

「離」とは、火であり、明らかであること、である。また、付着するという意味である。程子は、彼の著書である『易伝』においてこう言っている。「離は麗《つ》くということ、また明《めい》ということである。その陰が上下の陽に麗くことを取れば、付着するという意味とし、卦の形が中虚であることを取れば、明の意味とする。離を火とするのは、火の体《たい》は虚であって、物に付着して明るくなるからである」と。

☲離の卦は、真ん中の陰爻が二つの陽爻に付いている。この一つの陰爻が、上の陽爻に付けば、下の陽爻からは離れなければならない。下の陽爻に付けば、上の陽爻からは離れなければならない。一方に付けば、他の一方からは離れなければならないのだ。両方に、同時に付くことはできない。そこから、この卦には、付くという意味と同時に、離れるという意味も出てくるのである。

序卦伝では、「習坎」の次に「離」の卦があることについて、「困難な状況に陥れば、必ず何物かに付着して落ち着くものである。だから、坎の卦の次には、䷝離の卦が置かれている。離とは、付着することである」と説いている。

火は、もともと形の無い物である。何か他の物に付いて、そこではじめてその形が現れる。全ての物は、何かの物に付いて、はじめてそのはたらきをすることができる。それが大きなはたらきをするには、正しいところに付いている必要がある。

人においては、その人がどういう人に付いているか、どういう人と親しんでいるか、どういうことを仕事としているか、どういう活動に付いているか、どういう考えに付いているか等々、その人が付いているところのものを充分に見きわめることが大切である。経文では、これらのことについての道を説いている。

また䷝離の卦は、三画の真ん中が陰爻で、空虚であることから、物事をよく見、よく知り、そして明らかにすることができるのである。それは、中に含むものが何も無いので、よく外のものを入れることができるからである。心の中にものを含んでいると、それが邪魔をして外のものが入ってくることができない。内になにも無いということが非常に重要なことなのだ。

離、利貞、亨。畜牝牛、吉。

離《り》は、貞《ただ》しきに利《よろ》しくして、亨《とお》る。牝牛《ひんぎゅう》を畜《やしな》えば、吉《きっ》なり。

＊牝牛…雌の牛。六二の象。牝の牛は、極めて従順なものであるから。ここでは、従順な徳に喩《たと》えた。

＊畜…やしなう。

離とは、付くという意である。

人が付くところのものは、正しいものであることがよろしいのである。付き従うところが正しければ、物事は思い通りにすらすらと運ぶ。
たとえば、極めて従順な動物である雌牛を養うように、正しい者に付き従って行くという従順な徳を養う時には、吉にして幸いを得る。

彖曰、離、麗也。
日月麗乎天、百穀草木麗乎土。
重明以麗乎正、乃化成天下。
柔麗乎中正、故亨。是以畜牝牛吉也。

彖《たん》に曰《いわ》く、離《り》は、麗《つ》くなり。
日月《じつげつ》は天《てん》に麗《つ》き、百穀草木《ひゃっこくそうもく》は土《つち》に麗《つ》く。
重明《ちょうめい》にして以《もっ》て正《せい》に麗《つ》きて、乃《すなわ》ち天下《てんか》を化成《かせい》す。
柔《じゅう》、中正《ちゅうせい》に麗《つ》く、故《ゆえ》に「亨《とお》る」。是《ここ》を以《もっ》て「牝牛《ひんぎゅう》を畜《やしな》えば、吉《きつ》」なるなり。

＊麗く…つく。付着すること。
＊正…正しい道のこと。位が正しいことではない。
＊重明…䷝離の卦が重なっていること。君臣上下が、共に道理に明らかである意。

＊化成…化は、民を教化すること。成は、民の徳を成就し、風俗をなすこと。
＊柔…六二を指す。

離とは、付着するという意である。

日月は天に付着しており、百穀草木は土に付着している。さて人においては、君と臣の上下が共に明《めい》の徳を具えており、正しい道に付いているので、天下の民を教化し、民の風俗を正しくすることができるのである。

六二は中《ちゅう》を得、正位に付いている。だから、卦の辞に「亨る」と言っている。そしてまた、このことによって「牝牛を畜えば、吉」、すなわち、牝牛のような柔順な徳を養えば吉である、というのである。

象曰、明兩作、離。大人以繼明照于四方。

象《しょう》に曰《いわ》く、明両《めいふた》たび作《おこ》るは、離《り》なり。大人以《たいじんもっ》て明《めい》を継《つ》ぎて四方《しほう》を照《て》らす。

＊両…ふたたび。再。
＊作…おこる。起こる。
＊大人…大徳のある人。大象伝の中で「大人以て」とあるのはこの卦だけ。

上の卦も下の卦も共に離であり、明《めい》が相継いで起こるのが重離の卦である。

大徳ある大人は、この卦の象を手本とし、明徳を代々に継いで、その明徳によってあまねく四方の国々を照らし治めるのである。

初九、履錯然。敬之、无咎。

初九《しょきゅう》、履《ふ》むこと錯然《さくぜん》たり。之《これ》を敬《けい》すれば、咎《とが》无《な》し。

＊錯然…入り交じり、混乱している形容。
王弼は、戒め慎む形容とするが、採らない。

＊之を敬すれば…慎重に行動して、妄動しないこと。

初九は、陽が陽位に居て、位の正しい者である。

この爻は、離の卦のはじめである。ちょうど夜が明けはじめた時のようなもので、まだよく物が見えない。履み行なうのに、物事が入り交じっていて、よく判らない状態。軽挙妄動するのが最も危険である。

このような時には、慎んで慎重に行動するようにすれば、咎められるような災いは無い。

象曰、履錯之敬、以辟咎也。

象《しょう》に曰《いわ》く、履《ふ》むこと錯《まじ》わるの敬《けい》は、以《もっ》て咎《とが》を辟《さ》くるなり。

＊辟…さける。避。

「履むこと錯然たり、之を敬す」とあるのは、はじめに際して慎んで慎重に行動すれば、軽挙妄動することによって生ずる災いを避けることができる、ということである。

六二、黄離。元吉。

六二《りくじ》、黄離《こうり》なり。元《おお》いに吉《きつ》。

＊黄…黄色は中《ちゅう》の色である。
＊元吉…大いに吉。

六二は、陰の位に陰で居て位が正しく、下の卦の中《ちゅう》に付いて「離」の卦の主爻となっている。故に黄離という。

全てのことについて、大いに吉である。

象曰、黄離元吉、得中道也。

象《しょう》に曰《いわ》く、「黄離《こうり》なり、元《おお》いに吉《きつ》」とは、中道《ちゅうどう》を得《う》ればなり。

「黄離なり、元いに吉」というのは、六二が中庸の徳を得ているからである。

九三、日昃之離。不鼓缶而歌、則大耋之嗟。凶。

九三《きゅうさん》、日昃《ひかたむ》くの離《り》なり。缶《ほとぎ》を鼓《う》ちて歌《うた》わざれば、則《すなわ》ち大耋《たいてつ》の嗟《なげ》きあらん。凶《きょう》なり。

*昃く…かたむく。傾。
*缶…ほとぎ。素焼きの器。これを叩いて拍子をとる。
*鼓…たたく。
*大耋…年をとった老人。
*嗟き…なげき。ここでは、死期が至らんとすることを嘆く意。

九三は、陽剛で陽位に居て位は正しいが、中《ちゅう》を過ぎており、下の卦の極まりである。この爻は、下の卦の終わりに当たり、ちょうど日が傾いて夕暮れになった時のようである。人生においては老衰の時である。

盛んな時を過ぎれば、衰えるのが天の常の理である。この常理を知ってこれに安んじ、缶を鼓って歌いつつ、余命を自ら楽しむようにすべきである。もし、これに安んずることなく、自ら楽しむことができなければ、ただただ老いを嘆き、死に至らんとすることを嘆くばかりであろう。

このようなことでは、凶である。

象曰、日昃之離、何可久也。

象《しょう》に曰《いわ》く、「日昃《ひかたむ》くの離《り》なり」とは、何《なん》ぞ久《ひさ》しかる可《べ》けんや。

「日昃くの離」とあるのは、すでに日中を過ぎているのである。どうして明《めい》を長く保つことができようか。それは、必ず消滅してしまうであろう。

九四、突如其來如。焚如、死如、棄如。

九《きゅう》四《し》、突如《とつじょ》として其《そ》れ来如《らいじょ》たり。焚如《ふんじょ》たり、死如《しじょ》たり、棄如《きじょ》たり。

＊突如…突然。「如」は語調を整える助辞。意味はない。
＊来如…来ること。
＊焚如…身が焼かれること。
＊死如…死ぬこと。
＊棄如…死骸を捨てられること。

九四は、剛強で陰位に居て位が正しくなく、志の正しくない者である。その勢いにまかせて六五の君に切迫する象である。

この爻は、突然に迫り来て、失敗してかえってその身は焼かれ、死んでしまって、その死骸は捨てられる。

象曰、突如其來如、无所容也。

象《しょう》に曰《いわ》く、「突如《とつじょ》として其《そ》れ来如《らいじょ》たり」とは、容《い》るる所《ところ》无《な》きなり。

＊容るる所无し…身を置く所がない。

「突如として其れ来如たり」とあるのは、九四のやり方があまりにも狂暴なので、人々の反感を買って身を置く所がないということである。

六五、出涕沱若。戚嗟若。吉。

六五《りくご》、涕《なみだ》を出《いだ》すこと沱若《たじゃく》たり。戚《うれ》えること嗟若《さじゃく》たり。吉《きつ》なり。

＊沱若…涙をながすさま。
＊戚…うれえる。憂。
＊嗟若…嘆く形容。

六五は、陰柔で尊位に居る。

この爻は、天子としての実力に欠けている上に、応爻も無く、上下の陽爻に切迫されている。こうした状態を、涙を流して憂い嘆いているのである。

しかし、中庸の徳があり、憂い慎んでいるので終には吉を得られる。

象曰、六五之吉、離王公也。

象《しょう》に曰《いわ》く、六五《りくご》の吉《きつ》なるは、王公《おうこう》に離《つ》けばなり。

＊王公…六五を指す。ここでは五爻の尊位のこと。

六五の爻の辞に「吉」とあるのは、六五が、五爻の尊位に付着しているからである。

上九、王用出征。有嘉折首。獲匪其醜、无咎。

上九《じょうきゅう》、王《おう》、用《もち》いて出《い》でて征《せい》せしむ。嘉《よ》きこと有《あ》りて首《かしら》を折《くじ》く。獲《う》ること其《そ》の醜《たぐい》に匪《あら》ず、咎《とが》无《な》し。

＊王…六五を指していう。

＊用…もちいる意。ここでは、六五の王が上九を用いて、賊を征伐させること。「王用出征」の解釈には諸説がある。佐藤一斎は、六五の王が上九を用いて賊を征伐させるとし、しかも征伐される賊もまた上九である、と述べている。今はこの説に従う。

＊嘉…よきこと。うつくし。美。

＊折首…首は、首領。折は、くじく。折首は、乱賊の首領を誅すること。

＊獲る…捕らえること。

＊醜…たぐい。類。なかま。ここでは脅されて従ったような雑兵をいう。「獲匪其醜」とは、誅するのは賊の首領であって、雑兵の類《たぐい》を捕らえることではない、との意。

上九は、離の卦の終わりである。

六五の王は、この剛明の上九を用いて、従わない賊徒を征伐させるのである。

上九は、大いに功績を挙げ、賊の首領を誅することができた。しかも、その多くの雑兵の輩に対しては、捕らえることなく寛大に処置してみだりに刑罰を行なわなかったので、咎を受けることはないのである。

象曰、王用出征、以正邦也。

象《しょう》に曰《いわ》く、「王用《おうもち》いて出《いで》て征《せい》せしむ」とは、以《もっ》て邦《くに》を正《ただ》すなり。

「王用いて出て征せしむ」とあるのは、従わない賊徒を征伐して国を正すためである。

【参考】

復其見天地之心乎。（復《ふく》に其《そ》れ天地《てんち》の心《こころ》を見《み》るか）について

易経の上経の24番䷗復という卦の中に、「復に其れ天地の心を見るか」という一句がある。義理易の学者が、この句をどのように読み、解釈しているのか、魏の王弼《おうひつ》の『周易』及び北宋の程伊川《ていいせん》の『易伝』の注釈を見てみよう。

王弼の『周易』では、この句に注して、このように述べられている。

「復とは、根本に立ち反《かえ》るということである。天地は、その根本を以て心とする。およそ動《どう》が止めば静となるが、静は動に対するものではない。話すことを止めれば黙となるが、黙は話すことに対するものではないのである。そうであるならば、天地は大いに万物を富有し、雷が動き風が行き、化して様々に変化するといっても、寂然《せきぜん》とした静かな無の至りの境地、これこそが、その根本である。だから、雷が地の下にあって休んで動かない（䷗）、つまり静なる状態に、すなわち天地の心を見るのである」と。

王弼は、老子の哲学によって易を説いている。そこにおいては、「復」の卦は、専ら「根本に

立ち反る」という意味に解釈されている。そして、その「本」とは「寂然とした無の至り」であり、それが天地の心であるとするのである。

そもそも、この卦は、卦の最も下に陽爻《ようこう》が復帰してきた、という卦象に基づいて、「復」という卦の名が付けられているのである。王弼は、それを「根本の無に立ち反る」と解釈し、下に一陽が復帰したということ、そしてその陽の気が次第に盛んになっていくという方面には、全く眼を向けていない。

一方、程伊川は、彼の著書『易伝』において、こう記している。

「衰えたり長じたりするのは、天の理である。陽剛は、君子の道が盛んになっていくことである。だから、進んで行ってよろしいのだ。一陽が下に復帰する、すなわちこれが天地の物を生ずる心なのである。昔の学者は皆な静を以て、そこに天地の心を見るとした。思うに、動のはじめ、これこそが天地の心であることを、知らなかったのだ」と。

程伊川は、天地の心を「天地の物を生ずるの心」と解釈した。そして、天地が万物を生じて止むことのない心は、一陽が復帰してくるという「動のはじめ」において見ることができる、としている。

この句の解釈には、孔子の思想に基づく儒家と、老子の思想による道家との違いが、端的に現れている。

老子の「無」の哲学・「静」の哲学を説く王弼も、儒家の「有」の哲学・「動」の哲学を説く程伊川も、共に自らの哲学の根拠を、易経に求めているのである。易経をどのように読むのか、ということによって、自らの思索を深めたのだ。

彼等にとって易経とは、宇宙の真理を説いた、深遠な哲学の書なのである。

（『易を読むために　易学基礎講座』黒岩重人、平成二十四年〔二〇一二〕、藤原書店、一六―一八頁より）

著者紹介

黒岩重人（くろいわ・しげと）

1946年長野県生。法政大学文学部卒業。易経の大家である故景嘉師に師事し、易経及び陰陽五行思想を学ぶ。

易・陰陽五行に関する諸講座の講師。

西東京市にて、「易・陰陽五行の会」講師。

「東京新宿易の会」主宰。

著書に『易を読むために』（藤原書店、2012年）。

mail: in-yo@tatara.net

全釈《ぜんしゃく》 易経《えききょう》 上《じょう》　（全3巻）

2013年8月30日　初版第1刷発行©

著　者　黒　岩　重　人
発行者　藤　原　良　雄
発行所　株式会社　藤　原　書　店

〒162-0041　東京都新宿区早稲田鶴巻町523
電　話　03（5272）0301
FAX　03（5272）0450
振　替　00160 - 4 - 17013
info@fujiwara-shoten.co.jp

印刷・製本　中央精版印刷

Printed in Japan
ISBN978-4-89434-931-5

大幅増補した決定版

増補新版
新・古代出雲史
『出雲国風土記』再考

関 和彦　写真・久田博幸

気鋭の古代史家の緻密な論証と写真家の豊富な映像が新たな「出雲像」を浮き彫りにし、古代史再考に一石を投じた旧版刊行から五年。巨大風力発電建設の危機に直面する出雲楯縫の地をめぐる、古代出雲史の空白を埋める最新の論考を加え、今ふたたび神々の原郷へ、古代びとの魂にふれる旅に発つ。

菊大並製　二五六頁　**二九〇〇円**
（二〇〇一年一月／二〇〇六年三月刊）
◇978-4-89434-506-5

古事記は面白い！

「作品」として読む
古事記講義

山田 永

謎を次々に読み解く、最も明解な入門書。古事記のテクストそれ自体に徹底的に忠実になることで初めて見えてくる「作品」としての無類の面白さ。これまでの古事記研究は、古事記全体を個々の神話に分解し、解釈することが主流だった。しかしそれは「古事記で（何かを）読む」ことであって、「古事記（そのもの）を読む」ことではない。

A5上製　二八八頁　**三二〇〇円**
（二〇〇五年二月刊）
◇978-4-89434-437-2

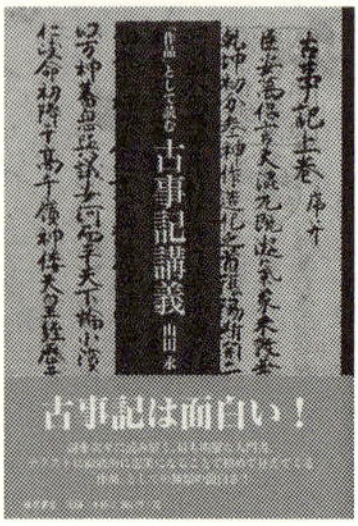

日本古代史の第一人者の最新随筆

歴史と人間の再発見

上田正昭

朝鮮半島、中国など東アジア全体の交流史の視点から、日本史を読み直す。平安期における漢文化、江戸期の朝鮮通信使などを例にとり、誤った〝鎖国〟史観に異議を唱え、文化の往来という視点から日本史をたどる。部落解放など人権問題にも早くから開かれた著者の視点が凝縮。

四六上製　二八八頁　**二六〇〇円**
（二〇〇九年九月刊）
◇978-4-89434-696-3

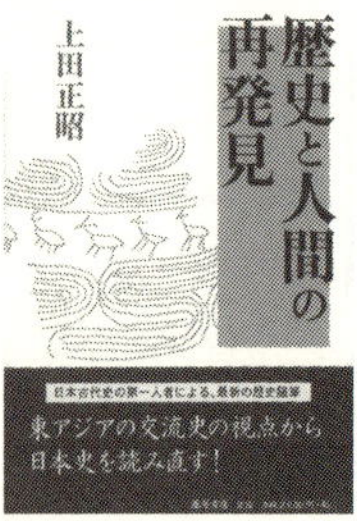

遊牧世界と農耕世界を統合した多元帝国

岡田英弘（一九三一―）

清朝史叢書

岡田英弘＝監修

宮脇淳子・楠木賢道・杉山清彦＝編集

大清帝国（1636-1912）から、今日の東アジアを見通すシリーズ。従来のような中国王朝の一つとしての清代史ではなく、満洲人とモンゴル人と漢人の合同政権としての大清帝国、チベット・中央アジアを版図に入れた経緯、またロシア、日本、ヨーロッパとの関係までを視野に入れ、世界史のなかで清朝を理解することを目指す。

待望のシリーズ第一弾

〈清朝史叢書〉康熙帝の手紙

岡田英弘

在位六一年、大清帝国の基礎を築いた康熙帝（一六五四―一七二二）。三度のモンゴル遠征のたびに、北京の皇太子に送った愛情溢れる満洲語の自筆の手紙を紹介しながら、当時の東アジア全体を見渡す歴史絵巻を展開！　従来の中国史を書き換える。

四六上製　四七二頁　**三八〇〇円**

（二〇一三年一月刊）

◇978-4-89434-898-1

"世界史"の中で清朝を問い直す

別冊『環』⑯ 清朝とは何か

岡田英弘編

〈インタビュー〉**清朝とは何か**　岡田英弘

Ⅰ **清朝とは何か**

宮脇淳子／岡田英弘／杉山清彦／岩井茂樹／M・エリオット（楠木賢道編訳）ほか

Ⅱ **清朝の支配体制**

杉山清彦／村上信明／宮脇淳子／山口瑞鳳／柳澤明／鈴木真／上田裕之ほか

Ⅲ **支配体制の外側から見た清朝**

岸本美緒／楠木賢道／渡辺美季／中村和之／渡辺純成／杉山清彦／宮脇淳子ほか

清朝史関連年表ほか　**カラー口絵二頁**

菊大判　三三六頁　**三八〇〇円**

（二〇〇九年五月刊）

◇978-4-89434-682-6

"岡田史学"の精髄

モンゴル帝国から大清帝国へ

岡田英弘

漢文史料のみならず満洲語、モンゴル語、チベット語を駆使し、モンゴル帝国から大清帝国（十三～十八世紀）に至る北アジア全体の歴史を初めて構築した唯一の歴史学者の貴重な諸論文を集成した、初の本格的論文集。

［解説］「岡田英弘の学問」宮脇淳子

A5上製　五六〇頁　**八四〇〇円**

（二〇一〇年一一月刊）

◇978-4-89434-772-4

今、アジア認識を問う

「アジア」はどう語られてきたか
〈近代日本のオリエンタリズム〉

子安宣邦

脱亜を志向した近代日本は、欧米への対抗の中で「アジア」を語りだす。しかし、そこで語られた「アジア」は、脱亜論の裏返し、都合のよい他者像にすぎなかった。再び「アジア」が語られる今、過去の歴史を徹底検証する。

四六上製　二八八頁　**三〇〇〇円**
（二〇〇三年四月刊）
◇978-4-89434-335-1

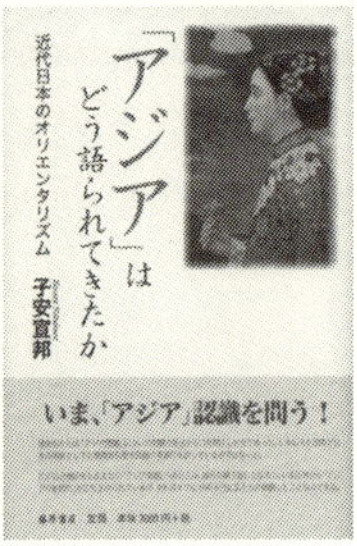

日韓近現代史の核心は、「日露戦争」にある

歴史の共有体としての東アジア
〈日露戦争と日韓の歴史認識〉

子安宣邦＋崔文衡

近現代における日本と朝鮮半島の関係を決定づけた「日露戦争」を軸に、「一国化した歴史」が見落とした歴史の盲点を衝く！　日韓の二人の同世代の碩学が、次世代に伝える渾身の「対話＝歴史」。

四六上製　二九六頁　**三二〇〇円**
（二〇〇七年六月刊）
◇978-4-89434-576-8

明治から、日本の〝儒教化〟は始まった

朱子学化する日本近代

小倉紀蔵

徳川期は旧弊なる儒教社会であり、明治はそこから脱皮し西洋化する、という通説は誤りである。明治以降、国民が、実は虚妄であるところの〈主体化〉によって〈序列化〉し、天皇中心の思想的枠組みを構築する論理を明快に暴く。福澤諭吉―丸山眞男らの近代日本理解を批判、通説を覆す気鋭の問題作。

A5上製　四五六頁　**五五〇〇円**
（二〇一二年五月刊）
◇978-4-89434-855-4

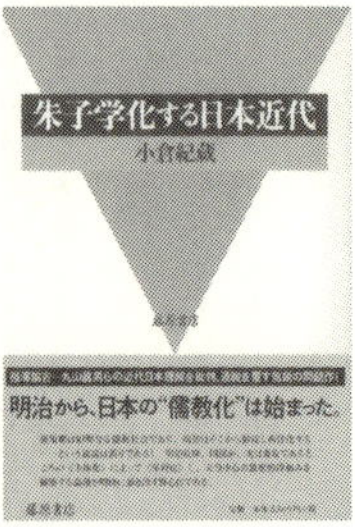

入門書の決定版！

易を読むために
〈易学基礎講座〉

黒岩重人

明治初期まで知識人の必読書だった四書五経。その筆頭『易経』は、森羅万象の変化の法則を説いたものである。「明治」「大正」という年号も出典は『易経』の中の辞である。「易は応用して活用するもの。易は活きている学問。古い時代の骨董品ではない。易が『論語』になってはいけない。」（景嘉師）

四六上製　二八〇頁　**二八〇〇円**
（二〇一二年六月刊）
◇978-4-89434-861-5

漢詩の思想とは何か

漱石と河上肇
〈日本の二大漢詩人〉
一海知義

「すべての学者は文学者なり。大なる学理は詩の如し」（河上肇）。「自分の思想感情を表現するに最も適当する」手段としてほかならぬ漢詩を選んだ夏目漱石と河上肇。近代日本が生んだ最高の文人と最高の社会科学者がそこで出会う、「漢詩の思想」とは何かを碩学が示す。

四六上製　三〇四頁　**二八〇〇円**
（一九九六年一二月刊）
◇978-4-89434-056-5

最初で最後の遺墨集、遂に刊行

河上肇の遺墨
一海知義・魚住和晃編

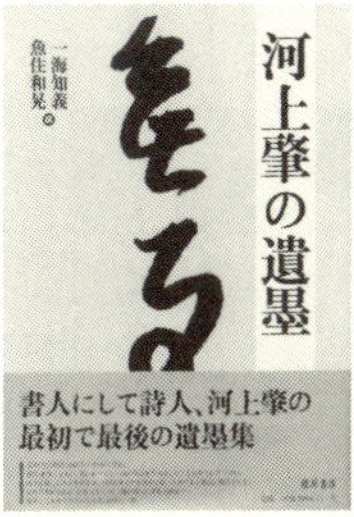

名著『貧乏物語』の河上肇が、漢詩・和歌とともに書においても一級の作品を残したことは知られていない。河上の書作品を初集成、中国古典文学と書学の第一人者による最高の解説を付し、近代日本が生んだ「最後の文人」河上肇の知られざる全貌を初めて明らかにする、待望の一書。

写真版百余点収録・２色刷

Ａ４上製　二一八頁　**八〇〇〇円**
（二〇〇七年八月刊）
◇978-4-89434-585-0

中国で最も愛読される日本人

甦る河上肇
〈近代中国の知の源泉〉
三田剛史

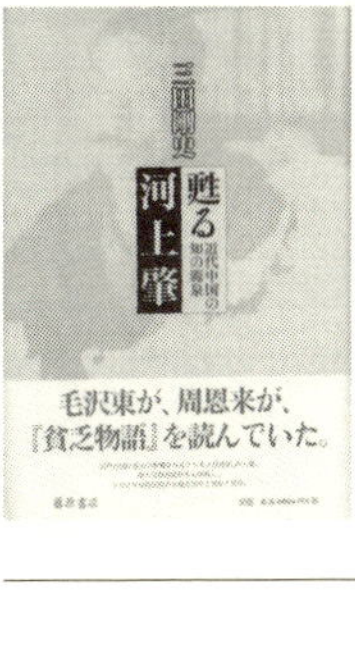

毛沢東が、周恩来が、『貧乏物語』を読んでいた！　革命前後の中国で、最も多くその著作が翻訳され、最も知的影響を与えた日本人社会科学者、河上肇。厖大な史料と河上自身の知的ルーツを踏まえて初めて明かされる、河上肇という環を通じた日中間の知的交流の全貌。

Ａ５上製　四八〇頁　**六八〇〇円**
（二〇〇三年一月刊）
◇978-4-89434-321-4